王勇　主編

『齊魯先賢家譜整理研究』叢書

王海鵬　編著

《棲霞名宦公牟氏譜稿》整理研究（上）

齊魯書社

·濟南·

圖書在版編目（CIP）數據

《棲霞名宦公牟氏譜稿》整理研究 / 王海鵬編著
. -- 濟南 : 齊魯書社, 2024.12
（“齊魯先賢家譜整理研究”叢書）
ISBN 978-7-5333-4762-8

Ⅰ. ①栖… Ⅱ. ①王… Ⅲ. ①氏族譜系－栖霞 Ⅳ.
①K820.9

中國國家版本館CIP數據核字(2023)第152718號

策劃編輯：李軍宏
責任編輯：周　磊　趙自環　王其寶
裝幀設計：趙萌萌

“齊魯先賢家譜整理研究”叢書
王勇　主編
《棲霞名宦公牟氏譜稿》整理研究
QIXIA MINGHUANGONG MUSHI PUGAO ZHENGLI YANJIU
王海鵬　編著

主管單位　山東出版傳媒股份有限公司
出版發行　齊魯書社
社　　址　濟南市市中區舜耕路517號
郵　　編　250003
網　　址　www.qlss.com.cn
電子郵箱　qilupress@126.com
營銷中心　（0531）82098521　82098519　82098517
印　　刷　日照日報印務中心
開　　本　880mm×1230mm　1/32
印　　張　46.25
插　　頁　10
字　　數　1201千
版　　次　2024年12月第1版
印　　次　2024年12月第1次印刷
標準書號　ISBN 978-7-5333-4762-8
定　　價　**328.00圓（上、下）**

“齊魯先賢家譜整理研究”叢書（十部）

《馮氏世録》二種整理研究　張秉國 編著

新城《王氏世譜》整理研究　魏恒遠 編著

《安丘曹氏族譜》整理研究　趙紅衛 校注

萊陽《宋氏宗譜》整理研究　朱秀敏 宋金民 校注

《籠水趙氏世譜》整理研究　王勇 編著

《顏山孫氏族譜》整理研究　江永紅 王濟洲 編著

東郡《傅氏族譜》整理研究　李泉 箋注

《安德田氏家譜》整理研究　黄金元 張金平 校注

《東武劉氏家譜》整理研究　張其鳳 編著

《棲霞名宦公牟氏譜稿》整理研究　王海鵬 編著

主編簡介

王勇，男，1959年9月生，山東淄博人。山東師範大學文學院教授，主要從事中國古代文學藝術及齊魯傳統文化的教學與研究，著有《明清博山趙氏家族文化研究》《山東文學史》等。主持國家社會科學基金項目、山東省社會科學規劃研究項目等多項。曾集體榮獲山東省社會科學優秀成果重大成果并一等獎、山東省高等教育教學成果二等獎。

作者簡介

王海鵬，山東安丘人，歷史學博士，魯東大學歷史文化學院教授，碩士研究生導師。出版《清代棲霞牟氏家族文化研究》《棲霞牟氏家風》《山東棲霞牟氏家訓》《微觀視野中明清山東海防文化研究》等多部著作，發表學術論文五十餘篇，主持完成國家社科基金後期資助項目、省級社會科學研究項目和廳局級社會科學研究項目多項，榮獲山東省社會科學優秀成果重大成果獎并一等獎、山東省社會科學優秀成果獎二等獎等。

山東省2016年齊魯優秀傳統文化傳承創新工程
第一批重點項目

山東省一流學科山東師範大學文學院中國語言文學
學科建設經費資助項目

民國《棲霞名宦公牟氏譜稿》書影

棲霞名宦公牟氏先祖牟敬祖畫像

牟氏莊園“西忠來”大門

牟氏莊園“西忠來”主人樓

第十四世牟墨林故居

第十五世牟詣妻隋氏“表揚節孝”狀（光緒六年山東巡撫頒發）

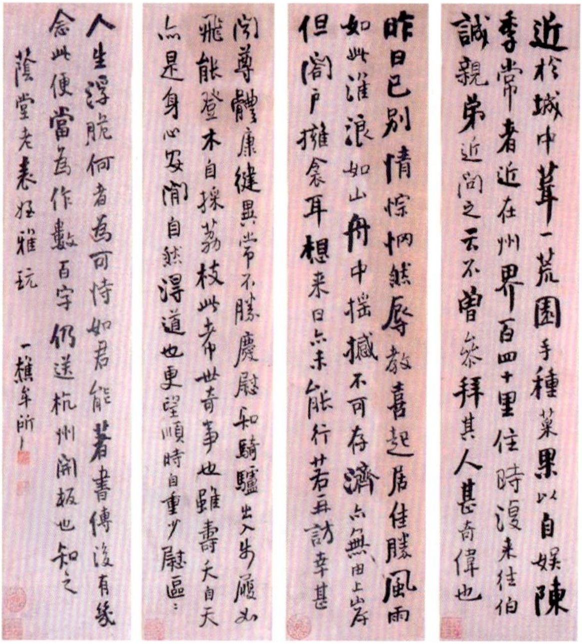

第十五世牟所書法

第十七世牟丕勛扇面畫

總序

『齊魯先賢家譜整理研究』叢書（以下簡稱『叢書』），是山東省二〇一六年齊魯優秀傳統文化傳承創新工程第一批重點項目、山東省一流學科山東師範大學文學院中國語言文學學科建設經費資助項目。經過山東省内外十所高校與科研單位老中青三代十餘位學者的共同努力，終於順利結項，即將出版發行。作爲項目負責人，我感到十分欣慰，也堅信『叢書』將對齊魯優秀傳統文化乃至中華優秀傳統文化的創造性轉化、創新性發展産生積極影響。

一

『家譜』又稱『譜牒』『譜諜』『族譜』『家諜』『家牒』『譜録』『宗譜』『世譜』『家乘』『世録』『房譜』『譜稿』『牒譜』等（皇帝家譜則稱『玉牒』），或單稱『譜』『牒』『諜』『乘』等，是記載一姓（少數多姓）世系、重要人物事迹，以及家教、家風、家訓等内容的譜籍。它起源於父系社會，由國家纂修，漢代司馬遷《史記·太史公自序》曾連稱「維三代尚矣，年紀不可考，蓋取之譜牒舊聞，本於兹，於是略推，作《三代世表》第一」「幽厲之後，周室衰微，諸侯專政，《春秋》有所不紀；而譜牒經略，五霸更盛衰，欲睹周世相先後之意，作《十二諸侯年表》第二」〔二〕。至魏晋南北朝時，已有零散的私人家譜資料記載，如《世説新語》，南朝梁劉孝標注就引家傳四十餘部。唐代出現了私家族譜專書，《新唐書·藝文志》隨之增設「譜牒類」。到宋代，私修家譜的規模已經大大超過官修家譜，其中歐陽修的《歐陽氏譜圖》、蘇洵的《蘇氏族譜》都是影響深遠的家譜名著。明清以來，私修家譜日益普及，并且往往定期重修。

中國的家譜源遠流長，浩如烟海，素與方志、正史鼎足而三，被看作中國古代典籍的一大支柱，自古以來廣爲人們關注。上海圖書館編、王鶴鳴先生主編的《中國家譜總目》〔三〕，係全球中文文獻資源共建共享項目、「十五」國家社會科學基金項目、全國高等院校古籍整理研究工作委員會資助項目。全書由海内外六百一十四家譜牒文獻收藏單位、五千餘名譜牒文獻收藏者和一千餘名譜牒文獻研究者、編纂人員合作完成，共計十册，一千二百三十萬字，著録海内外家譜五萬二千四百零一種、姓氏六百零八個，是迄今爲止規模最大的帶有内容提要的中國家譜聯合目録，也是極其重要的中華文明探源成果。該書出版以來，先後榮獲第十届全國優秀古籍圖書獎一等獎、上海市第十一届圖書獎特等獎、上海市第十届哲學社會科學優秀成果獎著作類二等獎、第二届中國出版政府獎圖書獎等，在海内外贏得了廣泛好評，也爲我們從事研究、申報課題提供了極大便利。

『先賢』一詞，至遲在秦漢典籍中已見。《禮記・祭義》云：『祀先賢於西學（周代小學名），所以教諸侯之德也。』[三] 這裏的『先賢』指的是先世賢人，也即古代德才兼備者。他們既包括賢君、賢主、賢王、賢辟（德才兼備的君主），也包括賢相、賢輔、賢宰（德才兼備的宰相），還包括賢伯（德才兼備的諸侯）、賢牧（德才兼備的州郡長官）、賢令（德才兼備的縣令）、賢臣（德才兼備的臣子）、賢吏（德才兼備的官吏）與賢民（德才兼備的平民），是中國古人的杰出代表，也是中國古代家譜的亮點。先賢家譜大都具有文物價值，這從各級、各地公私收藏機構與個人競相收購先賢家譜、價格亦不斷攀升即可見一斑。近年來，新聞媒體也較關注先賢家譜的文物價值。二〇一六年三月，中央電視臺綜合頻道《我有傳家寶》節目導演賀躍進先生主動邀請筆者組織籠水（山東省淄博市博山區）趙氏族人代表趙捍東先生携帶清代刻本《籠水趙氏世譜》等赴京製作專題節目，并於當年四月四次播出，在山東省内外都産生了較大反響。而先賢家譜的輯佚、校勘、研究和利用價值，也應該高度重視。

以山東臨朐馮氏（始祖明代馮裕）爲例：《中國家譜總目》衹著録山東省圖書館藏清抄本《馮氏家乘》一卷；張秉國先生則注意到還有清道光二十八年（1848）纂修的《馮氏世譜》四卷及清光緒三十三年（1907）、民國十九年（1930）兩次續修本，一九六二年在其基礎上纂修的《馮氏族譜分派兑部》，明代以來私人過録、收藏《馮氏世録》抄本四種。經過全面比較，張秉國先生選擇《馮氏世録》二種（冶源本、青州本）作底本進行整理研究，并發現了一些他書不載的碑傳墓志類文獻、世所罕見的各種誥敕，解决了諸如馮惟敏的卒年等問題（張秉國《〈馮氏世録〉二種整理研究》），爲《中國家譜總目》增補、修訂提供了重要綫索，也爲明清兩朝誕生了九位進士、九位四品以上官員并至少撰寫了六十餘種著作的臨朐馮氏家族等文獻輯佚、校勘、研究和利用奠定了堅實基礎。

先賢各有生態，也即特定環境中生存、發展的狀態及其生活習俗等，包括家族生態與社會生態。先賢家譜既是先賢家族生態的主要載體，也是先賢社會生態的輔助載體。家譜的主體是世系，通常記載始祖以來家族成員的名字、别號、生辰、幼教、婚配、子嗣、忌日、墓地、祠堂等，是研究其家族生態的第一手資料，有的還是傳世文獻中僅見的珍品。家譜中的傳記、墓志銘等，介紹家族成員科考、仕宦、交游、節操等多種信息，是研究其社會生態的重要資源，有的還可補充、糾正正史與方志等傳世文獻的缺失。先賢家譜是老祖宗留給我們的寶貴遺産，兼具物質文化遺産（家譜實體）與非物質文化遺産（家譜編纂方法）雙重屬性，是社會主義精神文明建設的深厚滋養，能够幫助世人察古鑒今，勿忘其身。它們既可爲解决人們『我是誰』『我從哪裏來』的問題提供幫助，也可爲人們明確『我到哪裏去』『我怎樣到那裏去』的目標與途徑指示方向。一九九六年底上海圖書館家譜閲覽室正式對外開放以來，爲海内外成千上萬的尋根者、續譜者與研究者解决了困難，并極大地促進了全球華人對中華民族精神基因的認同，有力地推動了當代文明家庭建設與各地旅游事業發展。先賢家譜中收録的一些家訓、家規，至今仍有借鑒意義。新城王氏四世王重光制定的書面家訓『所存者必皆道義之心、所行者必皆道義之事、所友者必皆讀書之人、所言者必皆讀書之言』及八世王士禛所寫的廉政家規《手鏡録》，還引起中共中央紀委、國家監察部的高度關注。二〇一六年四月，中央紀委、監察部網站《中國傳統中的家規》欄目組專門趕赴山東省淄博市桓臺縣王士禛故里，拍攝專題片《山東桓臺王漁洋家族：忠勤報國潔己愛民》。節目推出後，在中國共産黨内外引起了熱烈反響，爲宣傳良好家風，推動廉政建設做出了積極貢獻。

二

齊魯大地歷史悠久，文化燦爛，先賢産生早、數量多、影響大、定位高，是一道獨特的風景綫。遠在秦代以前，就已誕生了孔子、孟子、孫子（孫武、孫臏）等先賢，并爲管子、墨子、莊子、荀子等先賢提供了成就偉業的平臺。孔子更培養了三千弟子、七十二賢〔四〕。此後開疆拓宇，代不乏人。及至明代嘉靖年間（1522—1566）禮部會議孔廟祭禮時，甚至祇把顔淵、曾參、孔伋、孟軻等十哲以下和孔子其他及門弟子稱爲『先賢』，而把左丘明以下稱爲『先儒』〔五〕。

受『至聖先師』孔子及其家族的深刻影響，齊魯先賢及其家族特别重視譜牒編纂。從孔孟顔曾到民國諸賢，兩千餘年綿延不斷，書寫了一部家譜伴先賢成長、先賢爲家譜增色的壯麗史册。清嘉慶十九年（1814），劉鐶之主持纂修的《東武劉氏家譜》全部完成，阮元應邀爲其作序。阮元是清代著名學者、出版家，他撰寫的《疇人傳》與《積古齋鐘鼎彝器款識》，是研究中國歷代天文學家、數學家生平與古文字學的重要參考文獻，主編的《經籍纂詁》、校刻的《十三經注疏》、彙刻的《皇清經解》等，都在中國文化史上産生了巨大影響。阮元盛贊被乾隆皇帝譽爲『海岱高門第』的東武劉氏家族，稱許該譜『井然秩然，何其慎也』『不妄推世系，又何慎也』，且認爲『是譜之修，非止世家之乘，且裨國史之表，誠不可緩於今日矣』。此論持之有據，絶非虚誇。張其鳳先生經過廣泛調查，發現東武劉氏家譜除清嘉慶十九年刻本，還有清乾隆二十一年（1756）劉統勛主持纂修的《東武劉氏家譜》（已佚），以及清宣統三年（1911）劉心鑒參與纂修并抄録的《東武劉氏家譜槎河支譜》、二〇〇二年劉德浦重印嘉慶本并補劉緒煊後裔手抄本、二〇〇四年劉德浦纂修《東武劉氏家譜槎河支譜續》、二〇〇九年劉鏡如編著《東武劉氏家乘》（以上五種家譜俱不見於《中國家譜總目》），并選擇嘉慶本作底本整理研究。張其鳳先生通過全面比較，認爲劉統勛、劉墉爲清代漢族父子宰相第一。又根據《東武劉氏家譜》分別統計，發現東武劉氏有品官銜者四百一十一人次（含封贈），無品官銜者九十一人次（含封贈），是著名的仕宦世家；東武劉氏擁有十一位進士，四十二位舉人，一百五十二位監生，五十二位庠生，又是著名的科舉世家；東武劉氏擁有水利、刑名、書法、醫學、金石學、版本目録學、詩學、史學、理學、文字學等專家，傳有一百八十餘部各類著作，還是著名的文化世家。此外，東武劉氏家族六人入選《清史稿》傳記，二人入選賢良祠，三人次入選名宦祠，五人次入選鄉賢祠，三次得到清帝賜匾、題詩或盛贊（康熙、乾隆、嘉慶），是全國一流的名門望族（張其鳳《〈東武劉氏家譜〉整理研究》）。這些成果真實地展現了齊魯先賢家譜的重要地位及其輯佚、校勘、研究和利用價值。

新城王氏在明清時期共孕育了三十位進士、五十二位舉人、數十位高官，除王士禛，還有大約七十人留下了各類不同著作，是山東乃至全國最著名的仕宦望族和文化世家之一。據魏恒遠先生考察，除已見於《中國家譜總目》的《王氏族譜》十三卷［明崇禎三年（1630）毛氏汲古閣刻本］、新城《王氏世譜》八卷首一卷［清乾隆二十五年（1760）刻本］、新城《王氏世譜》不分卷［清嘉慶十三年（1808）刻本］、《大槐王氏家譜譜略》一卷（清抄本）、新城《王氏世譜》三十五卷［民國四年（1915）木活字本］、《新城王氏世譜》八卷（一九九四年鉛印本），新城王氏還有明萬曆三年（1575）、清康熙五十五年（1716）、清同治三年（1864）、二〇〇八年纂修諸譜。甚至在萬曆三年五世王之垣『創修』之前，已有其叔王文光的《徙新城譜略》（魏恒遠《新城〈王氏世譜〉整理研究》）。魏恒遠先生選擇乾隆本作底本整理研究，并廣泛收集各個版本新城王氏家譜的資料等，彙爲《新城〈王氏世譜〉整理研究·下編》一百五十篇（組）。其中，有明代著名學者焦竑的《少司農王公傳》，明代著名戲曲作家、文學家屠隆的《王司徒誄》，明代著名文學家于慎行的《王氏琅邪公傳》《明故正議大夫户部左侍郎誥贈户部尚書見峰王公暨元配夫人于氏合葬墓志銘》《明故奉直大夫户部四川司員外郎錦峰王公墓志銘》《宣府巡撫大中丞新城王公生祠記》，明代著名戲曲作家、文學家湯顯祖的《大司馬新城王公祖德賦（有序）》，明代著名書法家邢侗的《資政大夫户部尚書王公行狀》，明代著名書畫家董其昌的《王氏族譜序》，明末清初著名文學家錢謙益的《王季木墓表》，清代著名詩人施閏章的《吏部考功司員外郎王公墓碑》，清代著名文學家、戲曲家尤侗的《王東亭進士傳》，清代著名散文家汪琬的《王象乾傳》《御史王公傳并贊》《節孝王先生傳》《誥封王母張宜人墓志銘》，清代著名文學家陳維崧的《祭王西樵先生文》，清代著名文學家姜宸英的《新城王方伯傳》，清代著名文學家朱彝尊的《文林郎湖廣道監察御史王公墓表》《誥封朝議大夫國子監祭酒新城王公墓碑》，清代著名史學家萬斯同的《王象乾傳》，清代著名經學家孫星衍的《資政大夫經筵講官刑部尚書王公傳》等。這些成果又一次清晰地展現了齊魯先賢家譜的突出地位及其輯佚、校勘、研究和利用價值。趙紅衛女士的《〈安丘曹氏族譜〉整理研究》，朱秀敏女士、宋金民先生的《萊陽〈宋氏宗譜〉整理研究》，王勇的《〈籠水趙氏世譜〉整理研究》，江永紅女士、王濟洲同志的《〈顏山孫氏族譜〉整理研究》，李泉先生的《東郡〈傅氏族譜〉整理研究》，黄金元、張金平先生的《〈安德田氏家譜〉整理研究》，王海鵬先生的《〈棲霞名宦公牟氏譜稿〉整理研究》，也都與此相似，各具價值。

遺憾的是，齊魯先賢家譜的收集、整理、研究和利用工作還做得不够。截至目前，尚未專門全面收集傳世齊魯先賢家譜的基本信息，也未正式出版系統整理研究齊魯先賢家譜的相關著作。有鑒於此，我們群策群力，分工協作，首選明清時期十家、十一種齊魯先賢古舊族譜整理研究，希望能够抛磚引玉，得到社會各界的重視與支持，進而探源逐流，不斷拓展，以推動齊魯先賢家譜的搶救、保護和利用，促進中華優秀傳統文化的繼承、創新和發展。

三

『叢書』自準備到完成，歷時三年半，得到很多領導、專家的殷切關懷與精心指教，令筆者倍感温暖，終生難忘。

二〇一六年二月二十九日，中共山東省委宣傳部、山東省發展和改革委員會、山東省財政廳、山東省文化廳、山東省新聞出版廣電局、山東省文物局聯合下發《關於推進齊魯優秀傳統文化傳承創新工程重點項目的通知》（魯宣發〔2016〕3號），面向全省徵集七個類別、三十個重點項目的相關課題。四月十二日，《中共山東省委高校工委關於組織申報2016年齊魯優秀傳統文化傳承創新工程重點項目的通知》（魯高工委通字〔2016〕22號）正式發布，要求全省各高校認真組織申報工作，并將擇優報送省委宣傳部參加評選。我在認真研讀文件、廣泛查閱資料後，申報了『研究闡發項目』類別中的『齊魯先賢家譜整理研究叢書』。其間，數次得到山東省政協原副主席、山東師範大學原副校長、山東師範大學山東省齊魯文化研究院原院長王志民教授，山東省委宣傳部副部長王紅勇同志、文藝處處長王偉同志，山東師範大學山東省齊魯文化研究院副院長仝晰綱教授，以及山東師範大學社科處副處長孫書文教授、顧大偉老師的悉心指導。九月一日，六部門又聯合下發了《關於推進2016年齊魯優秀傳統文化傳承創新工程第一批重點項目的通知》（魯宣發〔2016〕22號），正式公布經全省各地、各部門及高校組織推薦、專家學者評審，最終確定的包括『齊魯先賢家譜整理研究叢書』在內的七十二個重點項目。九月二十七日，山東省財政廳下達省級宣傳文化發展專項經費給予資助。自此，項目工作全面啓動。

早在二〇一〇年上半年王志民教授組織召開的《山東文化世家研究書系》第一、二次作者會議上，筆者就已與《清代聊城傅氏家族文化研究》作者李泉先生、《清代諸城劉氏家族文化研究》作者張其鳳先生、《清代德州田氏家族文化研究》作者黄金元先生、《清代棲霞牟氏家族文化研究》作者王海鵬先生、《明清安丘曹氏家族文化研究》作者趙紅衛女士、《臨朐馮氏家族文化研究》作者張秉國先生結下了良緣。『叢書』正式立項後，本着家族文化研究與家譜整理研究、遴選家譜與聘請作者相互結合的原則，筆者首先聯繫這六位學者，他們全都慨然允諾。李泉先生『項目很有意義，稿費并不重要』的表態，尤其令我感動。除筆者以外，其餘三書作者或爲同鄉，或爲學生，也都愉快地接受邀請，并迅即展開工作。

二〇一七年三月十八日至十九日，在山東師範大學舉行了『叢書』編纂工作研討會。山東師範大學文學院院長楊存昌教授、黨委書記王興盛老師，齊魯書社社長昝亮編審，山東師範大學社科處副處長孫書文教授，山東師範大學文學院省級重點建設學科中國古代文學學科帶頭人陳元鋒教授、中國古代文學教研室主任王琳教授，山東師範大學文學院辦公室主任張冰老師，以及『叢書』十部著作的主要作者與編者共二十人，參加了本次研討會。大家集體學習了中共中央辦公廳、國務院辦公廳《關於實施中華優秀傳統文化傳承發展工程的意見》及中共山東省委宣傳部、山東省財政廳的有關文件，并就『叢書』編纂與出版計劃等進行了熱烈而深入的研究與討論。會後，由筆者起草『叢書』凡例、編撰排版要求及試寫稿共同討論修改，以便統一體例。同年十二月十七日起，『叢書』初稿陸續提交。由筆者首先通讀，并與作者隨時討論。然後轉交『叢書』責任編輯復審，再與作者和筆者共同討論，經課題組内外專家審閲後定稿，申請結項。其間，『叢書』又多次得到山東省作家協會副主席、山東師範大學文學院院長孫書文教授的具體指導，并得到山東師範大學文學院黨委書記肖光軍老師及社科處處長高景海老師、副處長顧大偉老師等的熱情幫助。

『叢書』付梓之際，筆者謹向有關領導、專家與全體作者、編者表示崇高的敬意！向協助『叢書』推進工作的山東師範大學文學院辦公室主任李金波老師及我的研究生高燕、徐寧同學表示衷心的感謝！由於時間緊迫，能力有限，書中錯誤疏漏在所難免，敬請廣大讀者批評指正！

王　勇

二〇一九年八月十五日於山東師範大學文學院

【注】

〔一〕〔漢〕司馬遷：《史記》卷一三〇《太史公自序》，中華書局一九五九年版，第一〇册，第三三〇三頁。

〔二〕上海圖書館編，王鶴鳴主編：《中國家譜總目》，上海古籍出版社二〇〇八年版。

〔三〕〔清〕孫希旦：《禮記集解》卷四六《祭義》，中華書局一九八九年版，下册，第一二三一頁。

〔四〕〔漢〕司馬遷：《史記》卷四七《孔子世家》：『孔子以詩書禮樂教，弟子蓋三千焉，身通六藝者七十有二人。』中華書局一九五九年版，第六册，第一九三八頁。

〔五〕〔清〕張廷玉等：《明史》卷五〇《志·禮四》，中華書局一九七四年版，第五册，第一二九六頁。

凡例

一、本『叢書』選擇十部齊魯先賢家族的宗譜整理研究，一族一部，求同存异。旨在搶救珍貴家譜，發掘歷史資料，古爲今用，推陳出新，促進人們注重家庭、家教、家風，爲弘揚優秀傳統文化、建設社會主義精神文明貢獻力量。

二、『齊魯』以今『山東省』行政區劃爲界，『先賢家譜』從明清兩朝入手。此前家譜，將來再謀整理研究。

三、本『叢書』一律以善本、足本等舊譜爲底本，以别本家譜及其他歷史文獻等參校。原文涉及帝王與尊者等跳行、空格者，一律回改，不出校。篇幅較長者，酌情分段。

四、各譜人名、字號、地名、書名等專有名詞悉仍其舊，其他文字保留繁體，但异體徑改正體、諱字徑改本字、舊字形徑改新字形，不出校記。脱、衍、倒、誤文字一律改正，并出校記。

五、標點一律采用通行竪排新式符號，引號先雙（『』）後單（「」），不用專名號。

六、注釋重在簡介族人事迹、家鄉環境及對家族産生較大影響的其他人物、事件等，非特殊意義詞語一般不注。

七、校記與注釋合爲一體，以『【校注】』標示，列於各篇文章或相同世次譜表之末。同一條内，先校後注。

八、在整理文獻過程中，對於農民起義軍被誣爲『盜』『匪』『賊』等，我們是持批判態度的，但爲保證資料的真實性、完整性，對此不做改動。

九、本『叢書』參照王志民教授主編《山東文化世家研究書系》順序排列，各書按圖片、總序、凡例、前言、目録、家譜及其校注與研究、附録等順序排列。

前　言

一、棲霞牟氏家族的崛起與振興

棲霞牟氏家族先祖牟敬祖原籍湖北公安縣，明朝初年入籍棲霞。從明初至明末，棲霞牟氏家族多數家庭家境貧寒，地位卑微，在當地默默無聞。明末清初，牟氏家族通過刻苦攻讀而崛起，并逐漸發展成爲棲霞望族；清嘉慶、道光年間，牟氏家族中的牟綍、牟墨林父子通過艱苦創業，成爲威震膠東的富紳。到民國時期，由於戰亂、社會動蕩以及家族内部的墮落腐化，牟氏家族開始走向衰微。

（一）『讀書取仕』與家族振興

棲霞名宦公牟氏之始祖爲牟敬祖，原籍湖北公安縣，洪武三年（一三七〇）被任命爲山東登州府棲霞縣主簿，後落籍於棲霞縣，成爲棲霞牟氏家族的一世祖先。

牟氏家族從二世到七世近一百五十年間，家境貧寒，整個家族在當地默默無聞。牟氏家族有所起色是從第七世牟時俊開始的。

牟時俊生於明正德年間，幼年家境清苦。成年後，牟時俊先後生有道南、道一、道明、道遠、道立、道行、道中、道幹八個兒子，人丁不斷增加，老幼共有二十餘口。牟時俊清楚地看到，多少年來牟氏幾代人一直備受生活煎熬，主要是因爲牟氏家族没有讀書，缺少能人。他痛下決心，無論如何，一定要讓子孫後代讀書識字，於是『延明師，課諸子』。從此以後，牟氏全家在牟時俊訓導和鞭策下，引領子弟發奮讀書，走上了『讀書仕進』的道路。經過努力拼搏，牟時俊八個兒子中最終有六人平步青雲，取得功名。牟時俊長子牟道南，萬曆壬辰（一五九二）得中貢生。次子牟道一，曾出任直隸省滿城縣尉，擢升河南滑縣縣丞。五子牟道立，明萬曆丙申（一五九六）拔貢，後出任直隸省涿州攝篆（掌印）州判，又擢升四川省敘州府（今宜賓市）通判。三子牟道明與七子牟道中，均爲庠生。『老八支』中在科舉和仕途中最有成就的是六子牟道行。牟道行，明萬曆十九年（一五九一）中舉人，時僅二十四歲。萬曆四十二年（一六一四），經謁選出任河南省宜陽縣知縣，擢升直隸省真定府同知。牟氏家族從此由一個寄人籬下的家族，漸居棲霞望族之列。這是整個牟氏家族開始走向振興的起點，此兄弟八人則被其後裔尊稱爲牟氏『老八支』。可見，牟家的崛起，牟時俊功不可没，堪稱牟氏家族崛起之奠基人。

牟氏家族的全面振興是在第十世，此時正處於明清朝代更替之際。一六四四年，清軍入關。清朝統治者爲了穩固統治，對漢族地主采取了各種籠絡的措施，其中，特别是開科取士的辦法，對消除漢族士大夫的反清思想産生了重要影響。

在牟氏家族的崛起過程中，『老八支』牟道立之後代爲牟氏家族的中興奠定了基礎。道立之子牟鉶生了牟國須、牟國器兩個兒子，長子牟國須於清順治十一年（一六五四）中舉，十八年（一六六一）中進士，這是名宦牟氏家族的第一名進士。後出任河南澠池縣知縣。次子牟國器爲邑北最大富紳。

牟時俊六子牟道行之長子牟鎧又生八子。牟鎧爲教子成材，親自授課，讀無虚日。此後，八子中兩人中進士，其餘也皆有成就，時人稱譽『能教善誨』。牟鎧之長子牟國玠，十六歲舉博士弟子，郡邑皆已知名。康熙丙午（一六六六）領鄉薦，中舉人，此後曾任長山縣教諭八年，清康熙壬戌（一六八二）又考中進士；次子牟作孚，廪生，後祀鄉賢；三子牟國瑋，廪生，以卓行録入邑乘《人物志》；四子牟國瓚，增生；五子牟國球，廪生；六子牟國琛，增生，以孝友録入邑乘《人物志》；七子牟國瑾，增生；八子牟國瓏，二十二歲補爲博士弟子，三十七歲中舉，清康熙三十年（一六九一）四十四歲晋進士，五十二歲出任直隸南宫縣知縣。此兄弟八人，接連出了兩名進士，名震鄉里，光宗耀祖，大大提高了牟氏家族的知名度和影響力。總之，牟國玠兄弟八人，主要通過『讀書仕進』之路，將牟氏家族由棲霞普通望族又推上一個新的高度，登棲霞牟、林、郝、李四大望族之首。後來，此兄弟八人被牟氏後裔尊稱爲『小八支』。

『小八支』兄弟八人齊心協力，不僅在本代卓有成就，而且更爲重要的是，他們非常重視對子孫後代的教育，對後裔修立家訓，耳提面命，言傳身教，因此使其後牟氏家族五代均人才濟濟，聲名顯赫。牟氏家族從十一世至十五世，可以説是最爲春風得意的時候。特别是到第十四世時，牟氏家族出現了多位名人，從而使得牟氏家族在『讀書仕進』的道路上達到了巔峰。

牟氏家族在十一世先後出了兩名進士，分别是牟恒和牟慤。牟恒，牟作孚之子，十五歲補博士弟子員，三十三歲中舉，三十七歲中進士。初任内閣中書，歷户、禮二部郎中，後因廉潔清正，旋提監察御史，曾多次『代天巡狩』；牟慤，三十六歲中舉，四十九歲中進士，初仕江蘇武進縣，後移宰睢寧，治行舉江南第一，後被人稱爲清初江南『清官第一』。

至十二世，牟氏家族接連出了兩名進士與兩名舉人。牟國球長子牟恬，生牟曰笏、牟曰管、牟曰籛三子。牟曰笏於雍正元年（一七二三）中舉，次年聯捷進士，後任河南光山縣知縣；牟曰管於雍正元年（一七二三）與伯兄曰笏同科中舉，後出任鄒平縣教諭；牟曰籛，乾隆十二年（一七四七）中舉，翌年聯捷進士，初任陝西涇陽知縣，左遷山東濟南府教授、德州府學正。此兄弟三人中，兩位中進士，一位中舉人，曾被人譽爲『一門三進士』。除了以上三人外，牟氏家族十二世中另外一個得中舉人的是老八支牟道立的孫子牟曰篧。牟曰篧於康熙三十五年（一六九六）中舉，曾出任掖縣、鄒平縣教諭。後因政績突出，升遼寧省安東衛教授。

牟氏家族在十三世出了牟綏、牟岱兩位舉人。牟綏，牟之儀仲子，辛卯（一七七一）舉人，乾隆五十年（一七八五）出任萊蕪教諭。牟岱，雍正壬子（一七三二）舉人，初任四川江津縣知縣，後任山東魚臺教諭。

牟氏家族在第十四世時，碩果連連，不僅先後有兩名進士、兩名舉人，而且在其他領域也出現了非常重要的人物。十四世堪稱牟氏家族在科舉功名方面的巔峰時期。

牟國琛之玄孫、牟晅之子牟昌裕，乾隆四十二年（一七七七）拔貢，又本科舉人。五十五年（一七九〇）中進士。因學業突出被欽點爲翰林院庶吉士。後歷任工部虞衡司主事，都水司主事，營繕司員外郎、郎中，順天鄉試同考官，江南道、雲南道、河南道監察御史。

牟國瓏之玄孫中，出了三位重要的人物，一是進士牟貞相，二是中國著名的經學家、名士牟庭，三就是富紳牟墨林。牟貞相，牟之儀之四孫、願相從兄。乾隆甲午（一七七四）科舉人，戊戌（一七七八）科進士，授直隸省肥鄉縣知縣，後調署滿城縣。牟庭，貞相胞弟，十九歲補諸生，被山東學使趙鹿泉稱爲『山左第一秀才』。曾任觀城縣訓導，後終生著書立説，先後積累下五十餘部手稿，成爲著名經學家。代表作有《同文尚書》《詩切》等。牟墨林，嘉慶間太學生，雖然功名并不顯赫，但是善於經營，爲牟家創下了一大筆産業，使得牟家成爲遠近聞名的首富之家。

十四世的兩名舉人分别是牟應震和牟秋馥。牟應震，乾隆癸卯（一七八三）中舉人，曾任禹城訓導二十餘年，後升青州副教授。牟秋馥，嘉慶戊午（一七九八）舉人，但未出仕。

十五世時，雖然與前世相比有所遜色，但是其成就依然不菲，出現了一名進士、兩名舉人和一名武舉，分别是牟雯、牟所、牟房和牟英奎。牟昌裕從子牟雯，嘉慶丁丑（一八一七）科進士，曾任三水縣知縣，後升邠州直隸州知州。牟貞相之獨子牟所，道光乙酉（一八二五）拔貢，丁酉（一八三七）舉人。先後充任工部鉛子庫與都水司主事。補南河同知，授五品銜。牟所自幼嗜金石、工翰墨，其書法縱横離奇，自成一家，曾被尚書何凌漢稱爲『山左書法第一』。牟房，牟庭仲子，嘉慶戊寅（一八一八）科舉人。初任長清、高密、恩縣等縣訓導，又歷任浙江會稽、安吉等縣知縣。牟英奎，原名耕，字星甫，道光己亥（一八三九）武舉。

從十六世開始，牟氏家族明顯出現了衰落的趨勢，只出現了一名舉人牟温典。牟温典，道光庚子（一八四〇）舉人，歷任浙江松陽、慈溪、奉化知縣，因有功於朝廷，升海寧州知州，戊午（一八五八）浙江鄉試同考官。牟温典是牟氏家族的最後一位舉人。在此以後，歷史進入了近代，牟氏家族雖然大多數成員依然在『讀書仕進』的道路上拼搏努力，但是再也未能取得舉人以上的功名。牟氏家族在科舉功名方面衰落的迹象由此可見一斑。

（二）牟氏家業的興盛

從牟敬祖落籍棲霞一直到第七世牟時俊，牟氏家族家境貧寒，飽受生活之艱辛，幾乎没有什麽家業可言。只是到『老八支』時，牟道遠、牟道平勤勞樸實，生活儉約，使得家業稍稍有所起色，但其他兄弟六人致力於讀書取仕，家境依然十分艱難。

到牟氏家族第九世時，大多數子弟處於捉襟見肘、僅足温飽的境地。第十世『小八支』牟國玠兄弟八人年幼時，因家境貧寒，一家人只得整日靠以匏瓜作羹，才勉强度日。此後，一直到第十三世，牟氏家族的多數子弟主要精力一直放在『讀書取仕』之上，接連取得了許多名震鄉里的成就，但是多少年來，牟家的日子一點也不富足。

牟氏家族在家業方面真正擁有實力是從十三世牟綍以及其子牟墨林開始的。

牟國瓏長孫牟之儀，原居棲霞悦心亭。乾隆七年（一七四二）牟之儀與叔父分家後，當時有土地三百餘畝。牟之儀生有五子，五子長大成人後，分家另立。牟之儀去世時，五子牟綍年僅七歲。分家後，牟綍分得土地六十畝，遷到古鎮都村西頭平房居住，成爲自耕農。牟綍視這六十畝地爲命根子，勤於勞作，省吃儉用，拼命積攢家財。通過多年的辛勤勞動和積攢，牟綍終於使家境漸漸有了起色，由一個僅足勉强維持日常之用的小自耕農逐漸轉變爲一個生活還算寬裕的小富紳。

嘉慶年間，東北的糧食連年豐收，而關内遭遇大灾，糧食緊缺，廣大百姓忍凍挨餓，生活艱難。爲了緩解灾民的困難，同時也爲了抓住這個商機，賺取利潤，牟綍冒着巨大的風險，自己租船到遼東做起了販賣糧食的生意。這樣，牟綍亦農亦商，經過幾十年的奮鬥，將土地發展到一千餘畝，爲牟家的發迹奠定了雄厚的經濟實力。

牟綍在四十六歲時，生下了獨子牟墨林。本來，牟墨林這一輩堂兄弟都是『相』字輩的，因爲牟綍對他有很高的期望，渴望他讀書有成、金榜題名，所以給他起名爲『墨林』。牟墨林年少時，家境日漸富足，牟綍專門找了塾師教他讀書識字。後來，牟墨林的學業有了增長，成爲太學生，在務農方面也成了行家裏手。

清道光十三年開始，棲霞發生了百年不遇的大灾，灾情延續三年之久。嚴重的灾害使得饑殍遍野，民不聊生。糧食奇缺，整個棲霞境内已經到了無糧可食的地步。

饑民們爲了生存，經過協商，由部分鄉紳出面，請求牟墨林到東北販運糧食，以救民於水火。然而這個買賣不但路途遥遠，而且途中的風險極大，弄不好甚至有性命之虞。牟墨林曾經想聯合其他富紳一塊去販糧，但是其他人不是擔心路途危險，就是害怕血本無歸，都拒絕了牟墨林的要求。最後，牟墨林實在不忍心眼睜睜看着灾民饑餓而死，决定不計個人安危，孤注一擲，大膽一試。他經過周密安排，組織了一幫精明能幹的夥計，踏上了千里迢迢、危險重重的販糧之路。初戰告捷後，牟墨林又先後冒險去東北販運了幾次高粱。

牟墨林販糧回來後略微加價再轉賣給灾民。有的灾民家中除僅剩的幾畝荒蕪的田地，已是一無所有，無錢買糧，牟墨林便同意他們可以以地換糧。這樣，很多饑民雖没有了土地，但是換來了救命糧，獲得了活命的機會。他們對牟墨林感恩戴德，把他視爲救苦救難的活菩薩。而牟墨林以庫財一空的代價，拯救了大批饑民的生命，而且換來了大量的土地，使自己的家業急劇發展起來。

牟墨林去世後，他的子孫分家，到光緒年間形成了以他六個孫子各立門户的六大家。六大家形成後，各家憑藉强大的經濟實力，繼續擴充土地，積聚財富，産業持續擴大。牟家在鼎盛時期，擁有土地六萬畝，山地十二萬畝，佃户村一百五十五個，各種房屋五千五百餘間，僅其住宅就達到四百八十餘間。

（三）牟氏家族的衰落

到民國時期，牟氏家族開始走向衰微。牟氏家族走向衰微的原因是極爲複雜的，既有外部原因，也有牟氏家族本身的因素。

首先，二十世紀二十年代，中國軍閥割據、混戰的局面日益嚴重，各種武裝力量如匪兵、大小軍閥及日僞軍等，爲了招兵買馬擴充勢力，接二連三地對牟氏進行敲詐勒索。經過幾次洗劫後，牟氏家族各家的財産均受到很大損失，在經濟上元氣大傷。這是牟氏家族走向衰落的一個不可忽視的原因。

其次，牟氏家族的暴發和近百年的持續發展，都是得益於封建制度。隨着中國共産黨領導的新民主主義革命不斷走向勝利，隨着土地改革在廣大農村的展開，牟墨林家族的莊園被没收。牟氏家族成員從莊園内遷出，被改造成自食其力的勞動者，牟氏家族的輝煌歷史也隨之成爲過往烟雲。

再者，家族子弟的墮落、腐敗是牟氏家族走向衰落的重要因素。到光緒年間，牟墨林的子孫分家，形成了以他六個孫子各立門户的六大家。六大家形成後，繼續擴充土地，積聚財富，産業持續擴大，表面上呈現出了一片繁榮的局面。然而，隨着家庭條件的改善，牟氏家族中的很多子弟逐漸背離在家族中傳承十幾代的『勤儉家風』，致使揮霍錢財、好逸惡勞等腐化墮落現象滋生、發展。到牟氏家族第十六世子弟時，這些現象愈演愈烈，甚至達到駭人聽聞的地步。牟氏家族子弟生活上的墮落腐化，不僅耗費了大量的財富，而且使家庭矛盾日漸激化，更爲重要的是，生活上的墮落腐化與事業上的拚搏、進取精神的敗退是緊密相連的。牟氏家族子弟貪圖享樂，無心料理家業，致使牟氏家族的家業急轉直下，迅速走向衰落。

過去常説：『財主不過三代富。』然而，從牟墨林的父親牟綧開始一直到一九四七年土地改革之前，牟家經歷了五代人的鼎盛，歷時近二百年，已經堪稱奇迹。

二、棲霞牟氏家族族譜的編纂

（一）棲霞牟氏家族清代族譜的編纂

棲霞牟氏家族首部族譜的編纂開始於第十世。第十世時，牟氏家族特别是『小八支』，無論在持家立業方面，還是在『讀書取仕』方面，都取得了輝煌的成就，社會地位和社會威望進一步提高。爲了追念先祖的功德、記録先祖的事迹，同時爲了加强族人的團結，編纂家譜便成爲擺在牟氏家族子弟面前的一項十分重要的事情。

從清朝初年一直到新中國成立之前，其間經過近四百年的歷史變遷，牟氏族譜又多次重修，先後出現過多種版本，其中主要有《棲霞縣名宦公牟氏世譜》（康熙年間手抄本）、《重修棲霞名宦公牟氏世譜》（道光年間木刻本）、《棲霞名宦公牟氏譜稿》（民國年間鉛字印刷本）。

民國三十二年（一九四三），牟氏家族第十六世孫牟雲和在《棲霞名宦公牟氏譜稿・叙二》中，對牟氏族譜的最初起源和早期演變作了比較細緻、明晰的追溯：『吾家譜牒，肇自十世鳳伯公，繼修者十三世冬陽公，皆手書稿本，傳鈔者亦復寥寥。十五世雲圖公始將繼修稿本捐廉付梓，於三水縣署印裝若干部，分賜族人。自此始，家有其書，人人瞭然於支分派別之相統，而發其敦睦之思。譜牒之攸關，如斯其大也。閲八年，十五世懷樸公以梓譜不免有失檢之處，謂非信譜，又重修之，未及付梓，竟爾謝世。其手書稿本流傳於十八世殿邦家中，已歷百年。』

牟氏族譜最早的版本《棲霞縣名宦公牟氏世譜》是由十世牟國玠主持編纂的，始修時間大約爲康熙十九年前後。牟國玠字錫韓，號鳳伯，即前面提到的『十世鳳伯公』。牟國玠是康熙年間進士，具有很高的文化修養。晚年所作《體恕齋家訓》《鳳伯公遺命》，堪爲邑中文學之冠。考中進士前，牟國玠曾任長山縣教諭八年。後來，牟國玠又受棲霞縣令胡璘之命，續修《棲霞縣志》，這爲他編纂牟氏族譜積累了豐富的經驗。由於時代久遠，《棲霞縣名宦公牟氏世譜》現已散佚不存。

《棲霞縣名宦公牟氏世譜》的重修大約開始於嘉慶初年，初亦墨本，道光四年（一八二四）由石門官署木刻印刷，共有十二卷。這次重修由編纂到出版，做出貢獻最大的有三人，分別是第十三世牟晛、第十五世牟雯和第十五世牟略，其中，牟晛是主要的編纂者。

牟晛字象懸，號冬陽，牟位箸長子。據《棲霞名宦公牟氏譜稿・前譜叙傳》記載，牟位箸生前曾對牟晛表達了想編纂牟氏族譜的願望，説：『吾家自高曾祖父以來，世德忠厚；我德薄，不及先人，亦未敢有忝行，皆可以庇子孫，宜有興者。吾老矣，爾兄弟又無志，所望於諸孫也。』對父親的囑托，牟晛時刻牢記在心。在晚年，牟晛潛心於長春人山館中，歷盡多年辛勞，終於將《牟氏世譜》編成。《前譜叙傳》的大部分内容爲嘉慶元年（一七九六）牟晛所寫，後來牟殿邦在民國時期重修牟氏族譜時作了增補。在《前譜叙傳》中，牟晛對自己編纂族譜的過程作了如下記述：『丙午丁未年間，所遭日益艱難，追念先君子之言行，與所以提命不肖者，録爲一集，名曰《明發》。當疾痛呼父母之義，遺我子孫，垂老之年，閑居多暇，思上繼先志，下啓後生，欲附前人之德行，以垂不朽，輯世譜，自名宦公籍棲霞縣始。……自先大人（指牟位箸）志欲輯修而未逮者，遲之數十年始克成事。至於開雕，猶有待焉。』

第十五世牟雯，字太樸，號雲圖，是牟晛嫡孫。牟雯於嘉慶丁丑（一八一七）科得中進士，先曾任陝西三水縣知縣，後升邠州直隸州知州。牟雯三水縣知縣任上時，曾自費將《棲霞名宦公牟氏世譜》在三水縣付梓，然後分贈給族人，對加强牟氏家族子弟的聯絡交往、對保存和發揚牟氏家族的歷史文化都做出了很大貢獻，因此備受族人敬重。此譜至今尚存。第十五世牟略，字駿夫，號懷樸，清代著名監察御史牟昌裕之子。牟昌裕在世時，與公安縣牟氏家族加强了交往，并産生了續修家譜的想法，但是由於公務纏身，一直未能如願。《棲霞名宦公牟氏世譜》付梓出版後，牟略爲了完成父親未酬之心願，不辭辛勞，繕寫《譜稿》五卷、《藝文》兩卷，使得牟氏家族世系井然有序，賴以存傳。

（二）民國《棲霞名宦公牟氏世譜》的編纂

民國時期《棲霞名宦公牟氏譜稿》於一九四三年正式出版，這次修撰前後經歷了長達幾十年的時間。在這次對牟氏族譜的編修、出版中做出卓越貢獻的要數第十八世牟殿邦、第十六世牟焕齋與第十九世牟紹周三人。

牟殿邦是續修《棲霞名宦公牟氏譜稿》的發起人。早年牟殿邦就有續修牟氏族譜的想法，然而一直未能如願。民國初年，第十六世牟焕齋在借閲原牟氏家譜時，不慎將家譜燒毁，自感『罪孽深重』，遂全心投入到續修《棲霞名宦公牟氏譜稿》的工作中。他到處走訪調查，搜集資料，付出了大量的心血和汗水。二十世紀三十年代，牟殿邦將牟焕齋搜集到的全部資料進行了梳理、加工，前後歷時三年之久。後來，牟焕齋在《棲霞名宦公牟氏譜稿·叙二》中，對自己和牟殿邦的修譜過程作了如下記載：『云和竊不自量，遂冒昧而欲身任其事，時有顧云和而笑者曰：「牟氏族譜之失修，已百有餘年，支派之分析愈歧，里居之遷徙靡定，調察難矣！加以配氏子女備載，昔無今有，調察尤難！子以一人奔走其間，無乃不勝其勞。且一家衣食之計，惟子是賴，恐自顧不暇，雖有其志，亦不免於半途廢也。」云和應之曰：「余本勞人，何憚奔走？即有身家之累，以餘力兼及，兩無妨也。至於調察之難，非有時期之限制，一弗詳，則再訪焉，再弗詳，則闕疑焉。患余志之不堅耳，儻能堅，終有成時也。」笑者乃去。余亦從事於斯。起癸亥，訖戊寅，閲十餘寒暑成事，乃以編纂屬殿邦，伊亦欣然許諾爲之。定其體例，糾其謬誤，相與往復磋商，歷數載告竣。」

編纂完成後，家譜的名稱最後定爲《棲霞名宦公牟氏譜稿》，分爲八卷。『凡例十二則』中說：『前譜題首曰《棲霞縣名宦公牟氏世譜》，所以別之也。重修本但題《重修牟氏世譜》。兹遵前譜題《棲霞名宦公牟氏譜稿》。』牟殿邦在《叙三》中對這一名稱的由來也作出了説明：『蓋斯譜不可爲定本也，爰仍名譜稿，以俟後來。』在《叙三》中，牟殿邦等主持編寫者極力標榜堅持實事求是、還原歷史真相的原則，一再强調：『蓋譜期於信，儻不信，如無譜矣，乃修譜者之過也。』他認爲：『修譜事，凡我同族咸與有責，印訖普及族人，俾讀譜者各得指其謬誣而糾正焉。』同時，牟殿邦對牟焕齋在編纂過程中的辛勞和功績給予了大力肯定，說：『焕齋族叔祖於治生餘暇奔走斯役，歷十有餘載，厥功偉矣。』民國三十二年（一九四三），牟紹周慷慨出資，將《棲霞名宦公牟氏譜稿》於烟臺出版。牟氏家譜的續修保持了牟氏家族歷史的完整，而牟殿邦、牟焕齋、牟紹周三人由此成爲家族功德斐然者，備受族人尊敬。

新中國成立以後，牟氏家族於二〇〇一年又編纂出版了《棲霞名宦公牟氏世譜》，這個版本爲十六開本，總共二千零三十八頁，字數達二百六十五萬字，只印刷了二百六十部。牟氏家族第十九世牟日寶先生多年來將全部心血用於牟氏族譜以及牟氏家族史的研究與撰寫，其代表作主要有《棲霞名宦公牟氏望族》《棲霞名宦公牟氏世譜》，此外還編寫了《牟氏莊園三百年》《牟氏佃户説莊園》《牟氏莊園故事》等多種通俗讀物，對牟氏家族歷史文化的保存、發掘和弘揚做出了十分杰出的貢獻。《棲霞名宦公牟氏世譜》書後附有牟氏後人牟吉超所藏《牟氏家族清代進士舉人試卷選録》，包含了除明朝末年的牟道行以外牟氏家族所有進士舉人的科舉試卷，充分展現了牟氏家族子弟在『讀書取仕』之路上所達到的境界。

三、棲霞牟氏家族的傳世著述與研究現狀

（一）傳世著述

從明末清初一直到民國時期，棲霞牟氏家族崛起之後繁榮長達數百年，其間文化名人輩出，所留著述甚多。這些著述是牟氏家族重要的文化遺産，是牟氏家族成爲文化世家的重要標志，

也是我們研究牟氏家族歷史與文化的寶貴資料。

牟氏家族子弟最早的著述活動是從參與編纂《棲霞縣志》開始的。清朝初年，第十世牟國玠曾經協助知縣胡璘撰修《康熙棲霞縣志》八卷，後來其弟牟國瓏又協助知縣鄭占春續纂《康熙棲霞縣志》八卷。在續修《棲霞縣志》過程中，牟國瓏還專門負責輯録《棲霞縣志藝文志》一卷。

第十三世牟昌衡是牟氏家族子弟中較早進行學術性研究的學者，他撰有《春秋左傳辨章題解》六卷，摘抄目録一卷，續抄目録一卷。

第十四世牟庭、牟應震、牟願相是幾百年來整個牟氏家族中學術成就最高、留下著述最多的子弟。牟庭終生著書立説，先後積累下五十餘部手稿，尤以《同文尚書》《詩切》兩部著作影響最爲深遠，其他得以流傳至今的還有《雪泥書屋全書》二卷、《雪泥書屋遺文》四卷、《楚辭述芳》二卷、《投壺算草》一卷、《擬我法集》二卷、《周公年表》一卷。二十世紀初，梁啓超曾將《周公年表》列爲近三百餘年來學術名著之列。牟庭生前只刊行了《楚辭述芳》一書，其代表作《同文尚書》和《詩切》則長時間未能正式刊行。至二十世紀八十年代，齊魯書社先後將《同文尚書》和《詩切》影印出版。牟應震棄官歸里後閉門著書，所著之書，付梓與未付梓者計十餘部，其中最有代表性的是《毛詩質疑》六種，包括《詩問》六卷，《毛詩物名考》

七卷，《毛詩奇句韻考》四卷，《韻譜》一卷，《毛詩古韻雜論》一卷，《毛詩古韻》五卷。後來，這六種在流傳的過程中分别出現了不同的版本。一九九一年，齊魯書社將《毛詩質疑》六種二十四卷匯總影印出版。牟願相著有《小澥草堂古文集》，此書鎸刻於咸豐三年，其中包含了牟願相一生絶大部分文章。

第十五世牟房是牟庭之子。牟庭去世後，他將牟庭的遺作作了整理，撰有《雪泥屋遺書目録》一卷，補遺一卷。此外，牟房還撰有《四女祠集》一卷；《佛金山館詠人集》一種，不分卷；《佛金山館秦漢碑跋》，現存瑞安陳准裒殷堂一九三四年鉛印本，列爲山東省立圖書館編《山左先喆遺書》甲編第二册。一九一五年，第十七世牟丕勳在執教之餘寫成《稼書軒文稿》四卷。

牟氏家族第十六世子弟牟宗三是中國現代著名哲學家、哲學史家，現代新儒家的重要代表人物之一，其哲學成就代表了中國傳統哲學在現代發展的新水準，因此被譽爲『當代新儒家他那一代中最富原創性與影響力的哲學家』。牟宗三一生著作頗多，主要有《周易的自然哲學與道德函義》《邏輯典範》《認識心之批判》《理則學》《道德的理想主義》《歷史哲學》《中國哲學的特質》《名家與荀子》《生命的學問》《五十自述》《時代與感受》《中國文化的省察》《心體與性體》《從陸象山到劉蕺山》《才性與玄理》《佛性與般若》《智的直覺與中國哲學》《現象與物自身》《圓善論》《政道與治道》《中國哲學十九講》《中西哲學之會通十四講》《人文講習録》等二十八部，另有《康德的道德哲學》《康德純粹理性之批判》《康德判斷力之批判》三部譯作。

棲霞牟氏家族傳世著述一覽表
[清] 牟晛：《重修棲霞縣名宧公牟氏世譜》，道光年間木刻本。
牟焕齋：《棲霞名宧公牟氏譜稿》，民國三十二年（一九四三）鉛字印刷本。
牟日寶、牟珍主編：《棲霞名宧公牟氏世譜》，現代家教社二〇〇一年版。
[清] 胡璘修，牟國玠纂：《康熙棲霞縣志》（八卷），清康熙十一年（一六七二）刻本。
[清] 鄭占春修，牟國瓏纂：《康熙棲霞縣志》（八卷），清康熙四十六年（一七〇七）據康熙十一年（一六七二）刻本增修。
[清] 牟國瓏：《棲霞縣志藝文志》（一卷），康熙年間刻本，清康熙四十六年（一七〇七）增修。
[清] 牟昌衡：《春秋左傳辨章題解》（六卷，摘抄目録一卷，續抄目録一卷），清咸豐九年（一八五九）刻本。
[清] 牟庭：《詩切》，齊魯書社一九八三年影印本。
[清] 牟庭：《同文尚書》，齊魯書社一九八一年影印本。

（續表）

棲霞牟氏家族傳世著述一覽表
[清]牟庭：《雪泥書屋全書》（二卷），清嘉慶年間刻本。
[清]牟庭：《雪泥書屋遺文》（四卷），北平圖書館一九三六年抄本。
[清]牟庭：《楚辭述芳》（二卷），清乾隆六十年（一七九五）抄本。
[清]牟庭：《投壺算草》（一卷），清嘉慶刻本。
[清]牟庭：《擬我法集》（二卷），清咸豐四年（一八五四）刻本。
[清]牟庭：《周公年表》（一卷），江蘇廣陵古籍刻印社一九八二年據清光緒間貴池劉氏刻版重印。
[清]董鵬翱修，牟應震纂：《嘉慶禹城縣志》（縮微品）（十二卷）。
[清]牟應震：《毛詩質疑》，六種（其中包括《詩問》六卷、《毛詩物名考》七卷、《毛詩奇句韻考》四卷、《韻譜》一卷、《毛詩古韻雜論》一卷、《毛詩古韻》五卷），清咸豐五年（一八五五）歷城朱廷相重修本，民國抄本。
[清]牟房：《佛金山館秦漢碑跋》，瑞安陳准褎殷堂一九三四年鉛印本。見山東省立圖書館編《山左先喆遺書》甲編。
[清]牟房：《雪泥屋遺書目録》（一卷，補遺一卷），道光二十三年（一八四三）牟氏刻本，瑞安陳准褎殷堂民國校本。

（續表）

棲霞牟氏家族傳世著述一覽表
[清]牟房：《四女祠集》（一卷），清代刻本。
[清]牟房：《佛金山館詠人集》，不分卷。
牟丕勳：《稼書軒文稿》，民國十四年（一九二五）十二月棲邑霞山石印局代印。

（二）研究現狀

在新中國成立一直到二十世紀九十年代之前的幾十年間，與棲霞牟氏家族有關的著作只有兩本，分别爲《吸血鬼牟二黑》和《牟墨林地主莊園》。

自二十世紀八十年代改革開放以後，以牟日寶爲代表的牟氏族人在續修家族譜牒的過程中，爲挖掘家族歷史文化，撰寫了多部著作，主要有《棲霞名宦公牟氏望族》《牟氏莊園故事》《牟氏莊園三百年》《牟氏佃户説莊園》等。

從二十世紀九十年代開始，有人開始認識到牟氏莊園的意義與價值，主要從建築學、民俗學的角度對牟氏莊園，或者對牟氏家族興衰浮沉的歷史進行了一般性的介紹，其中比較早的論文有山曼的《棲霞牟氏莊園》、衣明國的《聞名遐邇的牟氏莊園》、林天有的《牟氏莊園的覆没》等少數幾篇。

進入二十世紀九十年代後，隨着改革開放的深入，學術氣氛更加活躍，牟氏家族終於引起學術界的關注，走進許多學者的視野。此時，大多數學者把目光集中在牟庭、牟應震等多位牟氏家族文化名人及其文化成就方面。耿天勤的《牟庭對古文獻整理的貢獻》從牟庭對古籍的注釋、校勘和辨僞等幾個方面肯定了他對古文獻整理的貢獻，并認爲：『其氣魄、其膽識、其學問、其成就，實當時諸家所不及。』王承略的《清中葉棲霞學者牟應震的行年和著述》對牟應震在《周易》《毛詩》《四書》《夏小正》及音韻學方面的研究進行了介紹，認爲其治學方法不篤守漢人家法，又不妄從宋人議論，而是折中其間，獨創新解，務實求是，成一家言。吴慶峰的《牟應震的古韵學》對牟應震在古韵學方面所取得的成就給予了高度評價，對其研究的不足也進行了分析。

二〇〇〇年以後，接連出現了幾篇以牟氏家族爲選題的碩士論文，如梁霞的《〈同文尚書〉研究》、郭小輝的《地主莊園的保護與旅游開發基礎研究——以山東棲霞牟氏莊園規劃整治方案爲例》、房鵬的《牟氏莊園的地域建築文化特性及現代啓示》、戚霄的《社會流動與封建地主莊園經濟——以棲霞牟氏莊園家族研究爲例》、王岩松的《祈福求吉　意象表現——牟氏莊園建築裝飾中的特色造型研究》。這些論文所涉及的領域越來越廣泛，諸如牟氏莊園建築藝術、牟氏家族社會經濟、牟氏家族文化名人及其著述等。其中，最有代表性的是梁霞的《〈同文尚書〉研究》。本論文從《同文尚書》的成因及作書目的、《同文尚書》的文獻研究方法、《同文尚書》的價值與影響等方面對《同文尚書》進行了深入分析和研究。梁霞認爲，牟庭對《尚書》的研究不僅開創了全面、系統研究古典文獻的範例，而且其在研究中所運用的一些理論與方法對當代學術研究也有一定參考價值和借鑒意義。

與此同時，學術界對牟氏家族文化名人牟庭、牟應震的研究取得了新的進展，對牟宗三的研究則後來居上。黎馨平的《牟庭〈周易注〉評介》認爲，牟庭《周易注》一書體現了清人尊崇漢易，以『象數』治《易》的學風，同時，牟庭《周易注》使得《周易》注釋整體上清晰明瞭，於理通融，在清代學者中有自己的特色，具有較高的參考和研究價值。陳國安的《乾嘉二牟詩經學著述論略》認爲，在『詩經清學』發展鼎盛時期的乾嘉二朝，牟氏家族的牟應震有詩經學著述六種，而以《詩問》爲翹楚，牟庭則以《詩切》占乾嘉詩經學一席地。此二人或熔漢學宋學於一爐，或糅經學文學爲一體，成爲一時詩經學研究之佼佼者。二〇一二年，張曉芬出版專著《牟庭〈詩切〉研究》，從而把對牟庭的研究推進到一個新的高度。

牟宗三先生去世之前，已有人將其學術著作結集出版，并對其學術思想進行了初步的研究，其中比較重要的有臺灣學生書局出版的《牟宗三先生的哲學與著作》、鄭稼棟編《牟宗三新儒學論著輯要：道德理想主義的重建》、黃克劍等編『當代新儒學八大家集』之七《牟宗三集》、顏炳罡著《整合與重鑄：當代大儒牟宗三先生思想研究》。

一九九五年牟宗三先生去世後，對牟宗三思想的研究成爲學術界一個重要的陣地。周立升、顏炳罡編的《現代新儒學學案·牟宗三學案》，蔡仁厚撰寫的《牟宗三先生學思年譜》，蔡仁厚、楊祖漢主編的《牟宗三先生紀念集》，陳迎年的《感應與心物——牟宗三哲學批判》，楊澤波的《牟宗三三系論論衡》等，都是這一研究領域中比較早的代表性著作。

近幾年來，以牟宗三思想爲研究内容的碩士、博士論文已經接近四十篇，其中比較典型的博士論文有唐聖的《圓覺主體的自由：牟宗三美學思想的核心問題》、張海燕的《牟宗三美學思想研究》、盧興的《現代性視域中的牟宗三哲學》、閔仕君的《牟宗三『道德的形而上學』研究》、陳迎年的《感應與心物——牟宗三研究》等，而發表在各種期刊上的學術論文更是數以百計，難以盡述。

總之，棲霞牟氏家族是膠東半島乃至整個山東省歷史悠久、最負盛名、最有影響力的家族之一。據統計，明清時期，棲霞縣先後共出現了二十八名進士，其中牟氏家族成員占了十名，超過了總數的三分之一；牟氏家族子弟得中舉人者共計有二十九人。從明朝中後期至清代末年，牟氏家族共有七品以上官職者九十七人。其中京官三人，州官三十二人，縣官六十二人。與此同時，牟氏家族還出現了一大批知識淵博、博古通今的文化名人如牟庭、牟願相、牟應震、牟宗三等，他們都爲後世留下了珍貴的文化遺産。

幾百年來，牟氏家族不僅在膠東一帶影響深遠，甚至在全國都有着十分重要的地位。牟氏家族文化是中華傳統文化的重要組成部分，它受中華傳統文化的制約，具有中華傳統文化共同的基本特徵；同時牟氏家族文化也具有自身的特點，它融合了齊魯文化、膠東文化的主體成分，而且吸收了荆楚文化的部分因素。對牟氏家族及其文化的研究，不僅可以追尋牟氏家族對傳統文化的接納、傳承與致用，而且可以探求牟氏家族文化與膠東地域文化的交融、匯通。

王海鵬

二〇二三年三月於魯東大學

目録

卷首

棲霞縣名宦公牟氏譜稿序

棲霞有兩牟，一爲鐵口牟，一爲名宦牟。鐵口牟氏在金有官評事者，在元則將軍牟全〔一〕，開通海運，功業爛然。名宦牟，楚産也，始祖諱敬祖，明洪武時以歲貢任棲霞主簿，兼攝縣篆，解組後家焉，殁而崇祀名宦祠，此『名宦』兩字之所從來也。清白吏子孫中經式微，幾難與鐵口牟争炫赫。然祖德以鬱久而重光，自十世修譜以來，續修已至於再，至於三，譜之中游庠者，食餼者，貢成均者，歌鹿鳴〔二〕者，捷南宫〔三〕者，踵相接。行修入鄉賢祠者，仕優而入名宦祠者，深於經術者，長於詞章者，精於八法〔四〕者，莫不燦然大備。鐵口牟之武功，視此轉瞠乎後矣！今焕齋公〔五〕復續修之，其族再侄菽菴〔六〕襄之，譜成，各自爲序，并屬余爲之以冠部首。吾于氏與牟氏累世姻親，取其譜詳攬之，殊覺光遠，而自他有耀也。遂不辭謭陋，援筆而爲之序。

庚子辛丑并科舉人海陽于廉基拜撰。

【校注】

〔一〕牟全：生卒年不詳，棲霞鐵口人。元至元年間（一三三五—一三四〇）任武略將軍、水軍都督。當時，元朝東部沿海地帶屢遭倭寇騷擾，民不聊生。朝廷賜牟全以金牌，命率師，三征倭寇。父母兄弟不忍其遠離，牟全説：『大丈夫風雲際會之時，當立功异域，以報國家，焉能從伏田畝間乎？』他奮不顧身，創開水道，風波萬里，屢建奇功。回朝後，方慶河清海晏之際，牟全被奸細謀刺於河北桃花店。元帝念其功，乃命金牌御葬於觀音山下，并建祠紀念。

〔二〕鹿鳴：《小雅·鹿鳴》作爲早期的宴會樂歌，後來成爲貴族宴會或舉行鄉飲酒禮、燕禮等宴會的樂歌。東漢末年曹操還把此詩的前四句直接引用在他的《短歌行》中，以表達求賢若渴的心情。及至唐宋，科舉考試後舉行的宴會上，也歌唱《鹿鳴》之章，稱爲『鹿鳴宴』，可見此詩影響之深遠。

〔三〕捷南宫：指會試中試，即考中進士。

〔四〕八法：可能指以下幾個方面：醫學、武術、書法、法制等。其中，中醫又分有治療八法和針灸八法。又指中醫在辨證論治原則指導下的八種基本治療大法的總稱。它包括：汗法、吐法、下法、和法、温法、清法、消法、補法。

〔五〕焕齋公：指第十六世牟雲和，號德馨。老八支八房九世五房，牟家河西村人。民國時期，曾因借閱《家譜》被燒，排除萬難，續修《棲霞名宦公牟氏譜稿》，經數載方告竣。民國三十二年（一九四三）終於在衆族人特别是上孫家牟紹周公的協助下，得以付梓。遂與殿邦公、紹周公成爲牟氏家族三大功德斐然者。

〔六〕菽菴：指第十八世牟殿邦，棲霞著名書法家。亦名奠邦，字叔安，亦字菽菴，號福泉，又號茀莖。清末增生。老八支六房小八支三房，前泥都北樂天人。生於清咸豐十一年（一八六一）六月十三日，卒於民國三十四年（一九四五）春，享壽八十五歲。思想進步，學識淵博，是續修《棲霞名宦公牟氏譜稿》的發起人，與河西村牟焕齋、上孫家牟紹周同時爲民國時期對家族有特殊貢獻者。民國二十二年（一九三三）前後，應棲霞縣政府聘請，主編《棲霞縣志》，不顧古稀之年，竭盡全力，夜以繼日，疾書不止，終於成書。可謂鞠躬盡瘁，死而後已（手稿後遺失）。二十世紀三十年代，爲搶修《棲霞名宦公牟氏譜稿》，將牟焕齋搜集到的全部資料進行了歷時三年的文字整理；民國三十二年（一九四三）在上孫家牟紹周的協助下，得以付梓，保持了牟氏家族全族歷史的完整，彰名於後世。業餘嗜好書法，長於隸書和大草，對聯『結幔亭而梯月，開瓊筵以坐華』現存牟氏莊園管理處。

敘二

吾家譜牒，肇自十世鳳伯公〔一〕，繼修者十三世冬陽公〔二〕，皆手書稿本，傳鈔者亦復寥寥。十五世雲圖公〔三〕始將繼修稿本捐廉付梓，於三水縣署印裝若干部，分賜族人。自此始，家有其書，人人瞭然於支分派別之相統，而發其敦睦之思。譜牒之攸關，如斯其大也。閱八年，十五世懷樸公〔四〕以梓譜不免有失檢之處，謂非信譜，又重修之，未及付梓，竟爾謝世。其手書稿本流傳於十八世殿邦家中，已歷百年。殿邦欲續修之，以艱於步履，僅成其本房支譜而罷，距今歷三十年餘，其素志竟未酬也。云和竊不自量，遂冒昧而欲身任其事，時有顧云和而笑者曰：『牟氏族譜之失修，已百有餘年，支派之分析愈歧，里居之遷徙靡定，調察難矣！加以配氏子女備載，昔無今有，調察尤難！子以一人奔走其間，無乃不勝其勞。且一家衣食之計，惟子是賴，恐自顧不暇，雖有其志，亦不免於半塗廢也。』云和應之曰：『余本勞人，何憚奔走？即有身家之累，以餘力兼及，兩無妨也。至於調察之難，非有時期之限制，一弗詳，則再訪焉，再弗詳，則闕疑焉。患余志之不堅耳，儻能堅，終有成時也。』笑者乃去。余亦從事於斯。起癸亥〔五〕，訖戊寅〔六〕，閱十餘寒暑成事，乃以編纂屬殿邦，伊亦欣然許諾爲之。定其體例，糾其謬誤，相與往復磋商，歷數載告竣。今族人共議送局排印，贊成者十七世作賓、垚坤，十八世邦傑、華翰、維嶙、善達〔七〕、如松、壽南，十九世紹周〔八〕、雲、樹人，二十世俊卿。

民國三十二年七月十六世云和謹識。

【校注】

〔一〕十世鳳伯公：原文爲『八世鳳伯公』，有誤，應爲『十世鳳伯公』。第十世牟國玠，字錫韓，號鳳伯，老八支六房九世長房牟鏜之長子，棲霞城南門里人。生於明崇禎三年（一六三〇）歲次庚午十月初五日，卒於清康熙三十五年（一六九六）歲次丙子九月初九日，享壽六十七歲。

〔二〕冬陽公：第十三世牟晛，邑庠生。字象懸，號冬陽，又號雪堂。老八支六房小八支六房，棲霞城北宫人，牟位箸長子。生於雍正四年（一七二六）六月廿日辰時，卒於嘉慶十九年（一八一四）三月十二日巳時，享壽八十九歲。

〔三〕雲圖公：原文爲『雲圃公』，應爲『雲圖公』。第十五世牟雯，字太樸，號雲圖，老八支六房小八支六房，棲霞城北宫人。牟晛孫。嘉慶丁丑（一八一七）科進士，曾任三水縣知縣，後升邠州直隸州知州。一生仕途平順。事迹載邑乘《人物志·宦績》。曾自費爲清中期修撰的《棲霞名宦公牟氏世譜》在三水縣付梓，分贈給族人，此譜今尚存，備受族人世代敬重。

〔四〕懷樸公：第十五世牟略，附貢生。字駿夫，號懷樸。老八支六房小八支六房，棲霞城北宫人。

名御史昌裕之子。父卒於官，宦囊蕭然，故心血費盡始得扶柩歸里。父舉鄉賢，以費用不貲而奔波，稱貸年餘，始獲旨而辦。牟氏家譜年久未修，念父志未酬，毅然己任，分支列派，繕寫《譜稿》五卷、《藝文》兩卷，使世系井然有序，賴以存傳。

〔五〕癸亥：一九二三年。

〔六〕戊寅：一九三八年。

〔七〕善達：字得三，號爽標，老八支六房小八支三房，前泥都南長興人。《棲霞名宦公牟氏譜稿·祖塋平面圖》繪製者。清光緒二十七年（一九〇一）二月生，民國三十二年（一九四三）八月卒，享年四十三歲。民國九年（一九二〇）畢業於山東省立第八中學，先後在烟臺、占疃、小柳家、西荆夼等學校任教。民國二十一年（一九三二）出任棲霞縣縣立第二小學校長，民國三十一年（一九四二）出任棲霞縣抗日民主政府參議員。翌年春，日寇大『掃蕩』，遭追捕，驚嚇成疾，是年八月謝世。

〔八〕紹周：民國時期山東省國民政府參議會參議員。字子明，老八支六房小八支六房，上孫家人。牟焕春長子。民國十二年（一九二三）畢業於山東法政學校，先後任青島律師公會會長、全國律師協會常務委員、青島市青年會董事長、肅清烟毒委員會委員、自治籌辦委員會委員、法律扶助會會長、慈幼會主席等職，并兼貧民法律顧問、抗敵（日）後援會會長，以及幾處較大企事業法律顧問等社會活動職務。民國二十六年（一九三七）後，毀家紓難，從青島毅然回鄉參加中國國民黨抗日游擊隊，出任駐萊陽十三區專員公署（趙保原部）秘書長、萊陽縣長、魯東行署顧問、山東省國民參議會參議等職。民國三十二年（一九四三）慨然出資將《棲霞名宦公牟氏譜稿》續修稿於烟臺出版。與牟焕齋、牟殿邦同爲牟氏家族民國時期三大卓越貢獻者。民國三十三年（一九四四）四月病歿。

叙三

昔雲圖公梓譜，懷樸公以微有失檢，謂非信譜。蓋譜期於信，儻不信，如無譜矣，乃修譜者之過也。以雲圖公所梓譜書，精工詳審如此，而過猶不免，況其下焉者？焕齋族叔祖於治生餘暇奔走斯役，歷十有餘載，厥功偉矣。草創甫畢，而以討論修飾委殿邦，是欲令殿分過也。夫殿修譜未竟，慚愧無功，儻避其過而推委焉，則弗忍也。然預知過不易勉，而鹵莽滅裂，聊以塞責，又弗敢也。惟是黽勉從事，與焕齋互相研究，孳孳焉以期於免過而後已，至過之終有與否，所不問也。抑又思之，修譜事，凡我同族咸與有責，印訖普及族人，俾讀譜者各得指其謬誣而糾正焉。則焕齋以過分殿，而殿又將以過分闔族矣。蓋斯譜不可爲定本也，爰仍名譜稿，以俟後來。

時癸未〔一〕春三月十八世殿邦謹識。

【校注】

〔一〕癸未：指一九四三年。

凡例十二則

一　棲霞之有牟氏，以居鐵口者爲最先。吾始祖名宦公，以楚産籍棲。逮後世，雖與居鐵口者論有行輩，而各自爲宗。前譜題首曰《棲霞縣名宦公牟氏世譜》，所以別之也。重修本但題《重修牟氏世譜》。兹遵前譜題《棲霞名宦公牟氏譜稿》。

一　調查歷十餘年之久，其得之傳聞，而爲牟氏所居，雖在二百里外，如掖縣、即墨等處，亦曾往考察，非吾同宗不敢冒認。其遠在千里而外，聞某處有某之裔，即不能親訪，必詳注於某支之下，以待再考。

一　前譜仿世表式，世世相承，每分爲卷；重修譜以世爲卷，每分均須注明爲幾支幾房，且爲幾世幾支幾房，不免煩瑣。兹尊前譜。

一　前譜付梓時，將原稿配氏、里居均删去，惟配氏以小字附屬於各名大字之下，與前之平列者不同。

一　他姓譜有兼載外戚者，至戚亦與血統攸關，似爲應載之條，惟此條爲舊譜所無，但於所知者增入一二，所采訪者亦不免多舛，姑録之以俟詳查。

一　死者之有宅兆〔一〕，猶生人之有里居也。重修譜但載里居，前譜卷末有墓表，但列始祖以下，及十世而止。兹無論先代後代皆載焉，惟此條爲成稿時酌定增入，調察時未之及也，僅録所及知者，其缺者俟後再增。

一　各名下分注者四條，首里居，次字、號、職銜，三配氏子女，四塋墓。如卓行、文學、宦績、技術及婦女之有德行可稱者，并詳『藝文』卷内。

一　出嗣者，近房則注某子出繼，繼子某。遠房則注某子出繼於某，繼某之子某。某其异里居者，則注出繼於某村某之子，繼某村某之子，俾見者瞭然。

一　缺嗣者，詢其近支，但有奉祀之人，即注〔二〕明侄某兼承其祀，與絶祀者不同。

一　調查稿中名字有與舊譜不同者，以舊譜所載，或爲小名，或係更改，或由錯誤，悉從調查。

一　重名者，舊譜已不免。重修譜允自十五世以下，犯先祖諱與重名者悉更易之。今族益繁，重名者雖間有，更易不能盡也，惟犯先祖諱者必爲更改。

一　譜分八册，自始祖長房八世至長房爲一册，卷一；長房八世二房、三房爲一册，卷二；長房八世四房爲一册，卷三；長房八世五房爲一册，卷四；長房八世六房爲一册，卷五；長房八世七房、八世八房爲一册，卷六；五世二房爲一册，卷七；藝文及其他附載爲一册，卷八。

【校注】

〔一〕宅兆：指墳墓的四界。

〔二〕注：原文爲『駐』，有誤，應爲『注』。

祖塋平面圖

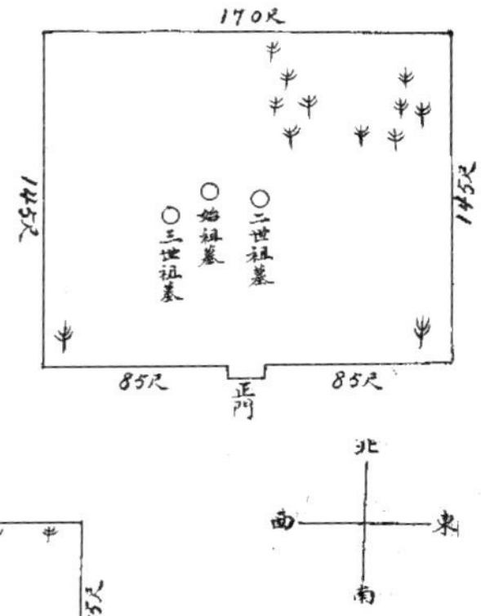

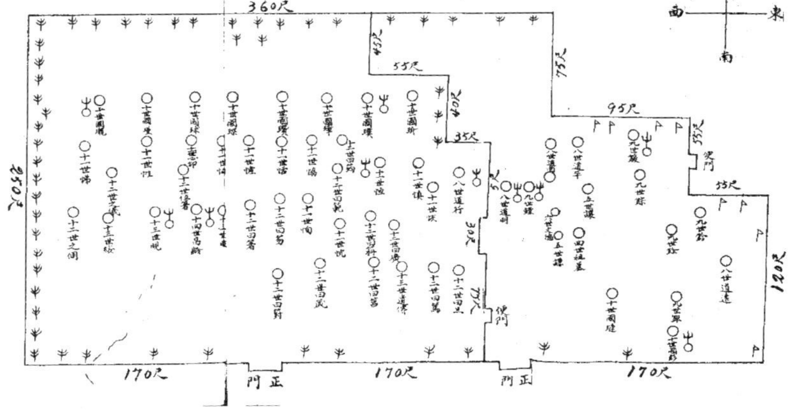

説明

一本圖四周界線為塋牆厚二尺餘高五尺許用礫與三合土砌成牆外有隙地五尺未繪圖內

一墓旁間有此「♀」符號者為誥命碑「P」符號者大叢楊樹「ψ」符號者為柏樹

一本圖按照有塋牆時所繪民國三十一年秋因軍事變動將塋牆拆毀樹株當由闔族人公議出賣本譜化費此項居多

一塋內墳墓累累多無碑記即有碑記可考者亦多不勝載希族人各照本支查明補入本圖茲將十三世以上墳墓略記載之

一八世以上墓碑係十世國瑚建立塋牆係十世國瓏建修碑瓦費均係自備三年始成樹株亦係此時栽植

一前後塋之中間為由楊墩鎮至徐家店大路

一本圖約佔實在面積六百分之一

癸未春十八世善達繪

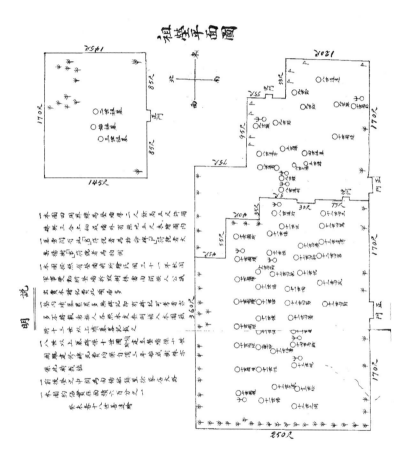

卷一

一世

敬祖〔一〕

配马氏。

原籍湖北荊州府公安縣，歲貢生。洪武三年〔二〕任棲霞主簿，因籍邑之荊鳳鄉蛇窩社中榆疃村，前故址猶存，稱牟家宅窠〔三〕。宦績載家傳及邑志、府志、通省志，崇祀名宦。

葬蛇窩泊東，原載邑志古迹〔四〕。

二世

聞道　居牟家宅窠。

配氏失考，子進。

三世

進　居牟家宅窠。

配楊氏，南榆疃人，子慶。

二三兩世葬南榆疃東南里許，兆塋域方廣步，內三壠，世次莫詳。但相傳二三世葬此，其一則二房五世以下失考墓也。五世二房之居南榆疃者，世奉春秋兩祀。二房自六世至九世墓皆失考，此由二房專祀。因有疑三壠皆二房之失考者，則兩世葬所傳聞，遂多异辭〔五〕矣。另有墓考載末卷。

四世

慶　徙居後牟家疃。

配隋氏，子二：謙、讓。

葬東祖塋。

【校注】

〔一〕敬祖：棲霞名宦公牟氏始祖。據家傳，公原名『敬』，『祖』乃尊稱。元中葉後，生於湖北省公安縣沙崗堤。據同治《公安縣志》載：其爲洪武三年（一三七〇）歲貢生，出任登州府棲霞縣主簿。據乾隆《棲霞縣志》卷五《循吏傳》載：『值兵興，令相繼以事去，敬祖獨履諸艱，才優政勤，百廢修舉。祀名宦。』『名宦牟氏』由此而來。其生平事迹散見於光緒《棲霞縣志》、《登州府志》和《山東通志》。卸任後，入籍棲霞，住今蛇窩泊鎮南榆疃。配氏失考，生子聞道。按公安縣牟氏世系應爲五世。後聞道生進，進生慶，慶生謙、讓，謙生文德，文德生時俊。至八世，人丁始繁，人才崛起，整個名宦公牟氏漸居棲霞望族之列。

〔二〕洪武三年：一三七〇年。

〔三〕牟家宅窠：乃祖先在蛇窩泊鎮南榆疃村北居住的陋室。

〔四〕邑志古迹：據乾隆《棲霞縣志》卷一《古迹》記載：『名宦牟敬祖墓，在蛇窩泊。』

〔五〕异辭：意爲傳説不一致。

長房五世

謙 居後牟家疃，下同。

配氏失考，子文德。

葬東祖塋。

六世

文德

配吴氏，子時俊。

葬東祖塋。

七世

時俊[一] 字子千，壽官，贈文林郎，累贈奉政大夫。

配魯氏，朱留；繼李氏。俱贈孺人，累贈宜人。子八：道南、道一、道明、道遠，魯出；道立、道行、道中、道平，李出。

葬東祖塋。

【校注】

〔一〕時俊：牟氏家族崛起之奠基人。字子千，約於明正德年間（一五〇六—一五二一）生於蛇窩泊鎮楊劉村（今牟家疃）。幼年家境貧寒，給同村富豪萬馬劉家放羊，備受欺凌。成年後，與朱留村魯氏成婚。十年間，遞生道南、道一、道明、道遠。魯氏謝世，後十餘年未娶。待四子長大，續娶李氏又生道立、道行、道中、道平。此八兄弟，被後裔稱爲『老八支』。據譜載：『時俊公，貌魁聲宏，口若含血。』未因境貧而弃志，曾與萬馬劉家有墳地之爭，萬馬劉家『自雄其財，構公險訟』，始終不肯屈讓，而致結怨。雖劉家『犬狺於巷，馬堤於野』，仍泰然處之。當劉家『樂聲伎，沉杯酒』，即應之以『延明師，課諸子』，并示諸子曰：『鄰家日演一部戲，兒曹每課三篇文。』分臣守道見後贊譽：『吾觀牟某不爲人下者，非在其身，在其子孫。』後果然八子中有六人取得功名，二十七孫中有二十人取得功名。自身亦以子貴，敕贈文林郎、宜陽知縣。原配魯氏，繼室李氏，俱贈孺人，累贈宜人。

八世	九世	十世	十一世	十二世
道南（一）居後牟家疃。 字宗洛，萬曆壬辰（二）歲貢。贈承德郎，累贈奉直大夫。 配林氏，贈安人，累贈宜人。子二：鉦、鉉。 葬東祖塋。	**鉦**（三）徙居邑東北姜格莊，下同。 字静甫，號振華。萬曆甲午（四）拔貢，任河南歸德府通判，升山西忻州知州。 配張氏，封安人，累贈宜人。子五：國淳、國潤、國法、國淙、國澍。	**國淳** 字冲階，順治丁酉（五）歲貢。 配劉氏，子二：楙、桓。 **國潤** 字泰階，庠生。 配林氏，子二：彬、枚。	**楙**　徙寨西溝，下同。 配孫氏，子二：用章、連章。 **桓**　徙講稼莊，下同。 配崔氏，子汝祥。 **彬** 配□氏，子三：之煥、之炳、之烜。 **枚** 字少卿。 配氏、子女皆失考。	**用章** 配周氏，繼張氏，子珍，張出。 **連章** 原名建章。 配尹氏，繼李氏，子二：玐、琨，李出。 **汝祥** 配衣氏，子四：傑、仁、智、德紹。德紹出汝賢嗣。 **之煥** **之炳** **之烜** 三人配氏、子女皆失考。

世	
八世	
九世	
十世	**國法** 字生邦。配衣氏，子梅。 **國淙** 徙講稼莊，下同。字湛若，庠生。配孫氏，子三：逵、通、建。 **國澍** 配崔氏，子三：樅、惟、椐，惟出嗣六分國瓚。
十一世	**梅** 改名旬。配宋氏，子女失考。 **逵** 配李氏，缺嗣。 **通** 配衣氏，子三：汝秀、汝和、汝順。葬新安。 **建** 缺嗣。 **樅** 配王氏，子缺名，孫三：大得、二得、三得。
十二世	**汝秀** 配史氏，缺嗣。 **汝和** 自講稼莊遷筐兒。配孫氏，子三：魁、芳、三。 **汝順** 居講稼莊。配曲氏，子三：英、城、中。葬新安。

八世

九世

鉉 居後牟家疃。字鼎梅，號嵩華。崇禎己卯（六）歲貢。配林氏，林起電女。子三：國翰、起元、國榦。葬村後祖塋。

十世

國翰 自後牟家疃遷城東溝，下同。字憲伯，庠生。配張氏，繼崔氏，子三：樾、楚材、杭，張出。

十一世

桾 配王氏，子九章。

樾（七） 字文哉，庠生。義行詳邑志。元配及子俱以亂失；繼配姜氏。子三：汝舟（八）、汝鹽、汝賢。

楚材 居城東溝，下同。號元耶，武生。配林氏，繼衣氏。子汝勵，林出。

十二世

九章 配孫氏，子三：正誼、超、元。超、元二名皆失考。

汝舟 自城東溝遷孟家溝。號静軒，庠生。配林氏，嗣子德述。

汝鹽 自城東溝遷陡崖河東。庠生，舊譜汝弼。配史氏，嗣子德承。

汝賢 自城東溝遷北照。號景亭，庠生。配林氏，孫家莊郡庠生林伯憲女，嗣汝祥子德紹。

汝勵 配慕氏，子三：屹、岷、峰。

八世

九世

十世

起元 遷居城東溝。
庠生。
配孫氏，子楚。

十一世

杭
號葦之，庠生。
配魯氏，子二：汝爲、汝稷。

楚
配史氏，子二：汝諧、汝訒。

十二世

汝爲 自城東溝遷陡崖子河西。
配馬氏，子六：裒、德承、岫、德述、巖、岳。德承出汝鹽嗣，岫出汝稷嗣，德述出汝舟嗣。

汝稷
配史氏，嗣子岫。

汝諧 自城東溝遷牟家疃。
配李氏，子二：震、戌。

汝訒
配尹氏，子二：丹、肇禋。肇禋出嗣。

八世	
九世	
十世	**國榦** 居後牟家疃，下同。 號壽三，庠生。 配張氏，柳林莊，康熙癸酉（九）舉人、易門縣知縣張鈖胞姑。子三：榮、采、渠。 以下俱葬十字道。
十一世	**榮**（一〇） 字郁哉，庠生。 贈修職佐郎，詳邑志孝子。 配孫氏，桃村，山西汾縣知縣孫以約曾孫女，歲貢生、大嵩衛教授公僑次女，贈孺人。 子二：汝焕、汝煌。 **采** 配林氏，子二：汝炘、汝燾。女適桃村孫綿世，旌表節孝。
十二世	**汝焕** 號澄軒，乾隆庚申（一一）歲貢，臨邑訓導，授修職佐郎。 配張氏，封孺人。嗣子肇禋。 **汝煌** 號清軒。 配王氏，庠生選公次女，繼尹氏。子二：肇域、肇在，王出。 **汝炘** 配史氏，繼張氏，子肇芝，張出。 **汝燾** 配孫氏，子肇蘭。

八世	九世	十世	十一世	十二世
			渠 配范氏，子二：汝炳、汝熹。	**汝炳** 配王氏，子昌。 **汝熹** 配吕氏，子三：肇堂、肇陛、肇基。

【校注】

〔一〕道南：歲貢。字宗洛，時俊公長子，牟家疃人。約生於明朝嘉靖中期。少年從學於蓬萊蒲、李兩先生。學既通，課諸弟，獨以才華重濟川公，謂之曰：『吾弟才同惠連，兄慚康樂，願早著鞭，揚眉吐氣，無令鄧禹笑人。』後濟川公二十四歲領鄉薦。宗洛公年過四旬，於萬曆壬辰（一五九二）中貢生。終生未入仕途，傾畢生精力，振興牟氏家族。後以子貴，敕贈承德郎、河南歸德府通判，累贈奉直大夫。後裔稱爲『老八支長房』。

〔二〕萬曆壬辰：萬曆二十年，一五九二年。

〔三〕鉦：山西忻州知州。字静甫，號振華，老八支長房牟道南長子，牟家疃人，後徙邑東北姜格莊。明萬曆間與衆長輩同時就讀於家塾。甲午（一五九四）拔貢，出任河南歸德府通判，升山西忻州知州。受叔父道行之影響，一生爲官清正，在歸德時，爲棲霞捐資刻印首部《棲霞縣志》，成爲美談。配張氏，封安人，累贈宜人。

〔四〕萬曆甲午：萬曆二十二年，一五九四年。

〔五〕順治丁酉：順治十四年，一六五七年。

〔六〕崇禎己卯：原文爲『崇禎乙卯』，應爲『崇禎己卯』。即崇禎十二年，一六三九年。

〔七〕槐：字文哉，老八支長房九世二房。城東溝人。清順治十八年（一六六一）于七起義時，因倉皇避難，妻兒盡失，遂携老母與胞弟牟楚材、牟杭竄於城内尋覓親人，繼而被羅織罪名，繫獄三年。開釋後，家中無人，祇尋得一异母兄弟。無奈，便隨身携書，自行研習，終取功名。爲邑中庠生。

〔八〕舟：原文爲『丹』，應爲『舟』。

〔九〕康熙癸酉：康熙三十二年，一六九三年。

〔一〇〕榮：邑庠生，字郁哉，老八支長房九世二房，牟家疃人。七歲入塾，聞講孝悌，欣然樂聽。父牟國榦，曾讓出繼，聞而號泣不止，父意乃止。時家境貧寒，父教書在百里之外，日侍父於館，晨夕歡處。一日知父染疾，趨視過急，雙足幾殘，見父後仍依偎膝下戀戀不捨。《棲霞縣志》稱曰『蓋終身孺慕者』。

〔一一〕乾隆庚申：乾隆五年，一七四〇年。

十三世

【用章子】

珍 遷居陡崖子，下同。
配于氏，子克盛。

【連章子】

玠 居寨西溝，下同。
配劉氏，子四：克昌、汝同、克恭、克成。

十四世

克盛
克，舊譜皆作允。
配林氏，子元長。

克昌
配楊氏，繼王氏，子嗣恭，王出。

如同 (一)
舊譜允明。
配馬氏，子寅同。

克恭
配崔氏，子士榮。

十五世

元長
配趙氏，子韋。

嗣恭
配李氏，子志得。

寅同
配羅氏，子三：志純、祥吉、祥元。

士榮
配劉氏，繼范氏，子四：志建、志賢、志淑、志禮，范出。

十六世

韋 失考。

志得
配田氏，子允升。

志純 赴遼東。

祥吉
配隋氏，子允恭。

祥元
配王氏，子允昌。

志建
配門氏，子六：允在、允福、允愷、允官、允成、允林。

十七世

允升
配胡氏，缺嗣。

允恭
配王氏，缺嗣。

允昌
配于氏，嗣子英。

允在
配范氏，缺嗣。

允福 赴遼東。

允愷
配高氏，子二：勳、爽。

十三世

十四世

克成 配孫氏，子三：士善、士琰、士傑。

十五世

士善 配王氏，繼姜氏、孫氏，子志聖，王出。

十六世

志賢 自寨西溝遷古鎮都，下同。配滕氏，子允禮。

志淑

志禮 俱失考。

志聖 配高氏，繼張氏，子允亮，張出。

十七世

允官 配高氏，缺嗣。

允成 配劉氏，缺嗣。

允林 缺嗣。

允禮 配高氏，繼王氏，又繼王氏，子三：俊、何、傑，又繼出。

允亮 配吳氏，繼崔氏，子二：仁、義，崔出。

十三世	十四世	十五世	十六世	十七世
		士琰 配謝氏，繼劉氏，子志敬，謝出。 **士傑** 配宋氏，副趙氏，子子明，趙出。	**志敬** 配范氏，子二：允珍、允海。 **子明** 配李氏，繼吴氏，子允興，吴出。	**允珍** 雙承子珂。 **允海** 配劉氏，子珂，雙承。 **允興** 配孫氏，繼王氏，子三：琴、英、琦，王出。英出允昌嗣。

十八世	十九世	二十世	二十一世	二十二世
英 居寨西溝，下同。 配高氏，白塘地；繼張氏，應格莊。子成照，高出。女適北洛疃，高出。 **勳** 配于氏，黃泥溝。子成瑞。 **爽** 配賈氏，賈家。子成文。女三，長適葦夼劉門，次適隋家洛疃隋門，三適郭家店郭門。 **俊** 居古鎮都，下同。 配姜氏，北引家。子成邦。	**成瑞** 配梁氏，東尹家。 **成文** 配李氏，散莊。子所，女適豐粟。 **成邦** 配李氏，西棗行；繼邢氏，邢家疃邢公胞姑；高氏，河南高振業女。子六：璝、玲、珍，邢出；瑢、瑶、瑜，高出。	**璝** 配王氏，徐家溝。子二：人和、太和。女二，長適消食嶺王門，次適公山後王門。	**人和** 配劉氏，郝家疃劉丹桂女。 **太和** 配孫氏，謝家溝孫喜筵姊。子仁齋。	

十八世	十九世	二十世	二十一世	二十二世
	女六，長適王格莊孫俊，次適二里店林國中，三適下馬家馬書銘，四適河南馬昌，五適十里舖范明，邢出；六適草庵子徐殿英，高出。	**玲** 配路氏，路家路奎山次女。子五：中和、春和、恭和、議和、元和。 **珩** 原名珍。 配周氏，黄夼范家周用喜妹。子清和。	**中和** 配馬氏，下馬家馬昆妹。 **春和** 配張氏，路旺張壽仁女。 **恭和** 配崔氏，對子院崔鳳山女。 **清和** 配馬氏，下馬家馬殿福女。	

十八世

傑
配孫氏，謝家溝孫景妹。子三：成香，成喜缺嗣，成都。

十九世

成香
配米氏，南二里店米合興胞姑。子二：運、瑄。女五，長適十里舖范門，次適紫現頭崔門，三適廟后孫門，四適小路家路門，五適臥龍村范門。

成都
配李氏，西三里店。子才。

二十世

瑢
配宋氏，徐家溝宋成貴女。子犬。

瑶
配高氏，窩洛高殿祥女。

瑜
配吳氏，艾口。

瑄
配史氏，史家寨。

二十一世

二十二世

十八世	十九世	二十世	二十一世	二十二世
仁 居寨西溝，下同。 配姜氏，南莊。繼子成章。	**成章** 配范氏，小寨；繼李氏，南洛疃宋氏西宋家。子四：聯芳，范出；春芳、殿芳、桂芳，宋出。	**聯芳** 配潘氏，寨裏。子華山。女二，長適豐粟李門，次適小范家范門。 **春芳** 配王氏，姜格莊；繼施氏，南觀。子四：文山，王出；玉山、寶山、鳳山，施出。 **殿芳** 配宋氏，東宋家。子四：恒山、岳山、福山、鍾山。女適寨裏薛門。 **桂芳** 配李氏，北洛疃。		

十八世

義
配吴氏，吴家；繼隋氏，隋家洛疃。子三：成章，吴出；成德、成中，隋出。成章出繼。女適泉水店，吴出。

珂
配鞠氏，艾山湯；繼高氏，百福元。子二：庶坤、庶梁，高出。

琴
配劉氏，小姜格莊。子三：成美、成林、成順。女適北洛疃。

十九世

成德
配車氏，東爐頭。子三：鈞、鉋、永芳。女三，長適龍旺舖林門，次適寨裏潘門，三適百福元高門。

成中
配范氏，小范家。子樹芳。女適東散莊林門。

二十世

鈞
配張氏，松山。

永芳
配張氏，英格莊。子松山。

樹芳
配范氏，甕留范家。子二：壽山、歸山。

二十一世

壽山
配張氏，英格莊。

二十二世

十八世	十九世	二十世	二十一世	二十二世
琦 配隋氏，隋家洛疃。子三：成芳、成元、成有。女適艾山湯鞠門。	**成芳** 配鞏氏，鞏家莊，子斗。 **成元** 配孫氏，松山。 **成有** 配孫氏，松山。子二：安莊、同莊。			

世	
十三世	**琨** 居寨西溝，赴遼東。 【汝祥長子】 **傑** 居講稼莊，下同。 配方氏，招遠方家；繼林氏。子四：世進、世業、世榮，方出；世興，林出。世業出講稼莊仁繼。
十四世	**世進** 配吴氏，子皋。 **世榮** 自講稼莊遷居觀裏，下同。 配毛氏，子三：太、峰、嵐。
十五世	**皋** 配劉氏，缺嗣。 **太** 配董氏，嗣子登雲。 **峰** 配劉氏，嗣子淩雲。 **嵐** 字香亭。 配劉氏，繼孫氏，子三：登雲、淩雲、應雲，孫出。登雲、淩雲出嗣。
十六世	**登雲** 配丁氏，丁家莊。子勷。 **淩雲** 配劉氏，萊邑杏格莊，缺嗣。 **應雲** 號呈祥。 配周氏，宋格莊。子順。
十七世	**勷** 配徐氏，爐上。子五：鴻禧、鴻庭、鴻藻、鴻光、鴻吉。女二，長適吴家泊吴通，次適程子溝衣萬才。 **順** 配毛氏，新安。子二：鴻殿、鴻均。女適同里鄒姓。

十三世	十四世	十五世	十六世	十七世
	世興 居講稼莊，下同。 配陳氏，嗣子屺。	**屺** 配王氏，子三：得修、得苓、得月。得苓出嗣。	**得修** 兼承子華。 **得月** 配閻氏，萊邑泊子。子華。女二，長適解格莊隋門，次適解家吕庭雲。	**華** 配崔氏，謝家崔以焕胞妹；繼慕氏，欒格莊武生慕景清妹。子二：鴻文、鴻書。女二，長適觀裏李門，次適小觀史門。

十八世

鴻禧 居觀裏東莊，下同。

配欒氏，窩落欒學漢姊。子三：堯、芳、法。女適郝家莊郝門。

鴻庭

配車氏，筐兒車鴻君姊。子兆。女四，長適下泊隋門，次適下泊馬門，三適馬家莊米門，四適閻家莊郭門。

鴻藻

配張氏，東南莊張得合妹。缺嗣。女適小院林門。

十九世

堯

配孫氏，閻家孫鴻進女。子太平。女二，長適招遠北石鋪王門，次適蓬萊姜門。

法

配林氏，柞嵐頭林太女。子二：根、全興。

二十世

二十一世

二十二世

十八世	十九世	二十世	二十一世	二十二世
鴻光 赴遼東。 配姚氏。 **鴻吉** 配史氏，孟家。子玉。 **鴻殿** **鴻均** 俱缺嗣。 **鴻文** **鴻書** 配劉氏，欒家店劉光英女。子二：文喬、文高。女適北照臧洪。 葬村南。	**文喬** 配韓氏，大韓家韓好仁妹。子二：光禮、光好。 **文高** 配崔氏，謝家崔鳳來女。子永晛。	**光禮** 配王氏，北照王奔善女。		

十三世	【汝祥次子】 **仁** 居講稼莊，下同。 配劉氏，嗣子世業。
十四世	**世業** 配衣氏，子七：崇、明、岳、嶹、屼、崐、峀。屼出繼。
十五世	**崇** 配李氏，楊家圈，旌節孝。子二：得乾、得坤。女三，長適萊邑譚格莊譚門，次適不動山董門，三適觀裏鄭門。
十六世	**得乾** 配隋氏，下泊。子五：澐、滙、淋、洵、漢。滙出繼。女適筐兒子車福令。
十七世	**澐** 配宋氏，東埠上，節孝。嗣滙子鴻山。女適孟家高門，旌表節孝。 **淋** 配林氏，姚家莊林容姑。子鴻祥。女適方家子方爲訓。 **洵** 配王氏，王家莊；繼隋氏，大花園；徐氏，徐家莊。子五：鴻春、鴻成、鴻九、鴻松、鴻勛。女二，長適畢郭郭門，次適八家福孫門，俱徐出。 **漢** 配董氏，萊邑辛莊。子

十三世	
十四世	
十五世	
十六世	**得坤** 配劉氏，小劉家；侯氏，解家侯封姊。子六：菊、芍、太、紹、奎、鴻。
十七世	鴻奎。女二，長適萬家莊姜門，次適萬家莊衣門。 **菊** 配隋氏，宋格莊。子四：鴻來、鴻賓、鴻海、鴻江。女適後窪子劉世文。 **芍** 配鄒氏，胡家堡鄒興姊。繼子鴻舉。女三，長適欒家店姜門，次適畢郭郭廷俊，三適解家孔顯增。 **太** 配劉氏，欒家店劉文明姑。子鴻全。 **紹** 配董氏，慎家董明江

十三世

十四世

十五世

明 配史氏，子得玉。

岳 配霍氏，繼劉氏。子得邦。

十六世

得玉 缺嗣。

得邦 配張氏。子三：蓁、蒠、葆。

十七世

姑。子鴻法。女二，長適欒家店韓喜龍，次適萊邑小旺家張門。

奎 配袁氏，畢郭袁云姊。子二：鴻舉、鴻愷。鴻舉出繼。女適萬家莊王門。

鴻 赴遼東。

蓁 配姜氏，大疃。子鴻吉。女二，長適南照胡吉平，次適閻家莊閻門。

蒠 缺嗣。

葆 缺嗣。

十三世	
十四世	
十五世	**𡾰** 配孫氏，小旺家。子二：景福、景倫。女適姜格莊張門。 **崐** 赴遼東。 **峡** 赴遼東。
十六世	**景福** 自講稼莊遷河西。配韓氏。子二：吉、鴻才。女適丹莊武生劉湘雲。 **景倫** 居講稼莊，下同。配王氏，筐兒王元昌姑。子二：蜜、田。女適胡家堡王門。
十七世	**吉** 居河西。配林氏，蛇窩泊。子三：寶春、寶夏、寶秋。寶春出嗣，兼承。 **鴻才** 居河西。兼承子寶春。 **蜜** 配徐氏。女適孫疃于平。兼承子鴻雲。 **田** 配劉氏，菜莊；繼劉氏，韓橋。子鴻雲。

十八世

鴻山

配張氏，筐兒張均姊。子誠言。女二，長適下泊謝瑞仁，次適南西留庠生董希山。

葬東祖塋。

鴻祥

配吴氏，吴家泊吴奎德姑。子誠興。

鴻春

配丁氏，丁家莊丁福運姊。子文田。

鴻成

配馬氏，解家。雙承子文章。

鴻九

鴻松

配冷氏，萊邑小榆家

十九世

誠言

配王氏，胡家堡王立本姊。子二：庭桂、庭玉。庭玉出繼。女二，長適胡家堡李門，次適南西留趙門。

誠（二）興

配藍氏，北照藍鴻德妹。繼子庭玉。

文田

配林氏，欒格莊林殿海女。

文章

配李氏，台上李信女。子二：金釵、金殿。

二十世

庭桂

配路氏，下泊路仁祥女。

庭玉

配傅氏，小榆家傅崑山女。

二十一世

二十二世

十八世	十九世	二十世	二十一世	二十二世
冷進明姊。子文煥。女適慎家。 **鴻勛** 配王氏，邢格莊王殿江女。子文章，兼承鴻成嗣。				
鴻奎 配程氏，程家莊。子誠德。女二，長適小寨王春有，次適筐兒湯鳳珂。葬東祖塋。	**誠德** 配孫氏，圈裏孫學山妹。子光國。	**光國** 配徐氏，南西留徐鳳鳴女。子莊。		
鴻來 配蔣氏，李家莊蔣世滋姑。雙承子文南。女適半城溝子姜喜。 葬東祖塋。	**文南** 配王氏，筐兒王壽彭妹。子四：光有、光廷、光榮、光年。女三，長適謝家崔門，次適姚家莊林門，三適崔后衣門。			

十八世

鴻賓 配林氏，觀裏林誠姊。子文甲，雙承。葬東祖塋。

鴻海 雙承子文甲。

鴻江 配徐氏，南西留徐庭姊。子二：文甲、文南，文甲、文南俱雙承。女適火山泊子劉春陽。

鴻舉 配劉氏，火山泊劉盛義妹。子文增。女適小寨欒門。

十九世

文甲 配車氏，筐兒車景隆姊；繼趙氏，南西留趙孔林妹。子三：光合、光武、光普，趙出。女二，長適解家孫順，車出；次適楊家窪蔡門，趙出。

二十世

光合 配劉氏，逍遥莊劉復東女。子二：崇芝、崇琴。

二十一世

二十二世

十八世	十九世	二十世	二十一世	二十二世
鴻全 配張氏，辛莊。子文校。女適北照臧門。 **鴻法** 配程氏，程家莊。子二：文香、文翰。女適欒家店張門。 **鴻愷** 配慕氏，欒格莊。子文言。 **鴻吉** 配林氏，小院林宗庭妹。子三：文甫、文重、文崇。女二，長適上劉家柳門，次適畢郭郭門。 葬東祖塋。	**文校** 配馬氏，閻家；繼崔氏，謝家崔鴻女。子二：光先、光祖，崔出。女適南照史門，崔出。 **文香** 配魯氏，慎家。 **文翰** 配王氏，筐兒王功女。 **文言** 配林氏，小院。	**光先** 配趙氏，大韓家。		

十八世

寶春 居河西，後同。
配戰氏，東半泊；繼王氏，門家溝。子維城，王出。女適北莊子范門，戰出。

寶夏 缺嗣。
配鍾氏，鍾家院。

寶秋
配劉氏，牟家疃。子維舉。女適唐山蔣門。

鴻雲
配慕氏，欒格莊慕金祥妹。子二：文作、文起。女二，長適小花園史文彥，次適火山泊劉仁山。

十九世

維城
配劉氏，下蒲格莊劉開女。

維舉
配李氏，下漁家溝李自法女。子希。

文作
配袁氏，北照袁貴堂妹。

文起
配史氏，小花園史春典女。

二十世

希
配王氏，木蘭夼王福科孫女。

二十一世

二十二世

【校注】

〔一〕如同：前文爲『汝同』，前後不一致，具體情况待考。

〔二〕誠：原文爲『成』，有誤，應爲『誠』。

十三世	【汝祥三子】 **智** 居講稼莊，下同。配周氏，繼衣氏。子四：世有，周出；世才、世生、世立，衣出。
十四世	**世有** 嗣子桂。 **世才** 配趙氏。子二：桂、松。桂出嗣，松雙承。 **世生** 缺嗣。 **世立** 出口。
十五世	**桂** 配戰氏，欒格莊。子得學。 **松** 配閻氏，子得泰。
十六世	**得學** 失考。 **得泰** 配吴氏，吴家泊吴鳳梧祖姑。子純。女適繆溝張得進。
十七世	**純** 配王氏，筐兒王學龍姑。子鴻韶。女二，長適宋格莊史得寬，次適掖縣魯門。

十八世	十九世	二十世	二十一世	二十二世
鴻韜 配姚氏，圈裏姚客雲女。子新寬。				

十三世	【汝和長子】 **魁** 居筐兒，下同。 配陳氏，繼林氏。子三：世秀、世福、世德，陳出。世福、世德出繼。 【汝和次子】 **芳** 配王氏，嗣子世福。
十四世	**世秀** 配王氏，繼門氏、趙氏。子二：玶、琛。玶出嗣，趙出。 **世福** 配張氏，嗣子玶。
十五世	**琛** 配王氏，繼姚氏。缺嗣。 **玶** 配王氏，子得才。
十六世	**得才** 配史氏，嗣得乾子匯。
十七世	**匯** 自筐兒遷講稼莊。 配程氏。子二：鴻山、鴻儒。鴻山出嗣澐。

十八世	**鴻儒** 居講稼莊。配蔣氏，李家莊蔣鳳崗姑。子三：維賢、維公、維治。
十九世	
二十世	
二十一世	
二十二世	

十三世

【汝和三子】

三 居筐兒，下同。

配張氏，嗣子世德。

【汝順長子】

英 居講稼莊，下同。

配林氏，繼劉氏。子八：世助、世禄、世道、世法、世蕃、世爵，林出；世修、世任，劉出。

葬新安族塋。

十四世

世德

配衣氏。子二：璋、玥。

世助

嗣子峫。

世禄

配魯氏，嗣子岫。

十五世

璋

配劉氏，嗣子得修。

玥

配林氏，子得永。

峫

配欒氏，繼衣氏。子春輝，衣出。

岫

配慕氏，北照；繼孫氏，任留。子二：錦輝，慕出；錦融，孫出。女二，長適大水岔劉門，次適西上莊林門，孫出。

葬新安祖塋。

十六世

得修

芳林兼承。

得永

配楊氏，繼屈氏。子芳林兼承，楊出。

春輝 缺嗣。

錦輝

配王氏，筐兒王元愷姑。子桂林。女適大水岔隋門。

葬新安祖塋。

錦融

配鄒氏，胡家堡；繼

十七世

芳林 遷居講稼莊。

配隋氏，子鴻章。

桂林

字枝一。

配鄭氏，鄭克順女。子二：寶田、寶森。

葬新安祖塋。

詞林

配趙氏，萊邑榆格莊。

十三世	
十四世	**世道** 配衣氏。子二：峻、岫。岫出嗣。女適楊礎李懋德。
十五世	**峻** 配姜氏，繼萬氏。子二：錦章、錦屏，萬出。女適楊家圈，姜出。
十六世	吴氏，萊邑小旺家。子二：詞林、書林，吴出。女六，長適炳家莊史存，鄒出；次適東埠上宋門，三適楊[一]礎李甸南，四適萊邑院上張門，五適小陳家陳門，六適萬家莊王福順，吴出。 葬新安祖塋。 **錦章** 配胡氏，丁家莊胡光云姑。子茂林。女適王家莊王門。
十七世	子寶銑，雙承。女適炳家莊衣登先。 葬新安祖塋。 **書林** 配史氏，小觀。雙承子寶銑。女三，長適萊邑洪嵐後魯門，次適李格莊徐朋友，三適萬家莊遲信。 葬新安祖塋。 **茂林** 配萬氏，漁家溝。子寶枬，雙承。女適巨屋武生李寶三。

十三世

十四世

世法 配史氏，繼丁氏。子嵮，丁出。

世蕃 從九品。配史氏。子三：⿰山會、⿰山亟、岷。⿰山亟出嗣。

十五世

嵮 配王氏，子錦珠。

⿰山會 配劉氏，子得隆。

岷 配史氏，繼柳氏。子二：興隆、雙隆。

十六世

錦屏 配李氏，萊邑李家莊；繼王氏。子青林。

錦珠 配黃氏，黃口。子桐林。女適吴家泊吴門。

得隆 配呂氏。子三：開、芳、芬。

興隆

雙隆 俱缺嗣。

十七世

青林 配李氏，李格莊李文妹。

桐林 配孫氏，沙嶺；慕氏，欒格莊慕瑞妹。子三：寶堂、寶禄、寶華，慕出。女三，長適宋格莊孫民，次適孫家莊子姜鴻臣，三適西柳衣門，慕出。葬新安祖塋。

開

芳

芬 俱缺嗣。

十三世

十四世

世爵

配胡氏，南照胡元龍高祖姑。子二：崗、喬。女適李宏寶，旌表節孝。

葬新安祖塋。

十五世

崗

配左氏，嗣子錦明。女適萊邑不動山劉門男世恩，邑庠生。

喬

配丁氏，繼徐氏。子二：錦文、錦明，徐出。錦明出繼。

葬新安祖塋。

十六世

錦明

配于氏，子菖蒲。女二，長適欒格莊慕門男虎臣，同治庚午[一]武舉；次適大丁家庠生史振文。

錦文

配梁氏，生宋家；繼史氏、陳氏。子四：苓、苞、艾、蓉。

葬新安祖塋。

十七世

菖蒲

配史氏。子二：寶訓、寶鋆。女二，長適七里莊林門，次適龍旺窪張儒林。

苓

配林氏，蛇窩泊。子士追。女適小觀史進官。

葬新安祖塋。

苞

字竹軒，號啓宇。

配李氏，萊邑泊子庠生李徵捷孫女，旌表節孝。嗣子士述。

艾

耆儒。配丁氏，河葉丁世芝妹；繼史氏，小

十三世

十四世

世修
配高氏。子三：岐、岎、峊。
葬新安祖塋。

十五世

岐
配王氏。子二：錦元、錦利。錦利出嗣。

岎
配潘氏，繼王氏。子錦城，王出。

十六世

錦元
配張氏，嗣子如林。

錦城
配董氏，朱省；繼姜氏。子二：如林、仲林，

十七世

觀史銘周姑。子四：士述、士選、寶川、寶珊，史出。士述、士選出繼。女三，長適南照衣門，次適筐兒車萬令，三適孫疃林竹筠，史出。

蓉
配魏氏，嗣子士選。女二，長適小觀史門，次適河崖丁德福。

如林
配吴氏，吴家泊；繼胡氏，胡家堡。子二：寶地、寶雲，胡出。

仲林
配劉氏，萊邑上莊。子寶吉。

十三世	十四世	十五世	十六世	十七世
	世任 配衣氏，崖后。子二：岵、峒。女適小寨劉門，旌表節孝。 葬新安。	**崲** 配韓氏，嗣子錦利。 **岵** 配史氏，邢家郭；繼田氏，南西留田文廣姑；閻氏，花園泊武生閻岳廷姑。子錦舒。女三，長適蘇家蘇門，次適小水岔歲貢生王蘭香，三適舒家窪程門，俱閻出。 葬新安。	董出。如林出嗣。 **錦利** 失考。 **錦舒** 字臨風，鄉飲耆賓。恩榮八品。 配趙氏，萊邑榆格莊。子三：瑞林、瑤林、垚坤。女適甄家莊李門。 葬村南前坡。	**瑞林** 字輯五，號班侯。恩榮八品。 配楊氏，萊邑姜格莊楊立起女。繼子寶素。女三，長適萊邑芋茨埸王門，次適圈裏邑庠生姚賡雲之子，三適大丁家武生韓朋林之子。 葬村南前坡。 **瑤林** 配趙氏，萊邑榆格莊。子四：寶素、寶鑑、寶三、寶錡。寶素出嗣。女適圈裏姚克海。 葬村南前坡。

十三世	十四世	十五世	十六世	十七世
		峒 配方氏，方家。子二：錦雲、錦裳。葬新安。	**錦雲** 字倬漢，號伯壎。配林氏，柞嵐頭林昌姑。子泮林。女適大水岔劉門。葬新安。 **錦裳** 字文翥，號仲篪，恩榮八品。配趙氏，榆格莊趙楓	**垚坤** 字子厚，邑庠生。配孫氏，南馬莊孫廷良姑。子寶樹。女適吴家泊李墨卿。 **泮林** 字芹塘，號東魯，附貢生。配林氏，孫疃林儉妹。子三：寶樞、寶圭、寶泉。女二，長適小石頭武生丁捷三，次適蔣家莊蔣門。葬村南前坡。 **任林** 字西園，號晦菴。配林氏，柞嵐頭林昌姊。子二：寶珍、寶翠。

十三世	
十四世	
十五世	
十六世	姑。子任林。女適吴家泊吴壽長。葬新安。
十七世	女三，長適萊邑金剛口房文濱，次適小汪家汪雲希，三適北照臧代。葬新安。

【校注】

〔一〕楊：原文爲『揚』，應爲『楊』。

〔二〕同治庚午：同治九年，一八七〇年。

十八世	十九世	二十世	二十一世	二十二世
寶田 武生，字硯亭。 配李氏，新安庠生李樹甲女。子四：維城、維楨、維芳、維元。女適邢家郭鄭門。	**維城** 赴遼東。 配李氏，萊邑李家莊李其庶女。女適南西留趙春生。 **維楨** 配董氏，半城溝董萬平妹。子永壽。女二，長適巨屋李庶均，次適火山泊劉春官。 **維芳** 配劉氏，邢格莊劉文更妹；繼衣氏，小院衣成福妹。子三：順祥、卿祥、永祥。女二，長適解家溝郝門，次適南西留趙門。	**永壽** 配劉氏，不動山劉志興女。子潤更。 **卿祥** 配史氏，邴家莊。		

十八世

寶森

字玉堂。

配史氏，大丁家庠生史振文侄女；繼韓氏，解家武生韓鵬程女；于氏，龍旺窪。子維德，韓出。女四，長適畢郭滕門，史出；次適吴家泊吴綏，舉節孝，于出；三適萬家莊史汝訓，四適萊邑洪嵐后徐善，韓出。

葬河東崖。

寶銑

配張氏，萊邑姜格莊張中文姊。子三：維良、維珍、維忠。

十九世

維德

配韓氏，大解家庠生韓矩中侄女。子光瑛、光琛。女三。

維良

配孫氏，八家福武生孫登鰲孫女。

維珍

配王氏，萊邑萬家莊

二十世

光瑛

配史氏，大丁家史致恒女。

光琛

配周氏，宋格莊周明文女。

二十一世

二十二世

十八世	十九世	二十世	二十一世	二十二世
寶枬 配索氏，解家溝。子四：維禮、維仁、維山、維貴。女二，長適北崖后衣門，次適洪嵐后宋門。 **寶堂** 配慕氏，欒格莊慕金德姊。子三：維業、維	王昆女。 **維忠** 配陳氏，小陳家。 **維禮** 配薛氏，姚山后。子三：紹漢、陡金、路遇。女適郭格莊董門。 **維仁** 配趙氏，蘭山縣。 **維山** 配孫氏，河南孫呈祥女。 **維貴** 配鄒氏，觀裏鄒國章妹。子二：海廷、海榮。 **維業** 配張氏，丁家莊。子應。	**海廷** 配史氏，萬家莊史玉信女。		

十八世

盛、維明。女適謝家崔門。

寶訓

配王氏，觀裏王福林女。子天德。女三，長適崔家莊崔門，次適萊邑崖后郭門，三適蔣家莊蔣德世。

寶鋆

配孫氏，萊邑坡門口。子維敬。女適萊邑西關李夢松。

士追

配林氏，孫疃林儉女；繼王氏，南西留王培基

十九世

維盛

配孫氏，閻家。

維明

配林氏，丁家莊林書寶妹。

天德 寄居遼東栗子溝。

配方氏，畢郭方梅女。

維敬

配王氏，姜家莊。子光耀。

葬村西新阡。

維型

配王氏，孫疃王記女。子庭彦。女二，長適吴

二十世

光耀

配孫氏，畢郭。

庭彦

配冷氏，萊邑小漢家冷茂女。

二十一世

二十二世

十八世	女。子四：維型、維法、維周、維新。女五，長適蛇窩泊林門，次適新安李門，四適閻家，五適南西留趙春祥。 葬新安。
十九世	家泊李壽亭，次適吴家泊李宗仙。 葬新安。 **維法** 配劉氏，龍旺窪劉經福姊。子四：庭美、庭憲、庭壽、庭齋。庭美出嗣。女三，長適萊邑半城溝董門，次適南西留趙門，三適南照衣門。 **維周** 配史氏，大丁家史作成女。嗣子庭美。女二，長適解家韓殿舉，次適南西柳王門。 **維新** 配吴氏，吴家泊吴英女。子庭璽。女三，長
二十世	**庭憲** 配楊氏，解家溝楊得清女。 **庭美** 配姜氏，丁家莊姜合喜女。 **庭璽** 配王氏，萊邑筐裏王壽南女。
二十一世	
二十二世	

十八世

士述

配李氏，萊邑寨裏李煥芝姊。子四：維均、維屏、維同、維一。維屏出嗣。女二，長適小觀史門，次適南西柳董門。

葬嵐子嶠。

十九世

適城子溝衣門，次適畢郭郭繼增，三適姚家莊林門。

維均

配林氏，蛇窩泊林吉女；繼李氏，新安庠生李瑞煥女；王氏，逍遙莊王貞姊；史氏，小觀史忠友姊。子三：庭作、庭奎、庭雲。女適解家溝楊壽芳，史出。

維同（二）

配史氏，小觀史世行女。子三：庭芳、庭蓂、庭莢。女三，長適萊邑筐裏張樹富，次適譚格莊楊作章，三適崖后衣門。

二十世

庭作

配左氏，萊邑李格莊左惠信女。子經。

庭奎

配姚氏，萊邑圈裏姚鴻禧姊。

庭芳

配林氏，萊邑譚格莊。

二十一世

二十二世

十八世

寶川

配潘氏，謝家潘克信女。繼子維屏。女五，長適董門，次適萬家莊史汝瑞，三適大華園隋門，四適小觀史門，五適圈裏姚門。

寶珊

字玉樹。

配楊氏，解家溝楊臨

十九世

維一

配李氏，萊邑李格莊李文山妹。子四：庭俊、庭伯、庭偉、庭儒。女三，長適小花園史門，次適觀裏遲門，三適邢格王庭章。

維屏

配郝氏，孫家窪郝己海女；繼王氏，南西留王春香女。子二：庭輔、庭輦。女二，長適小觀史門，次適大姚格莊姚門。

維常

配遲氏，萬家莊遲萬通姊。子庭章。

二十世

庭俊

配王氏，筐裏王守見女。

庭輔

配慕氏，欒格莊慕江女。

庭輦

配姚氏，大姚格莊。

庭章

配劉氏，解格莊。

二十一世

二十二世

十八世

清妹。子五：維常、維遠、維寬、維廣、維相。女二，長適小觀史炳坤，次適圈裏姚尚起。

士選

配史氏，小觀史正位妹。子二：維賢、維烈。女二，長適南西留趙春

十九世

維遠

配王氏，觀裏王鴻君姊。子庭璞。

維寬

配衣氏，崖后衣桂芬姊。

維廣

配車氏，筐兒車恒興女。

維相

字輔庭，省立八中畢業。

配姚氏，萊邑圈裏姚克坤女。子庭箴。

維賢

配遲氏，觀裏遲永慶妹。子二：庭棟、庭杼。庭棟出繼。女三，長適

二十世

庭杼

配遲氏，觀裏；繼王氏，南西留。子勇，遲出。

二十一世

勇

二十二世

十八世	十九世	二十世	二十一世	二十二世
田，次適南埠周學寬。 **寶地** 配鄒氏，胡家堡鄒禎女。子二：維文、維商。女長適萊邑南寨李奉璋，次適觀裏遲永增。 **寶雲** 配王氏，缺嗣。 **寶吉** 自講稼莊遷萊邑李家泊子。 配丁氏，丁家莊；繼丁氏，丁家莊。	小石頭夏門，次適院上董門，三適埠上周門。 葬北崖。 **維烈** 配衣氏，小姚格莊衣元喜妹。繼子庭棟。 **維文** 配侯氏，小寨侯福女。	**庭棟** 配王氏，筐兒王潤璞女。子二：舉嫚、成雙。		

十八世

寶素

配董氏，半城溝董玉璞女。子五：書升、貴升、翰升、連升、殿升。女適宋格莊庠生周殿賢之子。

寶鑑

配趙氏，榆格莊趙福女。子二：魁升、壽升。女適觀裏張門。

寶三

字次民，號鼎若，省立九中畢業。

配王氏，筐兒王元慶

十九世

書升

配張氏，東南莊張茂盛女；繼孫氏，王太后孫鴻雲女。

貴升

配姚氏，圈裏武生姚擢英女。

翰升

配魯氏，姜格莊魯桂芳女。

魁升

字文升，山東聊城第三師範畢業。

配王氏，小水岔王貴端女。

二十世

二十一世

二十二世

十八世

女；繼盧氏，孫家莊盧文光妹；林氏，古村林昆妹。子彥升，王出。

寶錡

配林氏，林家莊林連山女。子旭升。

寶樹

配李氏，甄家莊李文壽女。子四：堂升、擢升、德升、福升。

葬南前坡。

十九世

堂升

字品三，山東省立第一鄉師畢業。

配姚氏，圈裏姚尚錦妹。

擢升

配王氏，新安王孟兆女。

德升

配孫氏，八家福庠生孫紹會侄女。

二十世

二十一世

二十二世

十八世

寶櫃（二）

字機甫，邑庠生。

配劉氏，不動山庠生劉世恩女。子允升。女適大榆莊歲貢張錫恩之孫寶慈。

葬南前坡。

寶圭

配李氏，李格莊李章女。子讓升。女適孫略于門山。

葬南前坡。

寶泉

字水亭，號海國。

配宋氏，孫疃武生宋仁鳳妹。子三：俊升、芝升、同升。女三，長

十九世

允升

配高氏，吉格莊庠生高聯擢女。繼子光被。

讓升

配董氏，半城溝董萬考妹。子五：光被、光裕、光文、光斗、八漢。光被出嗣。女適圈裏姚門。

芝升

配臧氏，北照臧深女。

二十世

二十一世

二十二世

十八世	十九世	二十世	二十一世	二十二世
適南西留趙作南，次適邴家王門，三適觀裏鄒國華。 葬南前坡。 **寶珍** 配丁氏，河崖丁樹滋女。子維剛。女適朱省董門。 葬南前坡。 **寶翠** 配徐氏，洪嵐后徐平女。子三：維繼、維福、維恒。女適朱省董門。	**維剛** 配鄒氏，觀裏鄒臣女。子光復。女適觀裏王門。			

【校注】

〔一〕維同：原文爲『維周』，有誤，應爲『維同』。

〔二〕寶櫝：前文爲『寶樞』，前後不一致，具體情况待考。

十三世	十四世	十五世	十六世	十七世
【汝順次子】 **城** 居講稼莊，下同。 配張氏，子世介。	**世介** 配劉氏，子泘。	**泘** 配周氏，子得功。	**得功** 配王氏，小姜家莊。子三：經、綸、給。	**經** 配丁氏，丁家莊。女二，長適小方山劉家侯門，次適觀裏王門。兼承子士英。 **綸** 配衣氏，八家福。兼承子士英。 **給** 配孫氏，逍遥莊武舉孫殿英姑。子士英。女二，長適北照程門，次適隋家溝隋忠。

十八世	**士英** 配李氏，招遠南吴當。子維風。葬嵐子嶆。
十九世	**維風** 配林氏，古村林成傑妹。子光顯。女適北照謝門。
二十世	**光顯** 配戴氏，萊邑菴裏。
二十一世	
二十二世	

十三世	十四世	十五世	十六世	十七世
【汝順三子】 **中** 居講稼莊，下同。 配王氏，子世升。	**世升** 配李氏，繼慕氏。子二：嵎、岩，慕出。	**嵎** 配李氏，得孝兼承。 **岩** 配趙氏，子得孝。	**得孝** 配呂氏，解家。子三：大快、馬、連漢。	**大快** **馬** 俱寶奎兼承。 **連漢** 配暴氏，觀裏。子寶奎，失考。
大得 赴遼東。 配氏失考。子耀宗。	**耀宗** 失考。			
二得 赴遼東。				
三得 赴遼東。 配□氏，失考。子耀先。	**耀先** 一名保。 配□氏，失考。			

十三世	【九章子】 **正誼** 居下漁家溝。 字從心，郡增生，出嗣六房曰筥，本生缺嗣，回本支。 配趙氏，南西留趙海曾祖姑；繼李氏。子三：賜禮、賜樂、賜圖，趙出。 葬下漁家溝東南新阡。
十四世	**賜禮** 遷居萊邑南西留，下同。 字恭修，號安輔。 配吕氏，副遲氏。嗣賜樂子涫，雙承。
十五世	**涫** 配劉氏，西莊；繼田氏，同里。子五：以左、奎鰲、以承，劉出；金城、鎮鰲，田出。女適孫疃王門，田出。
十六世	**以左** 字右尊，號志尚。 配孫氏。子三：奎林、鳳林、春齡。女三，長適下留王門，次適柞嵐頭林昌，三適楊礎李庠生銘恕。 **金鰲**〔一〕 字策六，號海峯，武生。 配趙氏，本疃趙瑞之妹。子二：冠林、喬林。
十七世	**奎林** 號輝生。 配劉氏，火山泊庠生劉得瀠胞姑。子子儼。女適大榆莊李門。 **鳳林** 字桐崖。 配吕氏，泉水歲貢吕鳴清孫女。兼承子子儼。女適趙疃喬魁斗。 **春齡** 兼承子子儼。 **冠林** 字子勉，號丹亭。 配史氏，花園。子四：子偉、子傑、子體、子僎。

世	
十三世	
十四世	
十五世	
十六世	女適大丁家史門。 **以承** 字紹聖，號擢莘。 配譚氏，古宅崖。子四：春林、瑤林、逢午、藝林。女適張家庵張是式。
十七世	**喬林** 武生。 配左氏，榆格莊左會樸姊。子三：子任、子保、子俸。女三，長適趙疃喬門，次適西劉家郭門，三適火山泊劉門。 **春林** 配李氏，北門裏。子三：子修、子供、子伶。 **瑤林** 配李氏，火山泊。子子儀。 **逢午** 字離峯，庠生。 配喬氏，趙疃喬瑞龍女。子二：子焕、子健。女二，長適楊家疃呂門，次適火山泊劉門。

十三世

十四世

十五世

十六世

金城 字固臣，號東皇。配李氏，泊子李雲峯姑；繼喬氏，簍裏。子三：殿林、華林、詞林。女二，長適朱省董門，次適李家莊李門，俱李出。

十七世

藝林 配林氏，西上莊林法周女。子二：子倫、子山。女適高家王門。

殿林 字墨卿，武生。配董氏，董家院。子四：子倬、子仙、子傳、子价。女適上步家步鴻章。

華林 配李氏，西李家李其仁妹；繼韓氏，解家庠生韓朋立女。子子僴。女適邢家莊劉忠仕。

世	
十三世	
十四世	
十五世	
十六世	**鎮鰲** 字雲峯，號蓮仙。配王氏，小水岔。子三：全林、萬林、儒林。女二，長適馬家溝柳門，次適葦夼左門。
十七世	**詞林** 字翰卿，庠生。配姚氏，大姚格莊姚振聲姊；繼張氏，萊邑大山后張中全姑。子子侃，張出。 **全林** 配徐氏，山口；繼蔣氏，蔣家莊；李氏，畢郭。子子何。女二，長適新安王夢松，次適留寺莊趙何煦，俱徐出。 **萬林** 配姚氏，圈裏姚尚志姑。子子仲。女三，長適孫疃林竹俊，次適宋格莊周進潘，三適邢家莊李方潤。

十三世	
十四世	**賜樂** 字夔修，號韶輔。配譚氏。子涫，雙承。 **賜圖** 自南西留遷柞嵐頭，下同。字伊萊，號聖輔。配李氏，子三：融、澐、霖。
十五世	**融** 配陳氏，繼王氏。子二：繼先、開先，王出。
十六世	**繼先** 配史氏，子苓。 **開先** 配衣氏，崖后；繼郭氏，閻家莊。子英。
十七世	**儒林** 配馬氏，宋格莊馬佔夫妹；繼董氏，萊邑觀音廟董卿升姊。子三：子銑、子侯、子建。女適南小平廩生于維周之子。 **苓** 配劉氏，萊邑火山泊劉合山姑。繼子子信。 **英** 配馬氏，大丁家。繼子子喜。女三，長適小院馬堂，次適隋家溝隋門，三適河南崔門。

世	
十三世	
十四世	
十五世	**澐** 字左川。 配周氏，南埠。子三：修先、進先、光先。
十六世	**修先** 字子誠。 配衣氏，紙坊。嗣子蓁。 **進先** 字希聖。 配徐氏，爐上徐玉年姑。繼子擢林。 **光先** 字文輝。 配孫氏，逍遥莊孫文
十七世	**蓁** 配程氏，北照程以爲妹。雙承子子鴻。女四，長適同里馬望林，次適上劉家王春，三適欒格莊慕金相，四適欒格莊慕門。 **擢林** 配李氏，招遠梨兒埠李中和妹。子二：子信、子賓。子信出嗣。女四，長適上劉家王進卿，次適臘八溝姜同，三適閻家莊閻潤茂，四適大疃姜孟同。 **上林** 配李氏，南照李正妹。子鴻，雙承。女二，長

十三世	十四世	十五世	十六世	十七世
		濡（二） 配謝氏，謝家。子二：緒先、承先。女五，長適小院子于代，次適二甲孫門，三適東南莊張門，四適菜莊李門，五適龍門口子陳蘭。	泰妹。子三：蓁、擢林、上林。蓁、擢林出繼。女適小石頭丁寶仁。 **緒先** 配王氏，北照；繼董氏，郭格莊；于氏，山后泊于珩姊。子四：芝、蘭、著，董出；士林，于出。	適沙領孫作君，次適王太后李祥。 **芝** 配周氏，宋格莊；繼衣氏，莊頭衣平女。子三：子伯、子仲、子代。女三，長適馬兒崖王門，次適同里殷門，三適楊樹泊林門，俱衣出。 **蘭** 配郭氏，東莊郭成福女。子三：子喜、子若、子田。子喜、子田出嗣。女適南照李門。 **著** 配丁氏，小石頭丁寶仁姊。子子春。女二，

十三世	
十四世	
十五世	
十六世	**承先** 配遲氏，萬家莊。子二：芹、殿。女三，長適崖后衣門，次適小姚格莊衣門，三適新安王門。
十七世	長適慕家店郝門，次適楊樹泊衣門。 **士林** 嗣子子田。 **芹** 配胡氏，南照武生胡殿元姊。子三：子存、子承、子弟。 **殿** 配李氏，南照。子二：子勤、子儉。女二，長適欒格莊于得清，次適郭格莊董門。

十八世

子儼

字健齋，廩膳生。配張氏，東南莊張盈春姑。子四：炳藻、翰藻、鴻藻、摛藻。女適萊邑李家疃尉門。

十九世

炳藻

字芹塘。配衣氏，孫家莊衣山女。雙承子振南。

翰藻

配李氏，白石頭李尚元妹。子三：振德、振南、振東。振南兼承。

鴻藻

配王氏，邢格莊王殿瑞妹。雙承子振南。

摛藻

配楊氏，解家溝楊云峯女。

二十世

振南

字樹棠。配林氏，院上林泉清女。子二：丕顯、丕成。

振德

配李氏，潘家窪李雲女。子丕化。

振東

配李氏，潘家窪李洪女。子丕盛。

二十一世

二十二世

十八世	十九世	二十世	二十一世	二十二世
子偉 字巨卿。 配田氏，同里田立基女；繼郝氏，沙嶺郝文貴姑。繼子慶藻。女三，長適西莊劉門，次適孫家莊子盧門，三適北崖后衣門。	**慶藻** 配董氏，石渚河董豐奎女。子振會。			
子傑 配劉氏，邢格莊劉世階女。子三：新藻、順藻、賓藻。女適圈裏姚門。	**新藻** 配張氏，萊邑張家菴張中華姊。 **順藻** 配董氏，朱省董天文妹。子振壽。 **賓藻** 配楊氏，姜格莊楊立鼎女。子思子。			

十八世

子體
配蔣氏，蔣家莊蔣保孫女。子三：慶藻、壽藻、演藻，慶藻出嗣。女長適程子溝衣門，次適萊邑張家趙門。

子僎
配閻氏，閻家莊。子二：潤藻、盛藻。女適綿遠溝董門。

子任
配趙氏，大汪家趙鴻順姑。子五：金藻、桂藻、田藻、菜藻、城藻。

十九世

壽藻
配步氏，南步家步文壽女。

演藻
配王氏，觀裏王得進女。

潤藻
配李氏，李格莊。子三：同珣、同來、雨來。

盛藻
配董氏，萊邑院上董進江女；繼李氏，萊邑南小平李惠田妹。子同典，李出。

金藻
配林氏，磕堡石林九江女。

二十世

二十一世

二十二世

十八世	十九世	二十世	二十一世	二十二世
女適吳家泊吳門。 **子保** 配趙氏，萊邑賈家趙世陽姊。子舉藻。女二，長適簍裏張門，次適西劉家郭門。	**桂藻** 配丁氏，丁家莊丁寶山妹。 **田藻** 配李氏，吳家泊李文令女。子二：當安、平安。 **菜藻** 配蘇氏，辛莊蘇小讚女。子重安。 **城藻** 配趙氏，萊邑留寺莊趙仁階姊。子寬。			

十八世

子俸

配孫氏，李家溝孫得九女；繼王氏，北照王守月姊；董氏，西崖后董曰亮妹；王氏，同里王陳妹。子二：萍藻、沂藻，繼王出。女適北崖后衣門，王出。

子修

配尉氏，楊礎[三]。子三：毓藻、泮藻、同藻，泮藻、同藻出繼。女適宋格莊史門。

子供

繼子泮藻。

十九世

萍藻

配何氏，城里何俊成女。

沂藻

配張氏，半城溝張仁立女。

泮藻

配趙氏，同里。子振香。女二，長適閻家莊孫門，次適辛莊史門。

二十世

二十一世

二十二世

十八世	十九世	二十世	二十一世	二十二世
子伶 繼子同藻。	**同藻** 配趙氏，柳樹溝。子福賡。			
子儀 配李氏，火山泊。子二：玉藻、均藻。女三，長適觀裏謝玉海，次適城子溝衣門，三適火山泊劉春榮。	**玉藻** 配劉氏，不動山劉志茂姊。子二：進貴、進亮。女適吴家泊吴門。	**進亮** 配趙氏，榆格莊。		
	均藻 配蔡氏，楊家窪蔡明女。子滿子。女適謝家崔門。			
子焕 字文山，庠生。 配孫氏，萊邑思格莊孫珮章四女。繼子瑞藻。女適萬家莊史門。	**瑞藻** 配張氏，張家菴張文詰女。子二：振玉、安第。			

十八世

子健

配董氏，綿遠溝董本泉女。子三：瑞藻、祥藻、珂藻，瑞藻出嗣。女二，長適大王家王門，次適夏家劉門。

子倫

配曲氏，萊邑河頭店曲鳳祥妹。子三：文藻、信藻、津藻。女適榆格莊左門。

十九世

祥藻

配林氏，蔡莊林作章長女。子振仙。

珂藻

配魯氏，朱省魯貴清長女。子留仙。

文藻

配姜氏，萊邑后夼姜文章女。子四：振武、振興、文興、四。

信藻

配趙氏，花溝趙君衡長女。子泮芹。女適火山泊劉門。

津藻

配吴氏，吴家泊。女適小觀史門。

二十世

振武

配董氏，綿遠溝董玉孫女。子高。

二十一世

二十二世

十八世	十九世	二十世	二十一世	二十二世
子山 配宋氏，朱省宋長松女。子三：芳藻、行藻、淑藻。女二，長適龍川溝王門，次適榆格莊趙門。 **子倬** 武生。配魯氏，姜格莊魯以明女。繼子清藻。女四，長適新安王鴻仁，次適火山泊劉春盛，三適觀裏王門，四適不動山劉長希。 **子仙** 配衣氏，莊頭衣述女。子善藻。	**芳藻** 配李氏，李格莊李文翰長女。子二：振堂、振明。 **行藻** 配魯氏，新安魯泮女。 **清藻** 配王氏，菜莊王恩彥孫女。 **善藻** 配董氏，李格莊董學成女。子二：鎮國、鎮鴻。			

十八世

子傳

配王氏，磊山后王述堂女。子二：運成、翠藻，運成缺嗣。女長適邢格莊劉門，次適圈裏姚門。

子价

配趙氏，萊邑趙家莊趙京姊。子二：清藻、净藻，清藻出繼。女適圈裏姚相欽。

子倜

字京武。

配張氏，大山后邑庠生張延廷孫女。子峻藻。女適賈家賈門。

十九世

翠藻

配李氏，吴家泊李文和女。子壽興。

净藻

配魯氏，姜格莊魯貴連女。

峻藻

字明德，高小畢業。

配劉氏，火山泊劉雲書女；繼馬氏，沙嶺馬儒宗女。

二十世

二十一世

二十二世

十八世	十九世	二十世	二十一世	二十二世
子侃 字聖言。 配林氏，西上莊林鴻奎女。子二：芹藻、苓藻。 **子何** 配王氏，菜莊王桂興妹；繼王氏，觀裏庠生王紹武妹。 **子仲** 配衣氏，古村；繼王氏，觀裏王惠來女。子榮藻，王出。 **子銑** 配董氏，東上莊董玉堂女。子興藻。 **子侯** 配趙氏，楊格莊趙仁慶女。	**芹藻** 配董氏，城南田格莊董芝庭妹。			

十八世

子侹（四）

字敬齋。

配趙氏，榆格莊趙永奎女。

子信

居柞嵐頭，下同。

配于氏，龍旺疃于進德女。子二：豐藻、春藻。春藻出繼。

子喜

配徐氏，畢郭徐殿升孫女。子仁興。女適小院馬門。

子鴻

配孫氏，同里。子文藻。

子賓

配林氏，姚家莊林全終女。嗣子春藻。

十九世

文藻

配馬氏，沙嶺馬壽林女。

春藻

配史氏，大丁家史中山孫女。

二十世

二十一世

二十二世

十八世	十九世	二十世	二十一世	二十二世
子伯 居柞嵐頭，下同。 配王氏，榆林頭王豪妹。子承安。	**承安** 配丁氏，小石頭。子運起。			
子中（五） 配衣氏，莊頭衣明合女；繼王氏，城南坊。				
子代 配郭氏，白石頭郭文範姊。子承裕。	**承裕** 配林氏，小院林波女。			
子田 配馬氏，同里馬隆運女。				
子存 配史氏，史家寨史興女。女適小院馬門。				
子承 配史氏，小觀史才傑女。				

十八世	十九世	二十世	二十一世	二十二世
子弟 配劉氏，馬家莊劉義春女。 **子勤** 配慕氏，欒格莊慕仁章女。				

【校注】

〔一〕金鰲：前文爲『奎鰲』，前後不一致，具體情况待考。
〔二〕灖：前文爲『霖』，前後不一致，具體情况待考。
〔三〕楊礎：地名，原文爲『揚礎』，有誤，應爲『楊礎』。
〔四〕子侹：前文爲『子建』，前後不一致，具體情况待考。
〔五〕子中：前文爲『子仲』，前後不一致，具體情况待考。

十三世

【汝舟嗣子】

德述 居孟家溝，下同。配孫氏，子二：鳳興、鳳山。

【汝鹽嗣子】

德承 居陡崖子河東，下同。配郝氏，公山后；繼王氏。子三：鳳儀、鳳起、鳳仁，王出。

十四世

鳳興 配孫氏，子琢。

鳳山 配張氏，繼于氏。子櫟，張出。

鳳儀 配林氏，同里。子玟。

鳳起 配徐氏，子二：瑚、璉，璉出嗣。

鳳仁 配李氏，繼張氏，仙人埠。嗣子璉。

十五世

琢 遷哨上。配蔡氏，子二：太清、太和，俱缺嗣。

櫟 配隋氏，缺嗣。

玟 赴遼東。配林氏。子二：鶴年、芝年。

瑚 赴遼東。

璉 配劉氏，古縣。子太吉。女二，長適黃夼審家，次適窑上。

十六世

鶴年

芝年 俱赴遼東。

太吉 配史氏，小廟后史進興妹；繼范氏，十里舖。子三：玉、臣、貴。

十七世

玉 配衣氏，郭落莊衣昆姑。子金萬。女二，長適黃夼審家馬門，次適

十三世	十四世	十五世	十六世	十七世
				回炳崖王門。 **臣** 配劉氏，觀東劉江姊。子三：進福、進芳、進山。女適同里林明官。 **貴** 配林氏，馬疃林忠信妹。子三：進德、進升、進興。女三，長適小路家路門，次、三適大韓家韓門。

十八世

金萬

配劉氏，回炳崖劉國珩女。子四：順、仁、存、尚。女適小路家路日奎。

進福

配馬氏，河南馬存姊。子四：海、江、枝、益，枝出繼舒家窪方甲後。女三，長適鄒家王景山，次適下馬家馬門。

進芳

配宋氏，回炳崖宋鳳春女。子三：旺、良、進顯。女適上峴盛進財。

十九世

存

配宮氏，同里宮連第孫女。

海

配袁氏，同里袁福堂女。

江

配崔氏，西旺溝崔法女。

二十世

二十一世

二十二世

世系	
十八世	**進山** 配路氏，徐家溝路文德女。 **進興** 配王氏，大韓家。
十九世	
二十世	
二十一世	
二十二世	

十三世	【汝賢嗣子】 **德紹** 居城東溝。 號聞衣，庠生。 配林氏，子鳳翥。
十四世	**鳳翥** 遷北照。 字化西。 配孫氏，王格莊；繼林氏，城裏。子三：玢，孫出；玏、瑗，林出。
十五世	**玢** 自北照遷牟家疃。 字作林。 配高氏，子二：文元、建元。 **玏** 居北照，後同。 配王氏，子二：會元、中元。 **瑗** 配劉氏，黄口。子升元。
十六世	**文元** **建元** 俱赴遼東。 **會元** **中元** 俱赴遼東。 **升元** 配張氏，畢郭張舉妹。子泮祥。女二，長適解格莊劉門，次適宋格莊周漢清。
十七世	**泮祥** 配甄氏，白石頭甄客功妹。子選。女二，長適孫疃于門，次適柞嵐頭孫文友。

十八世	**選**　配羅氏，畢郭羅孟興女。子三：鴻賓、文華、文章。
十九世	**鴻賓**　配孫氏，八家福庠生孫紹曾女。
二十世	
二十一世	
二十二世	

十三世

【汝礪（二）長子】

屹 居城東溝，下同。

配張氏，子鳳升。

【汝礪仲子】

岲 自城東溝遷大廟后，下同。

配蔣氏，子二：鳳翔、鳳文。

十四世

鳳升

配劉氏，子二：諄、誠。

鳳翔

配陳氏，繼林氏，子二：誥、諝。

鳳文

配□氏，失考。子三：訓、譓、諭。

十五世

諄 **誠** 俱失考。

誥 **諝** 俱失考。

訓 缺嗣。

譓

配馬氏，上馬家。子二：太昌、太安。女六，長適路家溝王門，次適十里莊丁長，三適衣家莊衣門，四適馬嘶莊衣門，五適艾山前鄒家王門，六適黃夼范家趙門。

十六世

太昌 缺嗣。

太安

配范氏，黃夼范家。子三：清、順、桃。女五，長適周家莊周芳廷，次適生木芽馬春齡，三適黃夼高家高成才，四適十里舖趙禮，五適艾山前鄒家王進剛。

十七世

清

配范氏，黃夼鄒家。子四：世運、世義、世和、世齡。女適小衣家莊孫吉賢。

順

配林氏，北喬家。子四：世文、世成、世有、

十三世	
十四世	
十五世	**論** 缺嗣。
十六世	
十七世	世化。女二，長適黃夼審家馬合，次適馬疃張奎。 **桃** 配宋氏，周家莊宋舉妹。子三：世德、世堂、世興。

十八世	**世運** 配孫氏，任留孫文東妹。子機。女三，長適艾山前鄒家王恭，次適靈山夼柳貴，三適艾山前鄒家吕門。 **世義** 配王氏，廟東夼王枝女。子三：其、修、寶。女三，長適范家莊王福，次適下峴賈門，三適笏山劉萬。 **世和** 配宋氏，艾山前宋萬春女。子門。女適林家亭林華。
十九世	**機** 配史氏，大寨史萬章女；繼王氏，范家莊王見勳女。子惠。 **其** 配劉氏，孟家溝劉萬詞侄女。子班。 **修** 配閻氏，花園泊。 **門** 配史氏，大寨史振文孫女。
二十世	
二十一世	
二十二世	

十八世	十九世	二十世	二十一世	二十二世
世齡 配孫氏，生木芽孫好修女。子三：任、同、修少。 **世文** 配李氏，李家疃李桂妹；繼張氏，樓底張中福妹。子注。女適上峴劉東，俱李出。 **世成** 配□氏。女適范家莊李春昌。 **世有** 配苗氏，馬嘶莊；繼丁氏，十五里候子丁開女。子二：湧、洋。 **世化** 配王氏，范家莊王世岑女。	**注** 配孫氏，衣家莊孫其堂女。子二：大强、連强。			

十八世	**世德** 配衣氏，馬嘶莊衣燦女。子二：大福、連福。女適左家左其本。 **世堂** 配孫氏，十里舖孫玉田女。子三：卷、卿、生。女二，長適西萬家溝王門，次適百家宅窠。 **世興** 配王氏，小廟后王云太女。子三：書、案、尹。女適靈山旺馬門。
十九世	
二十世	
二十一世	
二十二世	

十三世

【汝礪三子】

峰 居城東溝。

配謝氏，子鳳鳴。

【汝爲子三】

峩 居陡崖子河西。

配林氏，子三：際運、盛運、啓運，啓運出嗣。

巖 居陡崖河西。

配李氏，子二：佑運、佐運，佐運出繼。

岳 居陡崖河西。

配王氏，嗣子佐運。

【汝稷嗣子】

岫 居陡崖河西，下同。

配李氏，子開運。

十四世

鳳鳴 遷孟家溝，缺嗣。

際運

配王氏，子廉。

盛運

配周氏，子桂。

佑運

配□氏，子三，皆失考。

佐運 缺嗣。

開運

配林氏，子三：琛、玒、瑶。女適城北門外舉人李鴻訓，封孺人。

十五世

廉 失考。

桂 失考。

琛

配王氏，嗣子太伯。

十六世

太伯

配劉氏，繼范氏，嗣子典。

十七世

典

配馮氏，黄夼審家。子四：學枝、桂枝、彦桂、全桂。學枝、全桂

十三世	
十四世	
十五世	**玒** 配李氏，旌表節孝。子太來。 **瑶** 配高氏，子二：太伯、太祥，太伯出繼。
十六世	**太來** 配□氏，子順。 **太祥** 配高氏，子三：忠、典、林，典出嗣。
十七世	出繼。 **順** 配馮氏，下馬家。嗣子全桂。 **忠** 赴遼東。配范氏。 **林** 配衣氏，馬嘶莊。嗣子學枝。

十八世	**桂枝** 雙承子儉。 **彥桂** 配馬氏，黃夼審家；郕氏，下峴。繼子合。 **全桂** 配高氏，百家宅夼高云太之妹。子儉雙承。女適生木芽。 **學枝** 配吴氏，繼孫氏，生木芽孫月脩妹。子三：合、任、平，合出嗣，孫出。女二，長適笏山張丕琛，次適馬地夼劉克仁，孫出。
十九世	**儉** 配鍾氏，大廟后鍾義令女。子齋。 **合** 配潘氏，南交毛寨潘海女。子三：振國、云增、道秋。 **任** 雙承子絛。 **平** 配林氏，母山後林應女。子絛雙承。
二十世	
二十一世	
二十二世	

十三世	十四世	十五世	十六世	十七世
【汝諸子】 **震** 居後牟家疃，下同。 配張氏，子二：長壽、應運，應運出嗣。	**長壽** 赴遼東。 配林氏，子元長。	**元長** 配趙氏，子偉。	**偉** 赴遼東。	
戌(二) 缺嗣。				
【汝訒子】 **丹** 配桑氏，子二：福壽、隆運。	**福壽** **隆運** 俱赴遼東。			
【汝焕子】 **肇禋** 號亨也，太學生。 配林氏，子三：翊運、乘運、雲彤。 葬十字道。	**翊運** 赴遼東。 **乘運**(三) 缺嗣。 **雲彤** 配衣氏，子全盛。	**全盛** 赴遼東。		
【汝煌子】 **肇域** 居後牟家疃，下同。	**應運** 字巨一，庠生。	**緜** 字澤長，庠生。	**春山**(四) 號景岩，又號雲石山	**霄** 配周氏，東勞都。子存

十三世	十四世	十五世	十六世	十七世
配董氏，萊陽恩貢董人鶴長女，旌表節孝。嗣子應運。 以下俱葬十字道。	配周氏，周蘊澄長女。子繇。	配孫氏，桃村武生孫克詢次女。子二：春山、仲山。女四，長適大咽喉王門，次適郭城庠生于岳南，三適桃村廩生孫寶田，登邑志賢媛，四適萊邑南務吴門。 葬村東新阡。	人。太學生，鄉飲介賓。工畫，詳邑志。 配蔣氏，側室沈氏。子三：霄，蔣出；端，沈出；嗣蛇窩泊八世二房重吉子祺。 以下俱葬十字道。 **仲山**（五） 字懿甫，號東崖。工畫，詳邑乘孝友。 配孫氏，桃村太學生孫昂駒女；繼林氏，城內太學生林殿秀女，登邑志賢媛。子二：然，孫出；燮，林出。女適城內舉人郝應運繼子候補巡檢郝湝芳，林出。	怡。女二，長適海邑王家山後王門，次適城南坊米門。 **祺** 赴遼東。 庠生。 配王氏，海邑古堆山。子二：玉興、玉德。 **端** 配李氏，缺嗣。 **然** 太學生。 配于氏，海邑郭城庠生于岳南胞侄女。子二：存恕、存愿。女適下漁家溝李廷瑞。 **燮**（六） 字理堂，歲貢生，詳邑志卓行。 配林氏，集前庠生林

十三世	
十四世	
十五世	
十六世	
十七世	秀翹姊；繼王氏，福山城東關。子三：畂惠、畂升、盼升，王出。女四，長適桃村庠生孫甲枚，次適百里店宮樹賓，林出；三適招遠榆家歲貢生王登鰲子庠生簰方，四適上劉家廪貢生劉芳齡子文寶，王出。

【校注】

〔一〕汝礪：前文爲『汝勵』，此處及其後皆作『汝礪』，前後不一致，具體情况待考。

〔二〕戍：前文爲『戌』，前後不一致，具體情况待考。

〔三〕乘運：原文爲『乘蓮』，有誤，應爲『乘運』。

〔四〕春山：太學生，畫家。號景岩，又號雲石山人。老八支長房九世二房，牟家疃人。與弟仲山俱以繪畫而成名。工墨梅，好用枯筆乾墨，作品蒼老古樸，盡脱時習。畫中墨石詭形怪狀，無不入妙，有八大山人風骨。

〔五〕仲山：字懿甫，號東崖，老八支長房九世二房，牟家疃人。春山胞弟。据《光緒棲霞縣續志》記載：『牟仲山，太學生，牟家疃人。八歲喪父，母多病，先意承志，服賈奉養，出告反面，弗少間。事兄謹。日具甘旨供母即供兄，兄少拂意，必多方以解。每慨晚近孝尚，有人弟則罕見，力挽澆風爲子孫武。』時人評曰：『對父母盡孝常有其人，如仲山之悌，則少見也。』餘暇，還工山水，習繪畫，深得廉州、奉常（王時敏，人稱『王奉常』；王鑒，人稱『王廉州』）奥旨。

〔六〕燮：歲貢生。字理堂，老八支長房九世二房，牟家疃人。牟仲山子，善事兄長，兄有急需，常以妻林氏所帶嫁資私下贈與，從不言所自來也。繼父習練書畫藝事，善畫墨蘭，兼工草書。

十八世	**存怡** 居後牟家疃。 配林氏，集前。子芸。女適衣家泊子。 以下俱葬十字道。 **玉興** 配米氏，城裏。子蓮。 **玉德** 缺嗣。 **存恕** 配孫氏，桃村；繼劉氏，上劉家；王氏，萊邑趙疃。子芬，王出，早亡。雙承子芳。女三，長適北水頭呂門，孫出；次適東夼王門，三適河崖林門，王出。
十九世	**芸** 配林氏，集前林莊墅姑。繼子一善。 **蓮** 出外。
二十世	**一善** 配林氏，集前林鴻義女。子三：漢章、漢林、世煥。
二十一世	**漢章** 配徐氏，徐家崖後徐文閣女；繼李氏，李家莊。子永臣。 **漢林** 配戰氏，南砦。 **世煥** 配王氏，海邑吼山。
二十二世	

十八世	十九世	二十世	二十一世	二十二世
存愿 配唐氏，萊邑山前店唐鴻萬姊。子芳。女適下漁家溝李書傑。 **晥惠** 號鳳亭。 配王氏，觀東庠生王子浴女；繼接氏，萊邑南務接渭賢女。子四：昌，王出，鑫、樂、興，接出。昌出繼，鑫出繼。 **晥升** 字吉亭。 聘林氏，蛇窩泊；繼	**芳** 配林氏，河崖林瑞海女；繼韓氏，萊邑我樂韓龍真女。子五：一善、福善，林出；盡善、鳳善、生武，韓出。一善出繼。 **樂** 配劉氏，上劉家劉文科女。 **興** 配隋氏，大咽喉隋月華女。 **鑫** 配張氏，崮上張仁太女。子福交。	**福善** 配林氏，集前。 **盡善** 配張氏，崮上张心玉女。子鴻菊。 **鳳善** 配鄭氏，萊邑朱蘭鄭瑞女。		

十八世	林氏，河崖林廣女。子鈞，繼子鑫。女五，長適唐山鄭門，次適河崖林門，三適釜甑衣門。 **昐升** 字益三。 配林氏，東荊夼林中誠姊。繼子昌。
十九世	**鈞** 配劉氏，上劉家。 **昌** 配接氏，萊邑南務接京堂女。子福祥。
二十世	
二十一世	
二十二世	

十三世	十四世	十五世	十六世	十七世
【汝炘子】 **肇芝** 居後牟家疃，下同。 壽官。 配李氏，繼衣氏。子二：興運、昌運，李出。	**興運** 配劉氏，子紋。 **昌運** 號萬春。 配劉氏，繼王氏。子結，劉出。	**紋** 配劉氏，繼李氏，旌表節孝。子景秀，李出。 **結** 配林氏，子二：海山、名山。	**景秀** 配李氏，子實。 **海山** 配林氏，集前。子二：文行、文清。女二，長適西凰跳林門，次適八田李門。 **名山** 太[二]學生。 配林氏，繼劉氏。女二，長適唐家泊高尚德，次適西荆夼柳門，繼出。	**實** 配林氏，繼劉氏。子存理，繼出。 **文行** 配林氏，西凰跳。子二：得堂、得林。女適海邑韓家葦夼韓門。 **文清** 配林氏，河崖林茂興女。子二：京、鎮。女三，長適唐山林彦，次適刁崖後蔡鴻常，三適石角夼隋見。

【校注】

〔一〕太：原文爲『大』，有誤，應爲『太』。

十八世	十九世	二十世	二十一世	二十二世
存理 配劉氏，子二：宋障、宋勤。女三，長適榆格莊，次適福山古縣王門，三適西荊夼柳門。	**宋障** 赴遼東。 **宋勤** 赴遼東。			
得堂 配柳氏，東五叫山；繼杜氏，水晶泊。子陳。女適唐山蔣門。	**陳** 配朱氏，萊邑朱蘭。			
得林 配李氏，蛇窩泊李平女。子義。				
京 配隋氏，石角夼隋見姊；繼蔡氏，刁崖後蔡鴻常妹。				
鎮 配林氏，唐山林滿妹。				

十三世

【汝燾子】

肇蘭 配林氏，子亨運。以下俱葬十字道。

【汝炳子】

昌 赴遼東。

【汝熹子三】

肇堂 配林氏，嗣子啓運。

肇陛 缺嗣。

肇基 缺嗣。

十四世

亨運 配魯氏，子三：寬、憲、甯。

啓運 配李氏，子二：勷、績。

十五世

寬 缺嗣。

憲 赴遼東。

甯 赴遼東。

勷 赴遼東。

績 赴遼東。

十六世

十七世

長房現在里居户數與入譜者人數

九世長房：寨西溝二十户，古鎮都八户，講稼莊五十二户，南西留二十八户，河西二户，觀裹二户，柞嵐頭二户。共一百十四户，人數五百五十五。

二房：後牟家疃十二户，陡崖河東三户，陡崖河西二户，北照一户，大廟後十一户。共二十九户，人數一百五十人。

共一百四十三户〔一〕，人數七百。

【校注】

〔一〕一百四十三户：原文爲『一百四十一户』，有誤，應爲『一百四十三户』。

卷二

二房八世	九世	十世	十一世	十二世
道一[一] 居後牟家疃。 字仰曾，任直隸滿城[二]尉，升滑縣丞。敕贈文林郎，直隸趙州府隆平縣知縣。 配姜氏，繼衣氏，子八：錕、鈿，姜出；欽、鍔、鍠、鏉、鑛、鏘，衣出。俱贈孺人。 葬蛇窩泊東北墧。姜氏葬東老塋。	**錕** 居南榆疃，下同。 庠生。 配劉氏，子二：永澄、永源。	**永澄** 號名寰。 配于氏，子二：栻、欐。	**栻** 字彥材，庠生。 配王氏，繼孫氏，子三：憲章、恒章、雲章。 **欐** 配王氏，繼孫氏，子三：雲鵬、雲霄、雲夏。	**憲章** 庠生。 配史氏，子培。 **恒章** 配張氏，子增。 **雲章** 庠生。 配王氏，子二：塤、基。 **雲鵬** 庠生。 配林氏，繼范氏，子三：塾，林出；轍、載，范出。 **雲霄** 缺嗣。 **雲夏** 自南榆疃遷蛇窩泊。 配隋氏，子浩。

二房八世

九世

鈿 居南榆疃，下同。配王氏，子四：永清、永澤、永沛、永淇。

十世

永源 配林氏，子四：棟、樫、栴、桔。

永清 配林氏，子權。

十一世

棟 配□氏，子緯章。

樫 配李氏，子二：有章、七章。

栴 自南榆疃遷大榆家夼，下同。配劉氏，子大章。

桔 配劉氏，子典章。

權 配林氏，子二：宏章、平章。

十二世

緯章 配劉氏，子二：寶、桂。

有章 配□氏，子圻。

七章 配□氏，嗣子琇。

大章 配林氏，子三：琇、玷、琪，琇出繼。

典章 配唐氏，觀泊，旌表節孝。子富。

宏章 配□氏，子信。

平章 配林氏，子二：輗、軏。

二房八世

九世

十世

永澤
配劉氏，子柛。

永沛
配隋氏，子棻。

十一世

柛
配林氏，子四：臨章、瑞章、德章、玉章。

棻
配王氏，子四：含章、彩章、成章、元章。

十二世

臨章
配林氏，子二：忠、茫。

瑞章
配欒氏，子四：均、塘、堦、捷。

德章
配衣氏，子顯。

玉章
配步氏，子陶。

含章
配冷氏，子三：坤、年、光。

彩章
配崔氏，子二：玉、景。

二房八世	
九世	**欽** 以下里居失考。字唐華，廩生。配杜氏，子永濤、國浩、國淑。
十世	**永淇** 配隋氏，子二：柱、檜。 **永濤** 配□氏，子二：樟、榛。
十一世	**柱** 配王氏，缺嗣。 **檜** 配林氏，缺嗣。 **樟** 配張氏，子金章。 **榛** 配王氏，子三：玉章、鳳章、日章。
十二世	**成章** 自南榆疃遷蛇窩泊。配隋氏，子三：儐、珍、佃。 **元章** 居同上。配林氏，子三：安、容、宣。

二房八世

九世

鍔 居後牟家疃，下同。號雲華，太學生。配劉氏，子四：國治、國溥、國濬、國泳。

十世

國浩 字澤蒼，庠生。配高氏，繼孫氏，子二：倬、仕。

國淑 配張氏，繼馬氏。子棚。

國治 字在六，庠生。配馬氏，繼郝氏，子六：極、杞、相、樞、梓、桓。

十一世

倬 配衣氏，子二：亮章、弘章。

仕 配隋氏，子表章。

棚 配劉氏，子二：綉章、才章。

極 字伯紫，號履辰，康熙癸丑〔三〕歲貢。任莘縣訓導。配張氏，子七：爛章、琨章、瑞章、瑤章、誥武、璲章、珌章。

十二世

爛章 配衣氏，缺嗣。

琨章 遷居北照，後同。字荊玉。配崔氏，旌表節孝。子二：堪、瑁。

瑞章 字五玉。配楊氏，缺嗣。

二房八世	
九世	
十世	
十一世	**杞** 居北照，下同。字雍邱，增生。配崔氏，繼高氏，子五：龍章、麟章、鸞章、豹章、豸章。四名缺嗣。
十二世	**瑤章** 字楚玉。配林氏，子培。 **誥武** 字鳴玉，武生。配楊氏，子凱。 **璲章** 字重玉。配王氏，缺嗣。 **珌章** 字容玉。配宋氏，缺嗣。 **龍章** 配慕氏，子二：巖、峒。

二房八世

九世

十世

十一世

相 自牟家疃遷陽谷，下同。

字顯忠，鄉飲副賓。

配林氏，子五：煥章、璨章、民章、允章、熹章。

樞 居北照。

字建忠。

配李氏，子天章。

十二世

煥章

字七襄，庠生。

配王氏，子墉。

璨章

字三英。

配王氏，嗣子墀。

民章

配王氏，子三：塽、壎、墀，墀出繼。

允章

武生。

配劉氏，子三：垺、坽、墣。

熹章

配張氏，子二：均、壚。

天章

配蔡氏，繼鄒氏，子二：宗孔，宗顔。

二房八世	
九世	**鍠** 孫家窪，下同。號重華，增生。配王氏，子二：國紀、國紱。
十世	**國溥** 配王氏，旌表節孝。子棟。 **國濬** 沒於旗下。配李氏，缺嗣。 **國泳** 缺嗣。 **國紀** 庠生。配林氏，子二：高武、貴繡。
十一世	**梓** 字凌霄，庠生。配張氏，缺嗣。 **桓** 字齊侯。配李氏，子成章。 **棟** 字持衡，武生。配王氏，繼林氏。缺嗣。 **高武** 字玉山，庠生。配史氏，子二：紹融、纘融。
十二世	**成章** 配欒氏，缺嗣。 **紹融** 字念遠，廩生。配張氏，繼陳氏，子四：元聲、音聲、駿聲、仁聲。四人前譜漢融子。

二房八世

九世

鐓 居孫家窪。
配孫氏，缺嗣。

鑛 居峨山，下同。
字粱舟，庠生。
配徐氏，子三：國潤、國經、國縉。女適李濬，旌表節烈。詳藝文志。

十世

國紱
配林氏，繼衣氏，子三：伯、仲、修，俱缺嗣。

國潤
配柳氏，缺嗣。

國經
自峨山遷楊家窪，下同。

十一世

貴繡
配李氏，子漢融。

忠
配史氏，缺嗣。

十二世

纘融 缺嗣。

漢融
廪生。
重修譜佚，廪生，前譜但注庠生。漢皆誤韓。據考，案公以優等第一名食餼，後此列優等四次，兩譜之誤，無疑也。

二房八世	
九世	
十世	字介公，庠生。 配張氏，子五：忠、恕、慈、忞、⿱占心。
十一世	**恕** 配林氏，子儀章。 **慈** 配衣氏，子三：維訓、維新、維寧。 **忞** 配馬氏，子四：遵訓、遵誨、遵誥、遵誡。
十二世	**儀章** 缺嗣。 **維訓** 配□氏，子湞。 **維新** 配□氏，嗣子潅。 **維寧** 缺嗣。 **遵訓** 配王氏，子滵。 **遵誨** 配周氏，子四：漴、潅、⿰氵弃、津。潅、⿰氵弃出嗣。 **遵誥** 配閻氏，繼吴氏，子三：滂，閻出；澤、溢，吴出。 **遵誡** 配孫氏，嗣子⿰氵弃。

二房八世

九世

十世

國緭 居峨山，下同。
配宋氏〔四〕，邑遭亂，與大姊同日自縊，事載邑志；繼鄒氏。子五：惠、憲、慤、邕、德。

十一世

悳 自楊家窪遷曲家。
配林氏，子二：曰章、維訥。

惠
配王氏，缺嗣。

憲
配劉氏，子景文。

慤
配何氏，子景學。

邕
配侯氏，子四：景義、景禮、景信、景書。

十二世

曰章 居楊家窪。
配劉氏，子二：演、淮。

維訥 居曲家。
配□氏，子澩。

景文
配范氏，子一，均白。

景學 赴遼東。

景義
配劉氏，子光。

景禮
配傅氏，子二：庚、得。

景信
配王氏，子二：琥、璲。

二房八世

九世

鏘[五] 居後徐村，下同。
字鳴珂，號松齋。順治乙酉[六]恩貢生。任直隸隆平縣知縣。
配郝氏，繼李氏，副胡氏，俱贈孺人。子二：國維，李出；國紳，胡出。女適林家亭庠生林廷楨。
葬徐村西北塂。

十世

國維
庠生。
配李氏，子三：拔、抃、擢。

十一世

德
配孫氏，子二：景史、景志。

拔
配林氏，子二：景瑞、景祥。

抃
配李氏，楊礎庠生李岫女，歲貢、諸城訓導沛霖妹。子景雲。女四，

十二世

景書
配隋氏，子衷。

景史
配王氏，子三：安、理、環，環出家。

景志
配孫氏，繼吴氏，嗣子崐。自徐村繼入。

景瑞
配郝氏，黄土壤。子二：淓、淵。

景祥
配丁氏，繼李，子三：江、清、瀍，繼出。

景雲
字漢倬，號遠邨。雍正己酉[七]拔貢。
配衣氏，泉水店。子

二房八世

九世

十世

國紳
配范氏，子二：挺、榦。

十一世

長適邑庠生孫鵬仙長男嵛，次適郝士驤次男大章，三適邑庠生劉肇豐次男、增生芹，四適招遠增生王典謨男、庠生禧。

擢
配劉氏，子三：景仁、景泰、景義。

挺
號立齋，武生。

十二世

二：洛、溉。

景仁
庠生。
配范氏，繼吴氏，子二：寄、官，繼出。

景泰 遷峨山。
配劉氏，繼王氏，子二：實、辰，劉出。

景義
配欒氏，子二：宴、宣。

景聖 缺嗣。

二房八世

九世

十世

十一世

配王氏，泉水店王憲女；繼衣氏。子三：景聖、象樞、志效，王出。

榦

號克生，增生。

配馬氏，繼欒氏，子五：志芳，馬出；志份、志熙、志雍、志善，繼出。

十二世

象樞

從九品。

配呂氏，嗣子寬。

志效

從九品。

配王氏，子二：寅、寬，寬出嗣。

志芳

庠生。

配林氏。子二：嵩、峒。女適前莊子林如苞。

志份 赴遼東。

配郝氏，子嶂。

志熙 赴遼東。

配范氏，子崇。

志雍

配趙氏，黃連墅。子

二房八世	
九世	
十世	
十一世	
十二世	二：岷、崐，崐出繼。 **志善** 配柳氏，東寨。子二：崗、岫。

【校注】

〔一〕道一：河南滑縣縣丞。字仰曾，時俊公次子，牟家疃人。生卒、功名不詳，曾出任直隸滿城尉，升河南滑縣縣丞。後以子貴，敕贈文林郎、直隸隆平縣知縣。配姜氏，繼配衣氏，生八子：錕、鈿、欽、鍔、鍠、鏉、鑛、鏘，稱牟氏『中八支』。卒葬於牟氏祖塋東北山（姜氏葬東老塋）。後裔稱爲『老八支二房』。

〔二〕滿城：明初滿城縣屬保定府，清屬直隸省保定府。

〔三〕康熙癸丑：即康熙十二年，一六七三年。

〔四〕宋氏：老八支二房九世七房、峨山十世牟國縉妻。邑遭亂，誓將死之，姑徐氏勸以夫存子幼，終不聽，與姊牟氏同日自縊。

〔五〕鏘：直隸趙州府隆平縣知縣。字鳴珂，號松齋。老八支二房九世八房，牟家疃人，後徙居邑東北徐村。清朝順治二年（一六四五）恩貢生，曾出任前述之職。順治十四年（一六五七）致書湖北省公安縣，首發查詢、聯繫牟氏族人之函。一生爲官清廉，深受後人尊敬。

〔六〕順治乙酉：即順治二年，一六四五年。

〔七〕雍正己酉：即雍正七年，一七二九年。

十三世

【憲章子】

培 居南榆疃，下同。庠生。

配張氏，子念修。

【恒章子】

增

配張氏，子尚志。

十四世

念修

配□氏，子全。

尚志 居中榆疃，下同。

配孫氏，子端。

十五世

全

配□氏，子一，赴遠東。

端

配劉氏，子二：希功、希寬，希功出繼。

十六世

希寬

配曲氏，子紳。

十七世

紳

配鄒氏，辛店鄒全姑。子三：英華、舜華、德華。

十八世	十九世	二十世	二十一世	二十二世
英華 缺嗣。 **舜華** 配李氏，邱格莊。子甲。 **德華** 配劉氏，海邑燕翅山劉經妹。子受。女三，長適沙窩孫法令，次適李家莊李門，三適白地孫澳。	**甲** 配紀氏，宅夼紀連雲妹。子二：奎三、太周。 **受** 配李氏，沙窩；繼唐氏，萊邑山前店唐中受女。	**奎三** 配姜氏，子道禮。女適萊邑岔河修門。		

十三世

【雲章子二】

墳 居南榆疃，缺嗣。

基 居南榆疃，下同。

配馬氏，子三：尚質、起生、發祥。

十四世

尚質

配孫氏，繼衣氏，子以成，孫出。

起生 缺嗣。

發祥

配□氏，子二：恭、和。

十五世

以成 遷中榆疃。

配王氏，嗣子希功。

恭

配楊氏，繼劉氏，子三：希信、希民、希惠，楊出。

和

配包氏，缺嗣。

十六世

希功 失考。

希信

繼子元。

希民

配徐氏，子太。

希惠

配于氏，繼孫氏，子三：元、太、豪。元、太出嗣，孫出。

十七世

元

繼子春義。

太

配胡氏，子二：伐、橋。

豪

配孫氏，桃村。子五：春義、春德、春保、德合、春和，春義出嗣。女三，長適王家莊于門，次適王家莊王克明，三適帽兒頂劉金城子。

十八世	十九世	二十世	二十一世	二十二世
春義 配王氏，邱格莊王景樂妹。子五：松、仁、爲、文、信。文出繼。女二，長適大咽喉于鴻祥，次適小埠後劉仁周。 **伐** 繼子文。 **橋** 赴遼東。 **春德** 居太平莊。兼承子鑫。 **春保** 居太平莊，赴遼東。 **德合** 居太平莊。配王氏，子鑫。 **春和** 居太平莊。配徐氏，荊夼；繼徐氏，徐家莊。	**松** 配于氏，萊邑王家莊。 **仁** 配楊氏，南榆疃楊召妹。子良。女適小埠後劉門。 **鑫** 配李氏，李家莊。			

十三世

【雲鵬長子】

塾 自南榆疃遷蛇窩泊，下同。配隋氏，子實訥、實訒。

十四世

實訥 配柳氏，繼尉氏，嗣子選。

實訒 配王氏，子二：選、虎，選出嗣。

十五世

選 配魯氏，旌表節孝。嗣子成立。

虎 配慕氏，子四：可立、成立、中立、倬立，成立出嗣。

十六世

成立 配林氏，子四：鳳玉、鳳林、鳳鳴、鳳儀。

可立 嗣子鳳台。

中立 嗣子鳳兆。

倬立 配于氏，子三：鳳池、鳳翥、鳳台。鳳池、鳳台出嗣。

十七世

鳳玉 配張氏，子二：烈、磋。

鳳林 赴遼東。配修氏。

鳳鳴 缺嗣。

鳳儀 配李氏，子三：恒、愷、恂。

鳳台

鳳兆 原名鳳池。配劉氏。

鳳翥 以上俱烈兼承。

十八世	十九世	二十世	二十一世	二十二世
烈 配于氏，雙承子文選。 **磋** 配李氏，繼丁氏、欒氏。子文選，丁出，兼承烈嗣。 **恒** **愷** 配林氏，河崖。女適牟家疃潘鶴齡母。	**文選** 配姜氏，沙窩。子三：陞、鴻、清。女三，長適官道村王門，次適徐家店，三適本街王門。	**陞** 配孫氏，柳口。 **鴻** 配劉氏，北窩落。子王連。 **清** 配劉氏，北窩落。子二：所、對所。		

世	
十八世	恂 配丁氏，河崖。女二，長適河崖，次適李家莊。 以上俱文選雙承。
十九世	
二十世	
二十一世	
二十二世	

十三世	十四世	十五世	十六世	十七世
【雲鵬仲子】 **轍** 自南榆疃遷柞嵐頭，下同。 增生。 配王氏，子三：尚忠、尚賓、尚友。	**尚忠** 配盛氏，子松。 **尚賓** 赴遼東。 **尚友** 恩賜九品。 配郝氏，子二：温、浴。	**松** 配崔氏，子四：芳桂、芳蘭、芳梅、孝親。孝親出繼於八世分支四房連中名下，居東南莊。 **温** 配高氏，子二：芳玲、芳璞。	**芳桂** 配史氏，子三：鴻基、立基、建基。 **芳蘭** 配李氏，嗣子緒基。 **芳梅** 配史氏，嗣子纘基。 俱缺嗣。 **芳玲** 配閻氏，子興基。	**興基** 配王氏，山北頭；繼郝氏，城裏郝登雲妹。子二：逢清、明清。女二，長適錢家溝丁門，次適孫家窪王門，俱郝出。

十三世

十四世

十五世

浴 配遲氏，觀裏；副譚氏。子三：芳禮、芳林、芳春，副出。

十六世

芳璞 配姚氏，萊邑大姚格莊。子三：緒基、纘基、鴻基。緒基、纘基出嗣。

芳禮 配林氏，子五：紹基、肇基、振基、作基、成基。成基出繼。

十七世

鴻基 居大榆莊，下同。配崔氏，院上。子俊。女適錫南疃閻門子得志。

紹基 居柞嵐頭，後同。配隋氏，繼林氏，子際清，林出。

肇基 缺嗣。

振基 配欒氏，北照欒鳳得祖姑；繼慕氏，欒格莊慕忠姑。子三：霖清、濂清、華清。濂清出嗣。女適小閻家莊史萬順。俱慕出。

作基 失考。

十三世	
十四世	
十五世	
十六世	**芳林** 配林氏，嗣子成基、養基。 **芳春** 配林氏，陽谷；繼鄭氏。子三：開基、丕基、養基，養基出繼，鄭出。
十七世	**成基** 配張氏，東南莊張天祥女。子三：序清、性清、寶清。女二，長適孫疃王得功，次適大榆莊崔門。 **養基** 繼子濂清。 **開基** 配衣氏，程子溝衣珮高姑。繼子尚清。 **丕基** 配朱氏，解家朱武順姊。子四：尚清、永清、見清、環清。尚清出繼。女適崖后衣門。

十八世

明清
配王氏，王格莊；繼王氏，丙家王春姊。子四：寶同、寶華、寶學、寶太，繼出。女適孫疃王福來，繼出。

俊 居大榆莊，下同。
號仕傑。
配崔氏，哨上崔中福妹。子二：珮璋、英奎。女三，長適二甲孫門，次適拉扒溝姜振升，三適絞溝閻國振。

十九世

寶學
配孫氏，逍遥莊。子呼修。

寶太
配宋氏，南照宋斗女。子二：文昌、文章。女二，長適萬家莊遅萬箱，次適閻家史門。

珮璋
字子圭，號榆坡。
配姜氏，廟東夼姜進志妹；繼劉氏，劉家溝劉得福女。子三：永昌，姜出。鍾昌、壽昌，劉出。女適哨上董得勤子，劉出。

二十世

永昌
字觀成。
配史氏，大寨史萬法女；繼馬氏，閻家馬桂女；郭氏，紙坊郭忠法女。子三：經田、玉田、喜田，郭出。

鍾昌
配陳氏，劉家溝陳通女。繼柳氏，寺口柳壽

二十一世

經田
配柳氏，寺口。

二十二世

十八世	**際清** 配梁氏，許家。子振德。女三，長適許家孫門，次適青後，三適辛莊史門。
十九世	**英奎** 配慕氏，崔家莊慕鴻儒女。子三：潤昌、述昌、順德。女適王家溝張中福子。
二十世	昌女。 **壽昌** 高小畢業。配柳氏，寺口柳餘興女；繼柳氏，寺口柳福先女。 **述昌** 字芳洲，高小畢業。
二十一世	
二十二世	

十八世	十九世	二十世	二十一世	二十二世
霖清 配史氏，孟家史文海女。子三：運德、大庚、明德。女適南照衣門。 **華清** **序清** 配閻氏，靈山閻福坤姊。嗣子日德。 **性清** 配高氏，大姚格莊高鳳崗女。子上任。女適姚家莊孫門。 **寶清** 配隋氏，許家隋德慶	**運德** 配慕氏，慕家莊子慕虎渭女。子二：尚文、尚武。 **明德** 配韋氏，張家塋韋海女。 **日德** 字宣三，高小畢業。 配馬氏，小院馬俊全女。子東亮。			

十八世	十九世	二十世	二十一世	二十二世
妹；繼臧氏，北照臧得全女。子三：日德，隋出；麟得、懷得，繼出。日德出繼。女適觀裏鄒門，隋出。 **尚清** 配柳氏，寺口柳學文女。子三：同寶、同德、同玉。 **永清** 配衣氏，崖后衣選女。子五：同福、同合、同三、同喜、同章。同福出繼。	**同德** 配史氏，小觀史長吉女。子凌漢。 **同玉** 配林氏，慕家店。子凌東。 **同合** 配張氏，東南莊張翠女。 **同三** 配慕氏，慕家店慕萬興妹。子敬齋。			

十八世

見清
配毛氏，觀裏毛進邦姑。子二：同春、同起。同春出嗣。

環清
配□氏，繼子二：同福、同春。女二，長適東南莊張鰲子，次適杏格莊劉興茂子。

十九世

同喜
配李氏，大閻家李文華妹。

同章
配衣氏，崖后衣敬寬妹。

同福
配孫氏，小東莊。子書明。

同春
配丁氏，河崖丁天德女。

二十世

二十一世

二十二世

十三世	十四世	十五世	十六世	十七世
【雲鵬三子】 **載** 居南楡疃，下同。 配隋氏，子二：本實、本書。	**本實** 配隋氏，嗣子吹壎。	**吹壎** 配林氏，中楡疃。子三：天申、天佐、天和。女二，長適文石林門，次適上步家王門。	**天申** 配于氏，萊邑朱宅于久春姑。子嶠。女適萊邑孫家夼孫門。	**嶠** 配步氏，上步家步鳳雲姑。子三：嵩慶、喜慶、錫慶。女適海邑韓家葦夼李安仁。
			天佐 配范氏，萊邑范家莊。子二：峯、皓。皓出嗣。	**峯** 配鍾氏，萊邑鍾家院鍾明高姑。子錫恩。女適萊邑山前店唐門。
			天和 配陳氏，水頭西山陳化南胞妹。繼子皓。	**皓** 配衣氏，蘆子泊衣梅海姊。子四：錫發、錫强、錫剛、錫毅。
	本書 配張氏，子二：吹壎、吹箎。吹壎出嗣。	**吹箎** 字和亭，鄉飲耆賓。 配衣氏，前陽窩；繼隋氏，石角夼隋福成祖	**天保** 配孫氏，白地。子三：簣、箸、篗。女適萊邑山前店唐門子增田。	**簣** 配張氏，蔣家莊。子三：行邦、經邦、鎮邦。

十三世	十四世	十五世	十六世	十七世
		姑。子三：天保、天佑、天任，繼出。	**天佑** 配劉氏，水頭小莊劉得曾祖姑。子二：䈬、策。女二，長適萊邑孫家夼，次適唐山。	**箸** 配林氏，北榆疃林兆奎姊。子二：錫祉、錫鵬。 **筴** 配喬氏，萊邑崖東夼喬應春姊。子二：振才、振利。女適下蒲格莊劉門。 **䈬** 字渭川，庠生。兩舉優行。配于氏，萊邑石橋夼于來香姑；繼董氏，萊邑朱省董苞女。子二：錫庶，于出；錫疇，董出。女適海邑宫家葦夼宮英進，于出。

十三世	十四世	十五世	十六世	十七世
			天任 配劉氏，帽兒頂庠生劉瑞東姊；繼劉氏，馬家河；馬氏，馬家溝馬芸姑。子二：策，𥳁。	**策** 配劉氏，水頭小莊劉元喜姑。子錫極。 **策** 配蔣氏，唐山蔣庶姑。子五：錫祚、錫純、錫三、錫嘏、錫田。錫三出嗣。女適萊邑下蒲格莊于門。 **𥳁** 配劉氏，榆家壙劉全妹。子成，赴遼東。繼子錫三。女四，長適朱留魯真，次適東院頭庠生張丙煥，三適杜家黄口丁萬慶，四適蔣家莊武生蔣得川。

十八世

嵩慶

配林氏，萊邑槎河；繼林氏，榆子林元太女。子三：文斌、文昌、文瑞。女四，長適河崖林門，次適下蒲格莊于門，三適蒲格莊劉中求子，四適海邑吼山劉應春，俱繼出。

錫慶

配鍾氏，萊邑辛莊。子文潤。

十九世

文斌

配林氏，榆子林當女。子二：保洪、保恩。女適萊邑思格莊欒門。

文昌

字奎光。

配林氏，蛇窩泊林紹武女。子保廷。女適院頭窑劉鳳儀子。

文瑞

配林氏，蛇窩泊林增女。子保江。

文潤

配李氏，海邑枳實夼李中華姊。女適海邑燕翅山于門。

二十世

保洪

配劉氏，蒲格莊。

保恩

配隋氏，大咽喉隋立成侄女。

保廷

字選周。

配戰氏，戰家溝戰義德女。

二十一世

二十二世

十八世	十九世	二十世	二十一世	二十二世
喜慶 配李氏，海邑韓家葦夼李克昌孫女。子二：文元、文清。女四，長適萊邑磊山后董門，次適安家樓底安門，三適韓家葦夼李門，四適蒲格莊劉門。 **錫恩** 配華氏，徐家店；繼王氏，思格莊王登妹。子文正，繼出。女二，長適修家蒲格莊修門，華出；次適馬格莊隋門，繼出。 **錫發** 配車氏，車家泊子車中華孫女。女四，長適大埠	**文元** 配劉氏，莊子蒲格莊劉中聚妹。子保連。女適埠梅頭孫門。 **文正** 配王氏，榆子王貴禄女。子丙辰。	**保連** 配李氏，海邑枳實夼。		

十八世	十九世	二十世	二十一世	二十二世
後劉門，次適白地孫門，三適海邑枳實夼李門，四適大窑。 **錫强** 配張氏，萊邑城西千里泊張仁茂次女。子文志。女適韓家葦夼李門。 **錫剛** 配劉氏，萊邑鍾家院劉香妹。子三：文東、文思、文光。 **錫毅** 字宏臣。 配戰氏，戰家溝戰有	**文東** 配于氏，蛇窩泊于省三侄女。子二：保泉、保順。 **文思** 字得齊。 配劉氏，柳口劉進華女。 **文成** 配徐氏，萊邑范家莊徐有女。			

十八世	十九世	二十世	二十一世	二十二世
女；繼楊氏，萊邑後店楊欽明女。子文成，戰出。				
行邦 配吕氏，北水頭。子二：文起、文義。文義出繼。女三，長適張家莊張可令，次適車家泊子林門，三適北楡疃林門。	**文起** 配寧氏，萊邑思格莊寧禮女。子寶忠。			
經邦 配王氏，徐家店。繼子文義。				
鎮邦 恩榮八品。 配王氏，唐山頭王運女。子三：文美、文林、	**文美** 配蔣氏，馬家溝蔣茂林女。子保清。女適柳口劉華廷。			

十八世

文蘭。女三，長適下蒲格莊劉文德，次適唐山頭王以美，三適蛇窩泊林中岳。

錫祉

配隋氏，石角夼隋芝春女；繼林氏，集前林淑成姑。子五：文福，隋出；文智、文炳、文奎、文賓，林出。

十九世

文林

配董氏，房家疃董得女。子二：保敬、保兹。

文蘭

配喬氏，萊邑崖東夼喬太女。子保良。

文福

配孫氏，台上孫元功女。子保善。女三，長適下范家溝李作成子，次適杜家黄口丁萬清子，三適上八田李福貴。

文智

配宋氏，平度范格莊宋天鳳孫女。子雪。

二十世

保善

配林氏，河崖林平佺女。子龍章。

二十一世

二十二世

十八世	十九世	二十世	二十一世	二十二世
錫鵬 配劉氏，鍾家院劉殿女。子二：文禮、文行。女適集前林淑成。	**文奎** 配林氏，榆子林端女。子保真。 **文賓** 配于氏，萊邑王家莊于培德妹；繼隋氏，石角夼隋松齡女。子保玉，繼出。 **文禮** 配蔣氏，唐山蔣寶玉姊。子三：保銀、保金、保鑫。女二，長適馬家河劉鴻君，次適鍾家院鍾剛。	**保銀** 字子正。 配王氏，萊邑范家莊王書田侄女。		

十八世	**振財**（二） 配劉氏，鍾家院劉全仁姊。子三：文亨、文煥、文辰。女三，長適朱留魯鴻賓，次適萊邑趙家埠子趙文平，三適院頭窑劉殿邦子。
十九世	**文行** 配鍾氏，鍾家院鍾寶興妹。子保嚮。 **文亨** 配王氏，海邑藍店王宣女。子寶興。 **文煥** 字得選。 配蔣氏，唐山蔣連城女；繼喬氏，崖東夼喬連東姊。子保隆，蔣出。 **文辰** 配修氏，修家蒲格莊修士昌女。子保鳳。
二十世	
二十一世	
二十二世	

十八世	十九世	二十世	二十一世	二十二世
振麗（二） 字星瑞。 配喬氏，崖東夼喬舉妹。女二，長適崖東夼喬舉子，次適姜家秋口姜門。				
錫庶 配柳氏，西荆夼柳方田姑。子三：文明、文曉、文會。	**文明** 配李氏，枳實夼李孟女。子三：保信、保堂、保萬。	**保信** 配修氏，修家蒲格莊修善高姊；繼鍾氏，鍾家院。		
錫疇 字仲叙。 配王氏，瑩盤王以秋姊；繼隋氏，石角夼隋春山女。子二：文顯、文盛，隋出。女適萊邑下	**文顯** 配孫氏，海邑孫家秋口孫連枝女。子二：保合、保城。	**保合** 配王氏，海邑古堆山。		
	文盛 配鍾氏，萊邑鍾家院。			

十八世	十九世	二十世	二十一世	二十二世
格莊于鳳嚮子，隋出。 **錫極** 配李氏，海邑枳實夼李元順女。子三：文中、文同、文華。女適白地孫景山。 **錫祚** 配于氏，下蒲格莊于鳳嚮妹。子文章。女適	**文中** 配林氏，唐山林順女。子三：培仁、培義、培根。 **文同** 配唐氏，觀泊唐吉有女。 **文華** 配宋氏，上朱蘭宋春來女；繼林氏，辛莊林經女；徐氏，萊邑王家莊徐化芝女。子培彥，徐出。 **文章** 配鍾氏，鍾家院鍾以向女。			

十八世	十九世	二十世	二十一世	二十二世
唐山師範畢業林指南。 **錫純** 配胡氏，南柴。子文有。 **錫田** 配于氏，西槐山武生于占元妹。子二：文平、文鼎。 **錫三** 配喬氏，崖東夼喬應秋女。子文代。女二，長適海邑前槐山劉門，次適杜家黄口衣門。	**文有** 配寧氏，萊邑思格莊寧禮女。子二：桃子、桃仁。 **文平** 配鍾氏，鍾家院鍾以殿女。 **文代** 配隋氏，石角夼隋喜全女。			

十三世	【雲夏子】 **浩** 居蛇窩泊。 配林氏，子林明。
十四世	**林明** 自蛇窩泊遷駝山西小姜家莊。 配孫氏，子健。
十五世	**健** 居小姜家莊，下同。 配劉氏，子二：重興、連興。
十六世	**重興** 赴遼東。 配刁氏，畢郭。 **連興** 配于氏，龍旺窪于成雲妹。子奎。
十七世	**奎** 配吕氏，子春芳。女二，長適埠上吴門，次適畢郭河西張門。

十八世	十九世	二十世	二十一世	二十二世
春芳 配吕氏，巨屋吕鳳女。子二：云祥、云禮。女適黄口劉門。	**云祥** 配劉氏，寧陽縣〔三〕劉仁女。雙承子馬。 **云禮** 配吕氏，台子上吕聚女。子馬雙承。女適駝山劉門。	**馬** 配慕氏，嵐格莊。		

【校注】

〔一〕振財：前文爲『振才』，前後不一致，具體情況待考。

〔二〕振麗：前文爲『振利』，前後不一致，具體情況待考。

〔三〕寧陽縣：今屬山東省泰安市。

十三世	【緯章子二】 **寶** 居南榆疃，缺嗣。 **桂** 居南榆疃，下同。配劉氏，子二：尚仁、尚義。
十四世	**尚仁** 缺嗣。 **尚義** 配李氏，繼王氏，子崗，李出。
十五世	**崗** 繼子述堂，自孫家莊子繼入。
十六世	**述堂** 配林氏，鞠家莊林福山妹。子二：升、曾。
十七世	**升** 雙承子振星。 **曾** 配劉氏，院頭窑劉福女。子振星雙承。女適蛇窩泊林珮求子。

世代	
十八世	**振星** 配衣氏，杜家黄口衣佩昌女。子二：文壽、文生。女適丁家寨李門。
十九世	**文壽** 配蔣氏，唐山蔣廣智女；繼范氏，蒲格莊范世觀女。子廣仁，蔣出。 **文生** 配于氏，清江口于平林女。
二十世	
二十一世	
二十二世	

十三世	十四世	十五世	十六世	十七世
【有章子】 **圻** 缺嗣。 【七章嗣子】 **琇** 居南榆疃，下同。 配于氏，子三：連文、連發、連堂。	**連文** 配王氏，子興。 **連發** 缺嗣。 **連堂** 赴遼東。	**興** 配李氏，後撞。子二：天德、天太。	**天德** 配林氏，榆子。子筂。 **天太** 配孫氏，白地。繼孫進禄。	**筂** 配欒氏，思格莊。子四：進禄、進朋、進明、進元，進禄出繼。女二，長適海邑野鷄埠子楊學文，次適西荊夼柳玉振。

十八世	進禄 配楊氏，海邑野鷄泊；繼劉氏，海邑燕翅山。
十九世	
二十世	
二十一世	
二十二世	

十三世	十四世	十五世	十六世	十七世
【大章子二】 **玷** 自榆家夼遷孫家莊子，下同。 配林氏，子尚禮。 **琪** 配□氏，子尚理。 【典章子】 **富** 居孫家莊子，下同。 配劉氏，子尚義。	**尚禮** 配初氏，子二：周、誥。 **尚理** 自孫家莊子遷北照。 配□氏，子二：利、會。 **尚義** 配李氏，同里李方有高祖姑。子三：楨、橳、棋。女適磚園孫門。	**周** 配王氏，缺嗣。 **誥** 配郝氏，繼子忠堂。 **利** **會** 俱缺嗣。 **楨** 配王氏，子二：勤堂、紀堂。	**忠堂** 配孫氏，缺嗣。 **勤堂** 繼子箈。 **紀堂** 配王氏，繼劉氏，子四：箈、篟、笏、筝，箈出繼，劉出。	**箈** 配劉氏，尹家莊子劉殿姊。子四：成本、任和、成枝、成章。 **篟** 缺嗣。 **笏** 配□氏，子連法。 **筝** 配姜氏，徐家莊。子

十三世

十四世

十五世

𣘻 配林氏，繼劉氏，子二：榮堂、述堂，述堂出繼南榆疃。

棋 配周氏，榆家壙周瑚祖姑。子四：肯堂、玉堂、成堂、賡堂。

十六世

榮堂 赴遼東。配柳氏，子筰。

肯堂 配孫氏，台上；繼林氏，西凰跳林道勝祖姑。子三：鏔，孫出；樽、箢，林出。女適西早行李門，繼出。

十七世

連有。

筰 赴遼東。

鏔 配王氏，上范家溝王蘭姊。子三：苓雲、苓新、苓春。女二，長適南窩落劉門，次適辛店張禧。

樽 配劉氏，南窩落。雙承子苓順。女二，長適衣家泊子衣門，次適吉格莊王門。

箢 配李氏，上宋家。子

十三世	十四世	十五世	十六世	十七世
			玉堂 配孫氏，泥溝子孫鴻唐祖姑。子笣。女三，長適大宗疃宋門，次適陽谷林門，三適蔣家莊張門。 **成堂** 配孫氏，泥溝子。雙承子箈。 **賡堂** 配□氏，子箈雙承。	苓順雙承。 **笣** 配周氏，榆家壙。女四，長適榆家壙劉門，次適榆林子馮門，三適河西夼王門，四適柳家溝衣門。 **箈** 配王氏，道宿。子金盤。女三，長適蛇窩泊林門，次適白馬家張門，三適張家泥都張門。

十八世

成本
嗣子舉文。

任和
配劉氏，南窩落。子三：舉文、前文、保文，舉文出嗣。

成枝
配張氏。

成章
俱任和子兼承。

連發（二）
配劉氏，大埠後劉丹姊。子二：保三、保四。

連有
配孫氏，杜家黃口。子二：鳳、連鳳。

十九世

前文
配馮氏，孤山。

保文
配隋氏，黑磊子。

二十世

二十一世

二十二世

十八世	十九世	二十世	二十一世	二十二世
苓雲 配李氏，院頭窑。子二：聰、笠。	**聰** 配周氏，初家疃周玉瑾女。子快。女適小埠後劉門。			
	笠 配王氏，初家疃王芬女。子桂林。	**桂林** 配劉氏，西三叫。子年。		
苓新 配劉氏，尹家溝；繼李氏，西李家莊。女四，長適榆林子馮門，次、三適挺夼馮門，四適東院頭衣門，繼出。				
苓春 配張氏，柳林莊張可忠姊。子明。	**明** 配劉氏，南柴劉丹曾孫女。子二：書德、書芳。女適大埠後劉門。	**書德** 配劉氏，東凰跳。		

十八世

苓順 配王氏，木蘭夼。子禧。

金盤 配李氏，楊礎諸城教諭李沛霖七世孫女佩環胞姑；繼王氏，泥溝子。女四，長適張家莊王門，次適辛家夼張門，三適上莊頭馮門，四適劉家莊劉門。

十九世

禧 配張氏，張家莊。子書奎。

二十世

二十一世

二十二世

世次	譜系
十三世	【宏章子】 **信** 居南榆疃，下同。 配閻氏，子恒昌。
十四世	**恒昌** 配趙氏，趙家溝。子二：淋、卿，卿出繼。
十五世	**淋** 繼子學周。
十六世	**學周** 配劉氏，沙窩。子江。
十七世	**江** 繼子觀玉。

十八世	**觀玉** 配潘氏，海邑菜園。繼子誰。
十九世	**誰** 配蔣氏，唐山。
二十世	
二十一世	
二十二世	

世	
十三世	【平章長子】 **輗** 居南榆疃，下同。配劉氏，子二：昌期、昌運。
十四世	**昌期** 配謝氏，子三：煒、煌、傳。 **昌運** 配鍾氏，繼林氏、潘氏。子二：學、文。
十五世	**煒** **煌** **傳** 配唐氏，子克仁。俱兼承。 **學** 缺嗣。 **文** 缺嗣。
十六世	**克仁** 配孫氏，子二：清、泮。
十七世	**清** 繼子玉德。 **泮** 配姜氏，姜家秋口。子四：玉德、方德、明德、順德。玉德、方德出嗣。女適徐家店王門。

十八世

玉德
配唐氏，榆山後。子二：太、允。女適古堆山王門。

明德
配孫氏，孫家秋口。子寶太。

順德
配張氏，崮上。子五：福修、德修、得禮、書禮、福莊。

十九世

太
配張氏，張家莊張鳳侄女。

允
配鍾氏，鍾家院。

寶太
配王氏，萊邑小窑王成山女。

二十世

二十一世

二十二世

十三世	【平章仲子】 **軏** 居南榆疃，下同。 配高氏，子常德。舊譜譚氏。
十四世	**常德** 配韓氏，繼子卿。
十五世	**卿** 配張氏，子三：學周、學孔、學孟，學周出嗣。
十六世	**學孔** 配宋氏，沙窩。子二：湖、海。女適中榆疃林仁。 **學孟** 配姜氏，沙窩；繼劉氏，燕翅山。子二：漣、河，劉出。女二，長適北水頭李門，姜出；次適河崖陳門，劉出。
十七世	**湖** 配李氏，李家莊；繼劉氏，柳口。子文玉雙承。女二，長適車家泊子車世欽，次適清江口于令。 **海** 配孫氏，沙窩孫福令妹。雙承子文玉。女適姜家秋口蔣永茂。 **漣** 配王氏，榆子王景才姑。子二：説玉、成玉，成玉出繼。女二，長適萊邑薛格莊李長龍，次適箔箕港于天鳳。 **河** 繼子成玉。

十八世	十九世	二十世	二十一世	二十二世
文玉 配姜氏，沙窩姜榮妹；繼董氏，南夼。子香。女二，長適榆子王文學，次適朱留魯門。 **說玉** 配杜氏，水晶泊杜夢泉妹。子勝。	**香** 字雁桂。 配姜氏，沙窩姜榮女。 **勝** 配林氏，榆子林成山女。			

十三世	十四世	十五世	十六世	十七世
【臨章子二】 **忠** 居南榆疃，下同。 配趙氏，子連福。 **茳** 配潘氏，子二：尚文、尚才。	**連福** 配柳氏，子檪。 **尚文** 配齊氏，嗣子鰲。 **尚才** 配郭氏，子二：奎、鰲，鰲出繼。	**檪** 配衣氏，繼子克己。 **鰲** 配劉氏，柳口。繼子宗緒。 **奎** 配潘氏，缺嗣。	**克己** **宗緒** 配孫氏，白地。子仁。	**仁** 配衣氏，東院頭。子二：光福、光勝。

十八世

光福

配程氏，海邑野後程廣教女。子四：希、才、貴、發，希、貴出嗣。女三，長適榆山後唐門，次適八田李門，三適白地宋進福。

光勝

配林氏，觀泊林作女。繼子貴。

十九世

才

配劉氏，下蒲格莊劉敬孫女。子三：丕得、丕章、丕唐。女適沙窩衣高。

發

配于氏，泊北頭于國恩妹。

貴

配韋氏，海邑野鷄泊韋言閣女；繼孫氏，海邑南油房孫元善女。

二十世

丕得

配李氏，八田李宴樂女。子雲奎。

丕章

配趙氏，東河南。

二十一世

二十二世

世	
十三世	【瑞章長子】 **均** 居南榆疃，下同。 配林氏，子二：連安、世周，世周出繼蛇窩泊儐名下。
十四世	**連安** 配華氏，子四：潤、義、湘、淵。
十五世	**潤** 配李氏，子實意。 **義** 配王氏，子雲騰。 **湘** 赴遼東。 **淵** 配李氏，子雲龍。
十六世	**實意** 缺嗣。 **雲騰** 配李氏，張家莊；繼姜氏；繼宗崗。子通。女二，長適下蒲格莊劉門，次適南水頭林門。 **雲龍** 缺嗣。
十七世	**通** 配姜氏，徐家店。繼子慎言。

世代	
十八世	**慎言** 配王氏，海邑泊子；繼于氏，萊邑。
十九世	
二十世	
二十一世	
二十二世	

十三世	【瑞章仲子】 **塘** 居南榆疃，後同。 配唐氏，嗣子世芳。 【瑞章三子】 **堦** 配李氏，子三：世崐、世崙、世崧。 【瑞章四子】 **捷** 配張氏，子二：世香、世芳，世芳出繼。
十四世	**世芳** 缺嗣。 **世崐** 配王氏。 **世崙** **世崧** 俱缺嗣。 **世香** 配柳氏，子準。
十五世	**準** 配李氏，燕翅山；繼李氏，八田。子二：雲太、雲升。女三，長適後撞孫門，次適馬耳崖衣門，三適河崖林作。
十六世	**雲太** 配隋氏，西河南。子選。女二，長適北水頭孫寶太，次適趙家溝趙元生。
十七世	**選** 配劉氏，柳口；繼宫氏，萊邑黄崖底。子三：桂三、喜三，劉出；玉山，宫出。女三，長適北水頭孫寶太子，次適北水頭吕客順子，劉出；三適東荆夼林作恒子，宫出。

十三世	
十四世	
十五世	
十六世	**雲升** 配韓氏，萊邑崔格莊韓學思姑；繼隋氏，石角夼隋福臻姑。子三：逮、遴、适。女三，長適唐山林門，次適姜家秋口姜後採，三適文石林門。
十七世	**逮** 配林氏，林家崖後林玉妹。子三：連山、文山、至山。女適海邑古堆山王中成。 **遴** 配林氏，河崖林禄女。子四：春山、岐山、恒山、蓬山。女適北水頭呂中先。 **适** 配林氏，河崖林快女。子岳山。

十八世	十九世	二十世	二十一世	二十二世
桂三 配張氏，海邑台上。子經。女適海邑核頭樹王門。 **喜三** 配宋氏，白地宋進女。子二：綸、級。女適海邑核頭樹王門。 **文山** 配林氏，觀泊林松女。 **春山** 配林氏，唐山；繼衣氏，杜家黃口衣珮女。 **岐山** 配張氏，崮上張中有女。子綧。	**經** 配于氏，西槐山于全女。子泮芹。 **綸** 配宋氏，白地宋進孫女。			

十三世	【德章子】 **顯** 居南榆疃，下同。配衣氏，子世海。
十四世	**世海** 配李氏，子二：珩、瑯。
十五世	**珩** **瑯** 配尉氏，繼子雲畔雙承。
十六世	**雲畔** 配李氏，八田。子運。
十七世	**運** 配劉氏，柳口劉美姊。子二：煆山、進山。女二，長適東凰跳劉進堂，次適海邑泊子王仁子。

十八世	十九世	二十世	二十一世	二十二世
煆山 配蕭氏，海邑求格莊蕭福禄侄女。子瑞。女適大咽喉隋門。	**瑞** 配林氏，榆子林成山女。			

十三世

【玉章子】

陶 缺嗣。

【含章長子】

坤 居南榆疃，下同。

配姜氏，子世英。

【含章仲子】

年 居南榆疃，下同。

配姜氏，子三：世增、世尊、世瑚。

十四世

世英

配蔣氏，子二：鵬、耀，耀出繼。

世增

配李氏，子華。

世尊

配鄒氏，繼王氏。繼子耀。

十五世

鵬

配于氏，子二：宗崗、宗緒，宗緒出繼。

華 缺嗣。

耀

配衣氏，子二：宗縉、宗紳。

十六世

宗崗

配李氏，八田。子二：通、遜，通出繼雲騰。女二，長適萊邑辛莊徐門，次適徐家店姜門。

宗縉

配林氏，子三：松、适、述，松出繼。

宗紳

配孫氏，嗣子松。

十七世

遜

配李氏，後撞李從化姊。子二：慎行、慎興。女適磚園孫門。

适

配朱氏，孫家秋口。

述

配孫氏，子進財。

松

配姜氏，萊邑後店姜致增妹，子仁山。女二，長適槐山姜春，次適槐

十三世

十四世

世瑚
配隋氏，子芹雙承。

十五世

芹
配田氏，子四：宗經、宗綸、宗綵、宗綬。

十六世

宗經
配譚氏，榆格莊；繼姜氏，海邑上東；隋氏，石角夼。子臻。女三，長適沙窩劉門，次適北窩落劉門，三適思格莊朱門，俱譚出。

宗綸
配唐氏，泊北頭。繼子賓。

宗綵
配王氏，南務；繼隋氏，馬格莊。繼子述。

十七世

山姜門。

臻
配劉氏，子玉堂，女適海邑劉家莊劉門。

賓
配楊氏，海邑野鷄泊楊大賓妹。子六：文堂、得堂、慶堂、寶堂、福堂、全堂。女二，長適白地孫江，次適西荆夼柳鳳梧。

述
配蔣氏，唐山蔣恒妹。

十三世	
十四世	
十五世	
十六世	**宗綬** 配喬氏，崖東夼喬基姑。子三：賓、述、遺，賓、述出繼。女三，長適海邑姜門，次適枳實夼李得清，三適思格莊林中法。
十七世	**遺** 配荆氏，石河頭。

十八世	十九世	二十世	二十一世	二十二世
進財 配陳氏，水頭西山。子宗勝。 **仁山** 配韓氏，海邑大窑韓昆來女；繼王氏，萊邑石硼王慎女。子二：宮富、宮勤。女適白地石門子桂芳。 **文堂** 配范氏，萊邑楊家莊范安女；繼韋氏，海邑野鷄泊。 **德堂**[二] 配王氏，古堆山王平和妹。子家全。	宗勝 配楊氏，同里楊本女。			

十八世	**慶堂** 配程氏，河崖程光浪女。子德臣。 **寶堂** 配劉氏，莊子蒲格莊劉中佩女。子家金。
十九世	
二十世	
二十一世	
二十二世	

十三世	十四世	十五世	十六世	十七世
【含章三子】 **光** 居南楡疃，下同。 配徐氏，子三：世福、世禎、世祥。	**世福** 配毛氏，子苓。	**苓** 配馮氏，沙窩；繼林氏，東荆夼。子五：宗縯、宗維、宗緣、宗紹、宗綺，林出。女三，長適東荆夼林門，馮出；次適海邑古堆山王門，三適西河南林門，林出。	**宗縯** 配孫氏，萊邑孫家夼孫俊姊。繼子遠。 **宗維** 配劉氏，帽兒頂劉廣興姑。女適王之熙。 **宗緣** 配宋氏，萊邑周格莊。子達。女適唐山林門。 **宗紹** 配林氏，河崖林成山姑；繼林氏，蛇窩泊。繼子迪。 **宗綺** 配劉氏，徐家店；繼	**遠** 配鍾氏，鍾家院鍾孟妹。子梅嶺。女適孫家秋口王進奎。 **達** 配楊氏，海邑野鷄泊楊大仁妹。 **迪** 配林氏，楡子林慶雲女。繼子梅三。 **遥** 配王氏，古堆山王景

十三世	
十四世	**世禎** **世祥** 俱缺嗣。
十五世	
十六世	林氏，東荆介林作恒姑。子二：迪、遥，迪出繼。女二，長適朱留魯門，次適文石林曰堅，俱林出。
十七世	熙妹。子五：梅三、梅村、梅林、梅溪、梅實，梅三出繼。

世	
十八世	**梅嶺** 配王氏，海邑泊子王元章姊；繼于氏，燕翅山于謙妹。子三：春之、春芳、春蘭。女適文石林成雲子。 **梅三** 配李氏，海邑李家葦疖。
十九世	**春之** 配董氏，萊邑包作堡董仁福女。
二十世	
二十一世	
二十二世	

十三世	【彩章子二】 **玉** 居南榆疃。 配李氏，子世龍。 **璟**〔三〕 居南榆疃，下同。 配劉氏，子二：世法、世唐。
十四世	**世龍** 配李氏，缺嗣。 **世法** 配張氏，子二：鑲、許。鑲出繼。
十五世	**許** 配林氏，石角夼。子二：克勤、克儉。
十六世	**克勤** 配李氏，子二：典、訓。 **克儉** 配李氏，繼楊氏。子二：照、爲。
十七世	**典** 配于氏，燕翅山。子二：祥春、同春。女二，長適海邑韓家葦夼隋門，次適馬格莊隋門。 **訓** 配孫氏，磚園。女適榆子李本。 **照** 配林氏，北榆疃。子連春雙承。 **爲** 配于氏，雙承子連春。女三，長適萊邑窑上宋門子進，次適唐山林門，三適马格莊隋東。

十三世	
十四世	**世唐** 配孫氏，繼子鑲。
十五世	**鑲** 出口。配□氏，子三：克舜、克己、克旺。克己出繼。
十六世	**克舜** **克旺** 配張氏，子烈。女適北榆疃林门。
十七世	**烈** 配劉氏，莊子蒲格莊。子喜春。女適槐于全。

十八世

祥春　配張氏，崮上張得基姑。繼子希。

同春　配韓氏，韓家葦夼韓福禄姊。女適八田。

連春　缺嗣。

喜春　配劉氏，馬家河劉通女；繼王氏，海邑核頭樹王成人女。

十九世

希　配張氏，萊邑朱蘭張進升妹。子五：丕石、根、仙、本、代。女二，長適前槐山姜門，次適海邑南油房孫門。

二十世

丕石　配劉氏，柳口劉學女。子三：香雲、端雲、南。

根　配劉氏，柳口劉福工孫女。

二十一世

二十二世

十三世	十四世	十五世	十六世	十七世
【成章長子】 **儐** 居蛇窩泊，下同。 配欒氏，嗣子世周。 自南榆疃均名下繼入。	**世周** 號宏字。 配李氏，子四：碩輔、碩德、碩功、碩彥。	**碩輔** 配孫氏，子四：重光、重吉、重祥、重新。重新出繼。 **碩德** 赴遼東。 **碩功** 配劉氏，嗣子重新。 **碩彥** 赴遼東。 配張氏，子二：重林、重玉。	**重光** 配滕氏，子太初早亡，兼承子太和。 **重吉** 配葛氏，子二：太和、祺。祺出繼牟家疃八世長房春山。 **重祥** 配米氏，子太雲。 **重新** 配遲氏，同里。 **重林** **重玉** 俱太和兼承。	**太和** 配劉氏，子二：自省、自思。 **太雲** 配孫氏，子二：自田、自求，缺嗣。女適同里欒門。

十八世	**自省** 居蛇窩泊，下同。 配劉氏，北莊子劉田妹。子朝選。女三，長適大埠後劉門，次適帽兒頂劉子仙，三適同里子楊鳳廷。 **自思** 配林氏，同里林桂姊。子朝波。女二，長適南柴劉門，次適東院頭衣門。
十九世	**朝選** 配楊氏，同里楊進寶女。子福恩。 **朝波** 字海盛。 配宋氏，沙窩宋之法女。子人傑。女二，長適帽兒頂劉門，次適榆山後傳紹遠之孫。
二十世	**福恩** 兼承子庠。 **人傑** 字雋卿。 配劉氏，柳口劉春女。子二：庠、序。
二十一世	
二十二世	

十三世	十四世	十五世	十六世	十七世
【成章仲子】 **珍** 居蛇窩泊，下同。 配孫氏，雙承子世宗。	**世宗** 配隋氏，子二：碩華、璋。璋出嗣八世分支五房。	**碩華** 配譚氏，子玉山。	**玉山** 從九品。 配蘇氏，榆柳前。子二：徽五、瑞五。女三，長適苑茨場賀門子克福，次適寨頭徐林秋，三適徐家店王榮熙。	**徽五**（四） 字慎齋，武生，卓行詳邑乘人物志。 配吕氏，繼李氏，子翰周，繼出。女適朱留孫攀堦子丹瀛，吕出。 **瑞五** 配林氏，河崖。子二：從周、佐周。女二，長適桃村孫門，次適西蔣家莊蔣門。

十八世	十九世	二十世	二十一世	二十二世
翰周 字維之，師範畢業。配王氏，佔疃王鶴田女。子二：政敏、樹敏。 **從周** 居北莊子。配鍾氏，鍾家院鍾玉山女。子忠敏。女適埠梅頭鄒門。 **佐周** 寄居福山城西泉水眼。配李氏，萊邑山中間李同女。子三：福起、福全、全漢。	**政敏** 配崔氏，同里。子芳榮。 **忠敏** 字明軒。配劉氏，丹莊劉玉堂女。			

【校注】

〔一〕連發：前文爲『連法』，前後不一致，具體情况待考。

〔二〕德堂：前文爲『得堂』，前後不一致，具體情况待考。

〔三〕璟：前文爲『景』，前後不一致，具體情况待考。

〔四〕徽五：武庠生。字慎齋，老八支二房九世二房，蛇窩泊人。胞弟瑞五赴符拉迪沃斯托克，遺一子一女，徽五撫育如己出，直到長大成人立業，頗受鄉里稱贊。

十三世	十四世	十五世	十六世	十七世
【成章三子】 **佃** 居蛇窩泊。 配戰氏，子六：秉公、世忠、秉元、秉健、强公、希公。世忠雙承。	**秉公** 赴遼東。 **秉元** 赴遼東。 **秉健** 赴遼東。 **强公** 碩華兼承。 **希公** 碩華兼承。			
【元章子三】 **安** 居南榆疃，下同。 配林氏，子世淳。	**世淳** 缺嗣。			
容 配劉氏，子二：世禄、世明。世明出繼。	**世禄** 缺嗣。			
宜 配林氏，嗣子世明。	**世明** 配隋氏，雙承子芹。			

十三世	**【琨章子二】** **堪** 居北照。 配林氏，失考。 **瑁** 自北照遷道宿，下同。 配崔氏，繼王氏，子四：光先、光前、光輝、光業。
十四世	**光先** 赴遼東。 配慕氏。 **光前** 配孫氏，繼張氏，旌表節孝。子二：闖、開。
十五世	**闖** 自道宿遷前牟家疃，下同。 配郝氏，嗣子奇峯。 **開** 配林氏，荆子埠。子二：奇林、奇峯，奇峯出繼。
十六世	**奇峯** 一名瑶林。 配楊氏，刁崖前楊米妹；繼胡氏，南柴胡連元妹。子二：詔、評。 **奇琳**（二） 配劉氏，同里劉玉祖姑。子二：謏、論。
十七世	**詔** 配林氏，河崖。子元法。女四，長適思格莊朱門，次適同里姜功，三適石角夼隋門，四適張家莊張焕。 **評** 兼承子元法。 **謏** 字子興，號前村，一字德三。 配黄氏，黄家莊黄金城姊。子二：源清、浸澄。浸澄出繼。女二，

世代	
十三世	
十四世	**光輝** 配王氏，子榮。 **光業** 配孫氏，子貴。
十五世	**榮** 號萬倉，缺嗣。 **貴** 配劉氏，缺嗣。
十六世	
十七世	長適劉家河慕門，次適唐山蔣文清。 **論** 配韋氏，韋家溝韋曰容姑。子源升。女二，長適柳林莊張可令子，次適北窩落劉門子福山。

十八世	十九世	二十世	二十一世	二十二世
云法〔二〕 配林氏，蛇窩泊林松女。子四：仁齋、文齋、瑞熙、舉代。	**仁齋** 改名仁熙。配姜氏，沙窩姜永利女；繼張氏，張家莊張焕女；徐氏，爐上。 **文齋** 改名文熙。配于氏，思格莊。			
源澄〔三〕 字濂溪。配衣氏，衣家泊子衣崗女。子二：義熙、鴻才。女三，長適衣家泊子衣賓，次適南榆疃楊云貴，三適文口林門。	**義熙** 配蔣氏，唐山。			
源升 配孫氏，柳口孫福清妹；繼姜氏，沙窩姜永南妹。子緝熙。	**緝熙** 配韋氏，韋家溝韋明女。子辛漢。			

十三世

【瑤章子】

培 自北照遷蛇窩泊。配衣氏，缺嗣。

【誥武子】

凱 居蛇窩泊，下同。配林氏，子青雲。

十四世

青雲 配史氏，繼王氏，子三：純、續、紀。

十五世

純 號天嘏，太學生。配柳氏，繼李氏，子三：維藩、維藻、維屏，柳出。女適同里李義慶子，柳出。

續 配徐氏，繼趙氏、馮氏，子維翰，馮出。女適柳口劉門，馮出。

十六世

維藩 配朱氏，雙承子栗。

維藻 缺嗣。

維屏 配劉氏，子栗雙承。

維翰 配王氏，邱格莊王元增姑。子三：杲、松、椿。杲雙承。

十七世

栗 配欒氏，子三：魁元、金元、作元。

杲 配李氏，上馬家河李照成姑。子培元。

松 赴遼東。

椿 配隋氏，石角夼。培元兼承。

十三世	
十四世	
十五世	**紀** 改名焕。 配劉氏，繼丁氏，子維城。女適同里李門，俱丁出。
十六世	**維城** 配鍾氏，子賢，雙承子呆。
十七世	**賢** 配李氏。

十八世

魁元
配馬氏，馬家溝馬玉女。兼承子楠。女二，長適簸箕港于門，次適陽谷林門。

金元 赴遼東。

作元
配潘氏，牟家疃潘志女；繼孫氏，濰縣城南上莊孫貴女。子楠，孫出。

培元
配隋氏，石角夼隋全女；繼王氏，榆子王登全女。子三：洪熙，隋出；純熙、光熙，王出。女三，長適李家莊李珍子，次適朱留孫攀枝子，

十九世

楠
字子喬。
配林氏，東荆夼林莊女。子二：新治、連治。

洪熙
配劉氏，上馬家河劉箟女；繼李氏，李家莊。繼子志俊。女適李家莊李門，一適柳口劉門，一適修家蒲格莊修門。

二十世

志俊
配張氏，崮上張元福女。子月亮。

二十一世

二十二世

十八世	十九世	二十世	二十一世	二十二世
三適集前廩生林兆蘭子悦慕，王出。	**純熙** 字敬齋，師範畢業。 配劉氏，柳口劉福春女。子八：志超、志周、志誠、志德、志俊、志傑、志儉、志修。	**志超** 配劉氏，柳口劉孟璧女。 **志周** 字岐山，高小畢業。 配戰氏，萊邑戰家溝戰青田孫女。子三：嶽東、月盛、月色。 **志誠** 配楊氏，同里楊仙女。 **志德** 配于氏，古村。子曰新。 **志傑** 配徐氏，萊邑南崖後徐壽山女。 **志儉** 配孫氏，郝家莊孫法家次女。		

十八世	十九世	二十世	二十一世	二十二世
	光熙 配□氏，子志傅。	**志修** 配林氏，同里；繼步氏，上步家。		

十三世	十四世	十五世	十六世	十七世
【龍章子二】 **巖** 自北照遷李家莊。配郝氏，子二：成龍、光都。 **峒** 無後。 【煥章子】 **墉** 居陽谷，缺嗣。 【燦章[四]嗣子】 **墀** 居陽谷，下同。配嵇氏，子心美。	**成龍** 居李家莊，下同。配吕氏，子桐。 **光都** 配張氏，子剛。 **心美** 配楊氏，子球。	**桐** 赴遼東。 **剛** 寄居萊北大劉家，失考。 **球** 配李氏，李家莊；繼史氏。子海龍，史出。	**海龍** 配劉氏，小莊舖。子苓。	**苓** 配劉氏，北莊子劉英妹。子三：中倫、中孚、中清。女適萊邑代明鄭門。

十八世

中倫
配王氏，吉格莊王世情女。子二：楠、櫺。女三，長適劍脊山郭光吉，次適劉家河慕玉修，三適辛家夼馮元奎。

十九世

楠
配劉氏，劉家莊。子三：書田、硯田、芝田。女適丹莊劉玉堂子。

櫺
配鄭氏，代明鄭修德女；繼徐氏，岔口灣；王氏，蘆子泊王鳳官女。子三：庚田、義田、永田，鄭出。

二十世

書田
配周氏，西馬家溝周明儉女。子樹心。女適西馬家溝周門。

硯田
配宋氏，後撞宋德妹。子二：雲秋、常宣。

芝田
配劉氏，韋家溝劉云殿女。

庚田
配于氏，劉家河于梅女。子三：耕、傑、犬。

義田
配衣氏，西柳。

永田
配李氏，楊家圈李正妹。子三：庚辛、庚李、庚未。

二十一世

二十二世

十八世	十九世	二十世	二十一世	二十二世
中孚 配劉氏，大埠後劉得顯姑。子卿。女三，長適劉家莊劉廷子，次適南榆疃楊慶子，三適下范家溝李素子。 **中清** 配李氏，楊家圈李仁妹。子二：椿、桐。女三，長適楊家圈李玉德，次適埠頭丁門，三適萊邑埠前張進義。	**卿** 配王氏，門家溝王福堂侄女。子二：寶田、福田。女二，長適大埠後劉芳桂子，次適北窩落劉杲子。 **椿** 配陳氏，埠梅頭陳萬金妹。子二：玉田、壽田。女二，長適辛家夼張門，次適上蒲格莊修門。 **桐** 缺嗣。	**寶田** 配楊氏，南榆疃楊珍妹；繼隋氏，石角夼隋紅女。子三：緯、約、滿倉，楊出。 **福田** 配周氏，西馬家溝。 **玉田** 配蔣氏，唐山蔣孟女。子立柱。 **壽田** 配李氏，楊家圈李玉文女。	**緯** 配劉氏，大埠後。	

十三世

【民章長子】

塽 居陽谷，下同。

配□氏，子心淑。

十四世

心淑

配張氏，子瑶。

十五世

瑶 居官立莊。

配吴氏，子三：天吉、遇吉、允吉。

十六世

天吉 居招遠霞塢，赴遼東。

配王氏。

遇吉 缺嗣。

允吉 居霞塢。

配董氏，下董家。子二：九齡、彭齡。女適蘭東王門子喜第。

十七世

九齡

配童氏，閻家。子三：化三、寶三、奎三。女適北溝鄒門子文成。

彭齡

配步氏，宅夼步以西妹。子四：興三、春三、榮三、餘三。

世	
十八世	**化三** 居霞塢。配温氏，温家泊子温自習妹。子宗祥。 **榮三** 赴遼東。 **餘三** 居北京。
十九世	
二十世	
二十一世	
二十二世	

十三世

【民章仲子】

壛 居陽谷，下同。
配□氏，子二：心純、心芳。

十四世

心純 配左氏，子二：珍、瑄。

心芳 配衣氏，子琯。

十五世

珍 配姚氏，子二：相吉、逢吉。逢吉出繼。

瑄 自陽谷遷南西柳。
配劉氏，嗣子逢吉。

琯 自陽谷遷十五里堠子。
配衣氏，子元吉。

十六世

相吉 配史氏，子二：魁、殿。

逢吉 失考。

元吉 失考。

十七世

魁 配潘氏，子中和。

殿 配李氏，子三：中海、中喜、中法。

十八世	十九世	二十世	二十一世	二十二世
中和 配王氏，丁家寨。子三：松、雙、江。 **中海** 配王氏，南半泊。子振仁。 **中喜** 兼承子振仁。 **中法** 兼承子振仁。	**松** 配潘氏，辛家夼潘士得姑。子二：元海、元興。 **雙** **江** **振仁** 俱缺嗣。	**元海** 配孫氏，泥溝子。子四：書本、書善、書得、云得。 **元興** 配蔡氏，後撞蔡鳳女。		

十三世	【允章長子】 琛　居陽谷，下同。 配王氏，子二：大器、大用。
十四世	大器 配蔣氏，子四：玹、珩、璥、珮。 大用　自陽谷遷柳家，下同。 配孫氏，子二：昌、真。
十五世	玹 配□氏，子二：成得、成吉。 珩　自陽谷遷史家莊。 配衣氏，子二：大起、連起。 璥　遷十五里堠。 配陳氏，嗣子成復。 珮　遷鉅屋。 配王氏，子四：成復、成元、成剛、成羣，成復出嗣。 昌 配杜氏，子春塘。 真 配馮氏，子春生。
十六世	成得 成吉 大起 連起 成復 成元 成剛 成羣　俱失考。 春塘　赴遼東。 春生　遷榆林子，下同。 配衣氏，東院頭。子四：著、福、昌緒、仁。
十七世	著 配鄒氏，白馬莊。子二：心田、成田。女二，

世次	
十三世	
十四世	
十五世	
十六世	
十七世	長適趙家溝趙思，次適田裏李鴻奎。 **福** 兼承子心田。 **昌緒** 兼承子心田。 **仁** 配李氏，八田村。兼承子心田。

十八世	**心田** 居榆林子，下同。配劉氏，引家莊劉福舉姊。雙承子學義。 **成田** 配□氏，子學義，雙承。
十九世	**學義** 配孫氏，磚園孫福松女。
二十世	
二十一世	
二十二世	

十三世	十四世	十五世	十六世	十七世
【允章仲子】 **玪** 居陽谷，後同。 庠生。				
【允章三子】 **璞**				
【熹章子二】 **均** **壚** 俱缺嗣。				
【天章子二】 **宗孔** 居北照。 原名塏。 配王氏，子念典。	**念典** 自北照遷後窪子。 配王氏，子恩賜。	**恩賜** 配桑氏，嗣子爲擢。	**爲擢** 失考。	
宗顏 居北照。 配王氏，子二：念易、念善。	**念易** 遷陽谷，下同。 配丁氏，子恩錫。	**恩錫** 配孫氏，子沛霖。	**沛霖** 原名渤，庠生。 配宋氏，子朊。	**朊** 失考。
	念善 配宋氏，子二：恩永、恩清。	**恩永** 遷北照，下同。 配劉氏，子昆。	**昆** 配□氏，子誥。	**誥** 配張氏，子四：云德、順德、振德、從德。

世	
十三世	
十四世	
十五世	**恩清** 遷陽谷，下同。配范氏，子二：爲須、爲顯。
十六世	**爲須** 配步氏，雙承子榛。 **爲顯** 配林氏，同里。雙承子榛。
十七世	**榛** 配史氏，小觀。子六：仁太、桂福、居彦、仁福、居崆、居鳳。

十八世	十九世	二十世	二十一世	二十二世
云德 居北照，後同。嗣子傳。	**傳** 寄居蓬萊。			
順德 兼承子全。				
振德 配馬氏，子二：全、盛。	**全** 遷白石頭，下同。配衣氏，崖後。子保障，兼承。女二，長適大姚格姚喜邦，次適同里張福田。	**保障** 配劉氏，同里。		
	盛 兼承子保障。			
	海 兼承子保障。			
從德 配衣氏，子二：海、傳。傳出嗣。				
仁福 居陽谷。配張氏，張家泥都張進德妹。子祥，兼祧。女適釜甑衣門。	**祥** 配馮氏，沙窩子馮喜海女。			

十三世	十四世	十五世	十六世	十七世
【紹融子四】 **元聲** 居孫家窪，下同。 配衣氏，子二：恒賓、典賓。	**恒賓** 配□氏，子澐，雙承。 **典賓** 嗣子澐。	**澐** 缺嗣。		
□聲 配方氏，缺嗣。				
仁聲 配王氏，子丕賓。	**丕賓** 配□氏，子二：思宜、思理。	**思宜** 缺嗣。 **思理**		
□聲 配馬氏，缺嗣。				
【維訓子】 **湞** 居楊家窪。 配□氏，子失名，孫名砯。		**砯** 俱缺嗣。		

十三世	【維新嗣子】 **淮** 配孫氏，子二：偉烈、宏烈，宏烈出繼。 【遵訓子】 **滵** 配鄭氏，缺嗣。 【遵誨長子】 **濚** 居楊家窪，下同。 嗣子宏烈。
十四世	**偉烈** 武生。 配慕氏，子二：勇、硃。 **宏烈** 配楊氏，同里楊興曾祖姑。子二：廷、孝。
十五世	**勇** 配約氏，缺嗣。 **硃** 缺嗣。 **廷** 配衣氏，同里衣學禮祖姑。子三：京玉、京瑞、京瑚。
十六世	**京玉** 配李氏，孫家窪。子三：柏、樽、杲。
十七世	**柏** 配史氏，小觀。缺嗣。 **樽** 配丁氏，小石頭丁國仙姑；繼史氏，小觀史正成姑；隋氏，大花園隋敬妹。子二：文正、文科，隋出。

十三世

十四世

十五世

十六世

京瑞

配孫氏，逍遙莊孫開妹。子二：杄、桓，桓出繼。女二，長適大丁家韓彭林，次適青後宋門。

京瑚

配張氏，沙嶺張瑜祖姑。繼子桓。

十七世

杲

配王氏，觀裏；繼姜氏，小山口姜鳴得妹。子二：文宣、文言，姜出。女二，長適大花園隋門，次適大榆莊李門，姜出。

杄

配李氏，孫家窪李庶姑。繼子文成。

桓

配徐氏，徐家莊徐進祖姑。子三：文成、文章、文早，文成出繼。女適大丁家史門。

十三世

十四世

十五世

孝
配王氏，大丁家王茂文祖姑。子二：京璽、京璞。

十六世

京璽
配柳氏，孫家窪。子修。女三，長適白石頭子張倫，次適西寨子郭鳳起，三適小河于門。

京璞
配程氏，程家莊；繼衣氏，紙坊衣克功姑；趙氏，萊邑楊格莊趙水慶祖姑。子三：佃、作、俊；佃，程出，作、俊，趙出。女適楊樹泊衣門。

十七世

修
配董氏，郭格莊董吉姑。子二：文達、文紹。

佃
配魯氏，朱省魯日春姊。子三：文通、文立、文海。

作
配郝氏，沙嶺郝明薪姑；繼臧氏，北照臧喜孟姑。子三：文川、文周、文仲，臧出。

俊
配衣氏，楊樹泊衣進美姑。子四：文田、文炳、文德、文東。

十八世

文正
配于氏，小河村；繼孫氏，東柳。子信，于出。女二，長適畢郭方門，次適絞溝閻得禄，于出。

文科
配王氏，孫疃王中元妹。兼承子信。

文宣
配孔氏，解家孔照立妹。子松。女三，長適萬家莊姜門，次適朱省董門，三適楊礎李門。

文言
配衣氏，崖後衣自見妹；繼董氏，朱省董立紹女。子二：春、霄。女

十九世

信
配王氏，畢郭王起元姊。子二：志廷、唐。女二，長適畢郭徐門，次適欒家店姜門。

松 赴關東。居新開河小洛圈溝。

春
配孫氏，簍裏孫殿臣妹；繼王氏，逍遥莊王明訓女。子雙漢。

二十世

志廷
配衣氏，南照衣奎孫女。子孟。

二十一世

二十二世

十八世	十九世	二十世	二十一世	二十二世
適下泊隋門。 **文成** 配王氏，姜格莊王其彥女。子四：順、訓、君、臣。女二，長適南西留趙日升子，次適小觀史寶義。 **文章** 配宋氏，孫疃宋學文姑。子三：愛、敬、平。	**霄** 配宋氏，朱省宋國才女。子林。 **順** 配隋氏，大花園隋遠訓女。 **訓** 配宋氏，朱省宋國瑞女。子二：積善、均。 **君** 配隋氏，大花園隋萬合女。子經理。 **臣** 配王氏，官道王同妹。 **愛** 配王氏，官道王作興妹。子二：積光、積誠。	**林** 改名積惠。 配馬氏，沙嶺馬進忠女。		

十八世

女三，長適崖後衣門，次適北照慕盛，三適欒格莊慕文煥子。

文早 配羅氏，畢郭羅代妹。子四：吉、元、文、恒。女適沙嶺孫作讓。

文達 配房氏，李家莊房志同妹。雙承子芸。女適畢郭王起元。

十九世

敬 配衣氏，南照衣國君姊。子衆。

平 配衣氏，炳家莊。

吉 配史氏，大寨。子連川。

元 配王氏，許家王福玉女。

文 配李氏，隋家溝李進財妹。

恒 配田氏，北照。子鴻均。

芸 配盧氏，孫家莊盧方林妹。子七：積功、積德、積仁、積勳、積馨、

二十世

積功 配梁氏，許家梁福順女。子奮勇。

二十一世

二十二世

十八世

文紹

配宋氏，孫疃宋學文姑。子芸雙承。女二，長適林家寨馬升，次適畢郭方門。

十九世

積榮、積慶。女三，長適姚家莊林全終子，次適炳家莊衣登第子，三適閻家莊孫門。

二十世

積德

配史氏，小觀史殿順女。子天瑞。

積仁

字子秀，中學畢業。

配張氏，畢郭張玉白女。子二：抱勇、助勇。

積勳

配王氏，甄家莊王勳女。

二十一世

二十二世

十八世	**文通** 配林氏，李家莊林得選女。子二：求、香。女適孫家莊郭門。 **文立** 配董氏，萊邑崖後庠生董建廷妹。子三：昆、崙、田。女適馬家王臣。 **文海** 配王氏，甄家莊王龍女。子二：珉、玢。
十九世	**求** 配李氏，吴家泊。子二：所、有。女二，長適台上趙門，次適沙嶺馬久經子。 **昆** 寄居蓬萊城。配楊氏，楊家窪。 **崙** 配楊氏，同里。 **田** 配遲氏，觀裏。 **珉** **玢** 配史氏，花園史才剛女。
二十世	
二十一世	
二十二世	

十八世	十九世	二十世	二十一世	二十二世
文川 配劉氏，馬家莊劉作仁女。子二：秋、冬。 **文周** 配衣氏，程子溝。子二：房、堂。女二，長適馬家莊林寶山，次適逍遥莊孫門。 **文仲** 配王氏，小寨王春受女。子二：存、厚。女適杏家果鄭門。 **文田** 配林氏，楊樹泊林文女；繼閻氏，唐家店閻賜妹。子寶。女適解家。俱閻出。	**秋** 配田氏，孫家窪田玉春妹。子心珩。 **房** 配孫氏，沙嶺孫克儉女。 **存** 配劉氏，沙嶺劉士明妹。 **厚** 赴遼東。 **寶** 配尹氏，程家窪尹得仁女。			

十八世

文炳

配史氏，郋家莊史世訓女。子晏。女適甄家莊王門。

文得（五）

配于氏，山後泊；繼趙氏，掖縣台上趙克俊女。子二：昇，于出；萬子，趙出。女適小石頭夏桂芳子，于出。

文東

配慕氏，北照慕氏妹。子羣。

十九世

晏

配侯氏，欒家寨侯福妹。

二十世

二十一世

二十二世

十三世	十四世	十五世	十六世	十七世
【遵誨四子】 **津** 居楊家窪。 配孫氏，繼譚氏，子三：宗烈、福烈、光烈，譚出。 **【遵誥長子】** **澇** 居楊家窪，下同。 配慕氏，繼王氏，子英烈。	**宗烈** **福烈** **光烈** 俱缺嗣。 **英烈** 配許氏，許家；副配燕氏、王氏。子三：唐、喬、麟。唐，許出；喬、麟，王出。	**唐** 兼承子景輝。 **喬** 兼承子景輝。 **麟** 配鄒氏，觀裏鄒芳桂姑。子景輝。女五，長適小陳家喬梅高，次適古村林門，三適解家林得言，四適同里王中山，五適文石林門。	**景輝** 軍功五品。 配史氏，小花園史克己妹。子四：勤、儉、金、本。女三，長適古村林鴻子，次適台前王勤，三適小陳家陳求子。	**勤** 配于氏，萊邑沐浴于蘭女。子三：文甫、文才、文源。女三，長適台前王聚，次適解家馬門，三適崔家葛以春子。

十三世	
十四世	
十五世	
十六世	
十七世	**儉** 配隋氏，大花園隋學海女。子四：文彭、文漢、文林、文敏。女適畢郭閭門。 **金** 配劉氏，樓底劉貴令女。子四：文學、文斗、文傑、文聚。女適甄家莊王門。 **本** 配王氏，甄家莊王禮女；繼于氏，龍旺窪于進邦女。子三：文舉，王出；文親、文樸，于出。

十八世	十九世	二十世	二十一世	二十二世
文甫 配王氏，官道王天福女。子雙惠。 **文才** 配徐氏，欒虎莊。子大惠。 **文源** 高小畢業生。 配王氏，駝山。 **文彭** 字友三。 配周氏，宋格莊周堂女。子福才。 **文漢** 配史氏，大丁家。 **文林** 配盧氏，萊邑瓦屋。	**大惠** 配史氏，萬家莊。			

世系	
十八世	**文學** 字海山。配盧氏，解家盧春田妹。 **文斗** 配王氏，官道。 **文傑** 配郝氏，孫家窪郝以翠侄女。 **文舉** 配尹氏，招遠陳家窪。 **文親** 配孫氏，解家孫萬義女。
十九世	
二十世	
二十一世	
二十二世	

十三世	【遵誥仲子】 **澤** 居楊家窪，下同。 配滕氏，子功烈。 【遵誥三子】 **溢** 配史氏，子四：武烈、京烈、貞烈、祥烈。
十四世	**功烈** 配于氏，龍旺窪于進姑。子興。 **武烈** 配于氏，龍旺窪。缺嗣。 **京烈** 配謝氏，徐家莊。子鳳。女適塔山史明堂。
十五世	**興** 缺嗣。 **鳳** 配劉氏，下泊；繼馬氏，黃家莊馬元姑。子三：景和、景清、景明。女適解家盧門。
十六世	**景和** 缺嗣。 **景清** 配李氏，東柳。缺嗣。 **景明** 配王氏，方子村王以培女。子二：玉、開。女適北照臧序。
十七世	**玉** 配馬氏，拉扒溝馬進才妹；繼遲氏，遲家溝。子三：文、芳戰、德戰，繼出。 **開** 配史氏，丁家莊史作

十三世

十四世

貞烈 配孫氏，孫家窪孫玉成祖姑。子二：隆、盛，隆出嗣。女二，長適龍旺窪劉門，次適拉扒溝姜門。

十五世

盛 配王氏，畢郭。子四：景祥、景壽、景先、景梅。

十六世

景祥 配甄氏，白石頭甄學明女。子二：奎、英。女適北照范門。

景壽 缺嗣。

景先 配辛氏，子茂。

景梅 配王氏，畢郭王奎女。

十七世

義女。

奎 配臧氏，北照。子文賓。女二，長適邴家王門，次適楊樹泊范門。

英 配孫氏，孫家窪孫曰成女。雙承子文堂。女四，長適邴家莊史門，次適北照王門，三適藍河莊徐門，四適塔山戰門。

茂 配史氏，小花園；繼史氏，小花園。子文堂。

十三世	
十四世	**祥烈** 配戰氏，丁家莊戰富姑。子二：鵬、令。
十五世	**鵬** 配衣氏，小姚格莊。子景芳。 **令** 配林氏，解家林本妹。子三：景春、景全、景三。女適上劉家王祥。
十六世	**景芳** 配衣氏，小姚格莊。子二：賓、橋。女三，長適小花園史門，次適拉扒溝姜門，三適拉扒溝馬門。 **景春** 配劉氏，西埠上。子三：堯、連、壯。女二，長適八家福劉門，次適崖後衣蘭英。 **景全** 配李氏，東柳。女適上劉家王門。 **景三** 配毛氏，畢郭毛進暖女。子苞。女二，長適
十七世	**賓** 配李氏，大丁家李昭慶女。 **橋** 配周氏，小姚格莊。子所立。 **堯** 配丁氏，河崖。子文端。 **連** 配劉氏，八家福劉天明孫女。 **苞** 配劉氏，下泊劉龍女。子二：文珍、雙志。

十三世	
十四世	
十五世	
十六世	上劉家王庯子，次適逍遥莊王门。
十七世	

十八世

文堂 配衣氏，崖後衣順堂女。子同祥。

文端 配史氏，大丁家。

文珍 高小畢業。配李氏，駝山李明義女。

十九世

二十世

二十一世

二十二世

十三世

【遵誠嗣子】

渰 居楊家窪，下同。

配孫氏，子二：亨烈、崗烈。

【日章子二】

演 居楊家窪，下同。

配李氏，嗣子室寬。

淮 居楊家窪。

配唐氏，繼邱氏，邱家。子二：室寬、室容，室寬出繼。

十四世

亨烈

嗣子隆。

崗烈 缺嗣。

室寬

配李氏，龍門口。子常。

室容 赴遼東。

配慕氏，關東三岔口。子三。

十五世

隆

配□氏，子景太。

常

配姜氏，丁家莊姜玉姑。子景成，女適圈裏姚門。

十六世

景太 缺嗣。

景成

配毛氏，畢郭毛得全妹。子淳。女五，長適欒家店張門，次適篁兒湯門，三適方家方門，四適小欒家寨欒門，五適趙家莊趙門。

十七世

淳

配閻氏，畢郭閻進邦女；繼崔氏，謝家崔供女；任氏，柞嵐頭。

十三世

【維訥子】

澩 居曲家，下同。

配慕氏，嗣子室功。

【景文子】

均白 居峨山。

配劉氏，子二：茂、連一。

【景義子】

光 居峨山，下同。

配李氏，子二：中道、中德，中德出繼。

十四世

室功

配范氏，子塘。

茂 赴遼東。

連一 赴遼東。

中道

配張氏，子三：長立、長起、湖。

十五世

塘

配陳氏，嗣子景文。

長立 缺嗣。

長起 缺嗣。

湖

配劉氏，葦夼；繼張氏，台上。子二：良田、良圃。女二，長適甕留窑王脩，次適臧家莊婁門。

十六世

景文

配林氏，林家寨。子一，失考。

良田

配姜氏，南陡崖子姜桐義妹。子二：禎、祥。女適泥溝子林門。

十七世

禎

配張氏，草格莊。子四：鴻文、鴻武、鴻德、鴻章。

祥

配翟氏，香夼；繼王氏，土屋。

十三世

【景禮子二】

庚 居峨山。配羅氏，嗣子中德。

得 缺嗣。

十四世

中德 赴遼東。

十五世

十六世

良圃 配賈氏，前姜格莊賈維恒女。子三：波、綗、清。女適香夼欒興。

十七世

波 配賈氏，前姜格莊賈玉女；繼張氏，甕留張家張仁寬姊。子四：鴻生、鴻烈、鴻春、鴻書，繼出。

綗 配崔氏，辛店崔紹堂女。

清 配張氏，蒙家張進福女。子鴻九。

世	
十三世	【景信子二】 **琥** 赴遼東。 **璲** 赴遼東。 【景書子】 **衷** 赴遼東。 【景史長子】 **安** 居峨山，下同。 配孫氏，子三：中相、中權、中倫，中倫出嗣。
十四世	**中相** 配韓氏，西林，旌表節孝。子海。 **中權** 配劉氏，黃家溝劉基姊。子二：源、漢，漢出繼。女二，長適西林韓門，次適北莊劉門。
十五世	**海** 配吴氏，吴家；副配雷氏。子三：良棟、良輔、良元，副出。女適南陡崖子姜門，吴出。 **源** 號長湧。 配林氏，泥溝子。子良弼。女二，長適南莊于慶雲，次適徐村姜同室。
十六世	**良棟** 配于氏，寨裏于家于其昌姑。 **良輔** 配王氏，客落王家。 **良弼** 字廷侯。 配劉氏，大北莊；繼于氏，陡崖侯氏南莊侯琴聲妹。子三：經、綸、紳。
十七世	**經** 字政府。 配于氏，小渚村于樂年女。子四：鴻儒、鴻誥、鴻熙、鴻奎。女三，長適泥溝子林門，次適寨裏楊門，三適路旺李景雲子。

十三世

十四世

十五世

十六世

十七世

綸

字繩甫。配劉氏，大北莊劉太庚女。子二：鴻勳、鴻鑑。女一適豹山口王鴻早子，次適漢橋劉相元子。

紳

字書甫。配宮氏，蒙家宮文言女；繼謝氏，後亭口謝明恩女。子三：鴻錫、鴻典、鴻照。

十八世	十九世	二十世	二十一世	二十二世
鴻儒 配隋氏，洛塘隋芳洲女。 **鴻誥** 配車氏，東爐頭。 **鴻勳** 字克功，師範畢業。 配侯氏，南莊侯元瑞女。 **鴻鑑** 配崔氏，韓橋崔永芹女。子起。 **鴻錫** 字子恩。 配王氏，陡崖子王廷山女；繼杜氏，後姜格莊杜振甫女。子周，杜出。				

十八世	**鴻典** 配郭氏，泉水店郭軒女；繼郝氏，北埠郝亭庚女。
十九世	
二十世	
二十一世	
二十二世	

十三世	十四世	十五世	十六世	十七世
【景史仲子】 **理** 居峨山，下同。 嗣子中倫。	**中倫** 繼子漢。	**漢** 字天章。 配劉氏，蒲子夼劉儉姊。子良佐。	**良佐** 字廷相。 配林氏，龍窩鋪林崇女。子蓕。女三，長適大北莊王尊德，次適客落王家子王禄，三適姜格莊王雲和。	**蓕** 字蔓生。 配宫氏，蒙家宫有爲女。子二：鴻鈞、鴻錕。女適後姜格莊王玉。

十八世	**鴻鈞** 配王氏，西爐頭王長齡女。子二：仁、義。 **鴻錕** 字珍玉。配郝氏，郝家樓郝書成女。子二：松、竹。
十九世	
二十世	
二十一世	
二十二世	

十三世	十四世	十五世	十六世	十七世
【景史三子】 **環** 出家。 【景志嗣子】 **崐** 自峨山遷徐村。 配柳氏，東寨。子七：中仁、中清、中繩、中倫、中和、中興、中田。	**中仁** 缺嗣。 **中清** 缺嗣。 **中繩** 配杜氏，策里。子殿元。女適東寨柳坦秋。 **中倫** 配宋氏，萊邑黃土台。子澮。女適蓬夼賈富有。	**殿元** 配隋氏，甕留張家隋英女。子德齡。 **澮** 配范氏，店子觀。子順齡。女二，長適上土武毛學奎，次適北城子王吉慶。	**德齡** 配毛氏，上土武毛有德女。子二：芾、萿。女二，長適道村陳儒山，次適西杏山林門子文山。 **順齡** 配周氏，榆家夼。子仁。女一適田家黃門，一適章夼毛門。	

十三世	
十四世	**中和** 配翟氏，香夼翟慶姑。子湘。 **中興** 配王氏，後法卷王金佛姊。子濱。 **中田** 配郝氏，黃土壤郝道姊。子魁元。
十五世	**湘** 配高氏，野子口高米奎姊。子三：崇州、崇文、崇武。女適小范家范洪典。 **濱** 配林氏，西杏山林武增姊。子三：高齡、崗齡、三齡。女適張夼毛門。 **魁元** 配欒氏，埠後欒仁姑。子華齡。女四，長適香夼呂門，次適李博士夼于剛，三適臧家莊李門，四適韓家疃欒同州。
十六世	**崇武** 配劉氏，後高格莊劉庶中女。子冬梅。 **華齡** 配徐氏，高格莊徐謙女。子三：鳳章、鳳洲、鳳鳴。
十七世	

十三世

【景瑞子二】

泭[六] 居徐村，缺嗣。

淵 居徐村，下同。恩榮壽官。配孫氏，尚格莊。子二：中簡、中文。

十四世

中簡 配郝氏，黄土壤。子燦。

中文 配祝氏，祝家夼。子煒。女二，長適荆夼，

十五世

燦 字英三，增生。配劉氏，泉水夼。子二：壽齡、栢齡。

煒 配林氏，刁崖後。子四：松齡、奎齡、餘齡、

十六世

壽齡 配曲氏，臧家莊。子三：藩、著、茵，茵出嗣。

栢齡 配李氏，東杏山。繼子茵。

松齡 配衣氏，回龍夼衣士漢妹；繼吕氏，上土武

十七世

藩 配丁氏，臧家莊。子三：鵬扶、鵬搏、鵬雲。女適西林李雲彩。

著 缺嗣。

茵 配王氏，店西溝。子鵬翼。女六，長適東埠婁門，次適北埠子郝國南，三適小夼林門，四適解家口張門，五適韓家疃王門，六適黄土壤衣客貴子。

芹 配范氏，甕留范家，旌表節孝。繼子鵬翔。

十三世

十四世

次適草格莊郝門。

十五世

享齡。女二，長適西林劉門，次適店西溝王門。

十六世

吕芳姊。子三：芹、萇，衣出；萁，吕出。萇出繼。女四，長適生鐵劉家劉門，次適西杏山郭門，衣出；三適甕留窑張門，四適解家口张門，吕出。

奎齡

配劉氏，爐房；繼劉氏。繼子萇。女適爐房劉門。

餘齡

號慎齋。

配張氏，解家口張士進姑。子芜。女二，長適黄土壤徐門，次適廟後林昌言。

十七世

萁

配王氏，韓家疃王應海妹。子二：鵬翔、鵬鳴，鵬翔出嗣。女二，長適泉水店劉門，次適東杏山李壽禄。

萇

配郝氏，黄土壤；繼王氏，下門樓。子鵬起。女適前亭口李門。

芜

字秀亭，鄉飲耆賓。

配王氏，韓家疃王瀛姊。子鵬韓。女適棗林子吕錫南。

世	
十三世	
十四世	
十五世	
十六世	**亨齡** 配徐氏，西杏山。子三：芝、華、蔄。
十七世	**芝** 配劉氏，黃家溝劉云升姊；繼王氏。 **華** 配劉氏，黃土壤劉同興姊。子二：鵬展、鵬武。女二，長適洛土上孫門，次適中橋王門。

十八世	十九世	二十世	二十一世	二十二世
鵬扶 配馬氏，馬家窑。子禧。女三，長適後陽窩郭玉村，次適解家口毛門，三適北埠郝門。 **鵬搏** 配柳氏，東寨柳文龍姑。子葆吉。 **鵬雲** 配丁氏，百里店丁鳳祥姊；繼孫氏，王格莊孫庶妹。子二：葆賢，丁出；葆田，孫出。	**禧** 配徐氏，高格莊。缺嗣。 **葆吉** 配毛氏，下土武。子四：金秀、金亭、金樂、金堂。女適祝家夼祝門。 **葆賢** 配劉氏，包家泊劉成妹。子二：金城、金屏。女二，長適前爐房劉中學子，次適寨裏于家于長法。	**金亭** 配侯氏，前姜格莊。 **金樂** 配孫氏，洛土上孫鴻德女。 **金堂** 配柳氏，東寨柳文龍女。 **金城** 配張氏，解家口。		

十八世	十九世	二十世	二十一世	二十二世
鵬翼 配王氏，西口子王奎女。缺嗣。 **鵬翔** 配李氏，南菴裏；繼衣氏，回龍夼衣佩立妹。子二：葆障、葆同，衣出。 **鵬鳴** 配林氏，廟後林鴻濤妹；繼欒氏，後高格莊。子葆富。 **鵬起** 配于氏，寨裏于家于	**葆田** 配劉氏，前爐房劉惠雲女。子二：金魁、金芳。 **葆障** 配毛氏，下土武毛鴻勳女。子金鍾。	**金魁** 配邢氏，邢家莊邢成官女。子岳東。		

十八世

寳賢女。子二：葆光、葆亮。

鵬翰（七）

字墨齋，太學生。

配范氏，甕留范家范寳起姊。子二：香山、秀山。

鵬展

配王氏，下土武。子三：葆民、葆昌、天嚮。

鵬武

配劉氏，黄土壤；繼林氏，西杏山。子二：葆君、葆珩。

十九世

香山

字雲峯。配欒氏，水道觀欒永訓女。子約書亞。

秀山

字仁亭。

葆民

配吕氏，北吕家。

二十世

約書亞

字聖仆。

二十一世

二十二世

十三世

【景祥子三】

江 居徐村。

配劉氏，子承宗。

清

瀟

俱承宗兼承。

【景雲長子】

洛 居徐村，下同。

號呈書。

配王氏，子三：中式、中的、中魁，中魁出嗣。

十四世

承宗 缺嗣。

中式

號紫閣。

配王氏，繼高氏，子二：煐、烽。

十五世

煐

配王氏，法卷；繼林氏、范氏，棗林子。子二：慶齡、頤齡。女三，長適福山高疃王門，次適羅疃李門，三適爐房劉門。

烽

號文興。

配王氏，繼徐氏，李

十六世

慶齡

配張氏，解家口。子著。

頤齡

配姜氏，子茼。

福齡

配王氏，韓家疃。子三：荊、荘、萃。女二，

十七世

著

配夏氏，西姜格莊。子鵬展。女二，長適東莊妻文華，次適臧家莊東台張門。

茼 缺嗣。

荊

配田氏，子孟冬。

荘

十三世

十四世

十五世

博士夼。子六：福齡、彭齡、官齡、延齡、豐齡、遐齡，繼出。

十六世

長適北莊陳門，次適廟後林門。

彭齡

配林氏，東杏山。子二：薰、蔚。女二，長適東杏山柯門子經所，次適祝家夼祝書喬。

延齡

配□氏，子苓。

豐齡

配劉氏，雙承子苓。

十七世

萃

俱孟冬兼承。

薰

號自南。

配鄒氏，東杏山。子三：鎮邦、鎮寶、鎮春。女適尚格莊孫門。

蔚

配李氏，臧家莊李順姊。子四：鎮國、鎮南、鎮東、鎮卿。女二，長適西林武生韓錫鵬，次適大欒家欒門。

苓 缺嗣。

世	
十三世	
十四世	**中的** 號正身。配郝氏；繼史氏，大楊家；林氏。子二：熠、烘，林出。
十五世	**熠** 號明遠，鄉飲耆賓。配王氏，觀東。子三：長齡、嘉齡、芳齡。
十六世	**遐齡** 配李氏，西林。子二：芑、蒿。女四，長適黃土壤郝門，次適草格莊林門，三適呂家王清，四適杏山林門。 **長齡** 配史氏，大楊家。子三：苛、若、芬，若出嗣。 **嘉齡** 配柳氏，繼子若。
十七世	**芑** 字荊三。配柳氏，東寨。子三：鎮洋、鎮河、鎮江。女適埠後張門。 **蒿** 配李氏，西林。缺嗣。 **苛** 配李氏，雙承子成基。 **芬** 配慕氏，下土武；繼王氏，橋子。子成基，王出。 **若** 配王氏，黃土壤；繼杜氏，曲里。子二：關注、同立。女三，長適寨桑夼徐門，次適馬家窑馬門，三適陡崖子于門。

世	
十三世	
十四世	
十五世	**烘** 號宜人。配孫氏，福山沙霸子。子四：茂齡、德齡、莊齡、鶴齡，鶴齡出嗣。
十六世	**芳齡** 號芝圃。配于氏，松山。子三：蘭、荷、蓤。女二，長適店西溝王門，次適福山翔河衛門子延賓。 **茂齡** 字如松，邑庠生。配王氏，子二：芙、蓉，蓉出嗣。
十七世	**蘭** 號香亭，武略騎尉。配于氏，福山翔河庠生于奎晉女；繼徐氏。子鵬程，于出。 **荷** 配杜氏，曲里杜紹堦姑。子二：鵬珍、鵬舉。女適豹山口王永年。 **蓤** 配□氏，子天福。 **芙** 配林氏，樓底。子鵬翮。女二，長適福山義林劉門，次適前徐村王春。

十三世	十四世	十五世	十六世	十七世
			德齡 配王氏，繼子蓉。女四，長適北引家，次適棗林子范門，三適臧家莊丁欽，四適臧家莊孫門。	**蓉** 配張氏，繼子鵬文。
			莊齡 配于氏，草格莊于宗王姊。子二：蘊、芷。女適前爐房劉門。	**蘊** 配張氏，解家口。子二：鵬斌、鵬文，鵬文出嗣。女四，長適燕地朱門，次適陡崖子于門，三適爐房劉門，四適橋子劉門。 **芷** 配何氏，文登八里張家；繼高氏，南埠。子二：鵬仁、當奎。女二，長適牟平，次適石口子王門。

十八世	**鵬展** 配王氏，石口子王炳璋女；繼劉氏，東寨。子葆美。女適中村王永令子。 **鎮邦** 配柯氏，東杏山。子葆連。女三，長適埠後欒門，次適祝家夼衣德鳳子，三適爐房劉中國。 **鎮寶** 配曲氏，臧家莊曲鴻章妹。子作賓。女二，長適東林柳世洪，次適東林柳門。 **鎮春** 缺嗣。 **鎮國** 配王氏，趙家溝王葤女。女適解家口張門。
十九世	**葆美** 配王氏，中村王永吉女。 **葆連** 配李氏，峨山。子二：永慶、永所。 **作賓** 配姜氏，北橋。子丙申。
二十世	
二十一世	
二十二世	

十八世	**鎮南** 配柳氏，東寨柳王爵女。子葆理。女適解家口李伯鑫。 **鎮卿** 配吕氏，埠後。 **鎮洋** 缺嗣。 **鎮河** 配祝氏，祝家夼祝培經妹。子二：葆亭、葆琛。 **鎮江** 配王氏，前徐村王樹義女。子葆雙。 **成基** 配劉氏，臧家莊。繼子葆術。女三，長適甕留蔡門，次適豹山口王門，三適黄土壤王門。
十九世	**葆理** 配祝氏，祝家夼。
二十世	
二十一世	
二十二世	

十八世

闕注 缺嗣。

鵬程
號海秋，太學生。
配于氏，福山翔河于蘭女。子葆森。女三，長適吕家莊王福蘭，次適蒙家王宗智，三適前法卷曾廣恩。

鵬珍
配王氏，黄土壤；繼柳氏，甕留窑。子葆恒。女三，長適甕留窑，次適姜家溝林門，三適上莊子欒門。

鵬舉
配王氏，東杏山王英女。子二：葆術、葆實，葆術出嗣。女二，長適

十九世

葆森
號玉堂。
配于氏，翔河于世聰女。子二：堃、陞（八）。女三，長適蒙家宫丕勳，次適福山蕭家溝于得廣，三適東寨柳寶善子。

二十世

堃
字子生，從九品。
配王氏，豹山口王繼善女。子榮庭雙承。

陞
號躋聖。
配李氏，西林李銘心女。雙承子榮庭。

二十一世

二十二世

十八世

南莊侯門，次適引駕夼李長興子。

天福 缺嗣。

鵬翮

配欒氏，西欒家。子葆國。女適羅家溝張門。

鵬文

配王氏，刁家。子四：葆修、葆充、葆隆、葆鳳。

鵬斌

配于氏，陡崖。缺嗣。

十九世

葆國

配馬氏，南台上。子三：良田、作田、守田。女適埠後張門。

二十世

二十一世

二十二世

【校注】

〔一〕奇琳：上文作『奇林』，上下不一致，具體情況待考。

〔二〕云法：根據前文，可能爲『元法』，具體情況待考。

〔三〕源澄：根據前文，可能爲『源清』，具體情況待考。

〔四〕燦章：根據前文，可能爲『璨章』，具體情況待考。

〔五〕文得：根據前文，可能爲『文德』，屬第十七世『俊』之三子。

〔六〕泭：前文爲『淓』，前後不一致，具體情況待考，屬第十二世『景瑞』長子。

〔七〕鵬翰：根據前文，可能爲『鵬韓』，具體情況待考，屬第十七世『芜』之子。

〔八〕陞：原文爲『陛』，後文爲『陞』，應爲『陞』。

十三世	十四世	十五世	十六世	十七世
【景雲仲子】 **渢**　居徐村，下同。 配段氏，寨裏；繼程氏，前亭口。子中三，段出。女二，長適水道觀欒門，次適引家夼蔣門子世春。	中三 字亭朔，鄉飲耆賓。 配李氏，棗林。子煌。女適福山翔河太學生于執中，以子公槐拔貢生、任江西臨江知府，誥封恭人。曾孫中潼由進士仕至四川勸業道，例贈淑人。	**煌** 字有光，號遐芳。 配李氏(一)，東杏山。旌表節孝。子瑞齡。	**瑞齡** 字龍騰。 配郭氏，西杏山郭爲姑；繼王氏，店西溝王諭倫姑。子四：葯、苞、萸、葛。女適東寨柳門子文成。俱郭出。	**葯** 配欒氏，埠後欒應震女。子鵬翥。女適蓬萊阜慶姜茂。 **苞** 號竹亭，同治癸酉(二)歲貢，候選訓導。 配王氏，店西溝。子德中。女二，長適福山山兒望家庠生王廉清子，次適西爐頭王門。 **萸** 配欒氏，大欒家。子鵬南。女適東杏山柯坤子。

世系	
十三世	
十四世	
十五世	
十六年世	
十七世	**莒** 原名葛。配李氏，圈裏。女三，長適松嵐子婁文祥，次適下門樓王更明，三適大欒家欒門。

十八世	十九世	二十世	二十一世	二十二世
鵬翥 號雲路，太學生。 配劉氏，柳夼劉毓堂女；繼張氏，解家口張喬善女。子四：葆勳、葆忠、葆仁、葆善，葆勳出嗣。女適陡崖子姜門。俱張出。	**葆忠** 配黃氏，黃家溝黃訓同女。子金釗。女適黃土壤王文彩子。	**金釗** 配王氏，東杏山王國興女。		
	葆仁 配呂氏，泊子呂明德女。			
	葆善			
德中 配劉氏，臧家莊劉景山女。繼子葆勳。	**葆勳** 號子放，師範畢業。 配徐氏，寨山夼徐芳芝女；繼范氏，槐樹底范相臣女。子二：金銘、金鐸，徐出，金鐸出嗣。	**金銘** 號言訥。		
鵬南 配王氏，蓬萊石硼。子葆潔。女適洛土祥孫鴻德。	**葆潔** 配姜氏，同里，進士姜同岡侄孫女。繼子金鐸。	**金鐸** 配劉氏，荆甲劉鳳順女。		

【校注】

〔一〕李氏：老八支二房九世八房，徐村十五世牟煌妻。李氏乃東杏山人。夫歿，孝事翁姑，義方教子。次孫苞，自幼聰穎，李氏鍾愛殊深，傾力教之讀書，使苞早歲游泮，食餼廩，成貢生，候選訓導。皆氏之功也。

〔二〕同治癸酉：即清同治十二年，一八七三年。

十三世	十四世	十五世	十六世	十七世
【景仁長子】 **寄** 居徐村，下同。 字通方。 配王氏，繼李氏。嗣子中選，宴名下繼入。	**中選** 號正一。 配劉氏，子三：熎、熞、⿰火永，⿰火永出嗣官名下。	**熎** 號玉山。 配王氏，子四：椿齡、桂齡、星齡、本齡，椿齡出嗣。 **熞** 配劉氏，子二：元齡、千齡。	**桂齡** 配張氏，後亭口張維姊。子萍。 **星齡** 配王氏，下門樓。繼子莛。 **本齡** 配□氏，子萊。 **元齡** 配□氏，子艾。女二，長適橋子劉謖，次適埠後張門。	**萍** 配欒氏，大欒家。繼子長盛。 **莛** 配寧氏，蓬萊寧家河寧文焕姑。子三：長盛、長松、長發，長盛出嗣。女二，長適大欒家欒桂，次適寨山夼徐啓又。 **萊** 配宋氏，于都。子二：長茂、長慶。女適左莊頭張門。 **艾** 寄居順天永定外高莊。

十三世	十四世	十五世	十六世	十七世
			千齡 配徐氏，山夼徐中禎姊。子藻。	**藻** 缺嗣。

十八世	十九世	二十世	二十一世	二十二世
長盛 配楊氏，姜格莊；邢氏，李家莊邢立行妹；繼程氏，前亭口程德妹。子葆合，程出。女二，長適上塞口孫門，邢出；次適小寨孫門，程出。 **長松** 配鄒氏，臧家莊鄒書芳妹；繼張氏，燕地張業芝妹。子二：葆林、葆策，張出。女二，長適棗林子范世卿，次適荆家旺荆奎三，張出。 **長發** 配張氏，台上張吉立女。子三：國、舉、同日。女適後亭口毛門。	**葆合** 配徐氏，寨山夼。			

世	
十八世	**長茂** 配李氏，豐粟。 **長慶** 缺嗣。
十九世	
二十世	
二十一世	
二十二世	

世	
十三世	【景仁仲子】 **官** 居徐村，下同。 配柳氏，繼孫烋，中選名下繼入。女適邑庠生欒葆中，以子堅由進士官知縣，封孺人。
十四世	
十五世	**烋** 配林氏，嗣子椿齡。
十六世	**椿齡** 配陳氏，福山陳家莊。子二：蓬、莛，莛出嗣。女二，長適東寨柳門，次適阜慶姜士臣。
十七世	**蓬** 配曲氏、楊氏，俱臧家莊。子四：長德、長斗、長庚、長武。

十八世

長德 配王氏，橋子。

長斗 俱葆元兼承。

長賡（一） 配陳氏，上塞口陳萬才妹。子葆元。女二，長適下塞口翟光福，次適寨裏漁家于門。

長武 赴遼東。

十九世

葆元 配王氏，前徐村。

二十世

二十一世

二十二世

十三世	【景泰長子】 **實** 居峨山，下同。 配衣氏，繼高氏，子中禮，衣出。
十四世	**中禮** 配高氏，子煒。
十五世	**煒** 配劉氏，子二：高齡、順齡。
十六世	**高齡** 配翟氏，塞口。子芬。 **順齡** 配劉氏，路住家。子功。
十七世	**芬** 缺嗣。 **功** 配陳氏，姜格莊陳士傑姑。子二：得基、得成。女適後姜格莊李門子自同。

十八世

得基 配陳氏，北莊陳得金妹。子三：葆忠、葆文、葆賢。女二，長適寨裏李門，次適北莊劉門。

得成 赴遼東。配侯氏。

十九世

葆忠 配李氏，寨裏李維庶女。子同。

葆文 配吴氏，吴家吴良士妹。

葆賢 配王氏，南陡崖王文炳侄女。

二十世

二十一世

二十二世

十三世	十四世	十五世	十六世	十七世
【景泰仲子】 **宸**[二] 居峨山，下同。 配馬氏，子三：中規、中矩、中準。	**中規** 配張氏，子二：灼、烟，烟出嗣。 **中矩** 繼子烟。 **中準** 配張氏，子炯。	**灼** 配劉氏，子三：大齡、椿齡、商齡，椿齡出嗣。 **烟** 繼子椿齡。 **炯** 考失。	**大齡** 繼子賢。 **商齡** 配欒氏，大欒家。子二：國、賢，賢出嗣。女四，長適東小夼林門，次適香夼吕門，三適道村欒門，四適埠後欒門。 **椿齡** 缺嗣。	**賢** 繼子鵬九。 **國** 配劉氏，下劉家；繼鄒氏，山北頭鄒成禮女。子二：鵬九、鵬舉，鵬九出嗣。女二，長適前姜格莊劉兆興，次適後姜格莊楊争，俱鄒出。

世代	內容
十八世	**鵬九**[三] 字子賢。配賈氏，後姜格莊賈文山女。子二：葆禎、葆祥。
十九世	
二十世	
二十一世	
二十二世	

十三世	十四世	十五世	十六世	十七世
【景義長子】 **宴** 居徐村，下同。 配崔氏，子二：中元、中選，中選出嗣寄名下。	**中元** 號連三。 配唐氏，繼子焍。	**焍** 配郝氏，子三：文齡、永齡、期齡。女三，長適臧家莊丁維年，次適石硼王門，三適棗林子李門。	**文齡** 寄居蓬萊城裏。 配范氏。 **永齡** 缺嗣。 **期齡** 配張氏，解家口張寶仁姑。子芹。女三，長適解家口張門，次適解家口張門，三適棗林子李克進。	**芹** 配王氏，黃土壤王兆成女。子三：鵬陽、鵬音、鵬來。女三，長適下水道觀呂鴻順，次適下窑溝丁彩仁，三適泗水李門。

十八世	十九世	二十世	二十一世	二十二世
鵬音 配劉氏，生鐵留家劉中連女。子葆山。 **鵬來** 配王氏，黄土壤王文翰女。				

十三世	十四世	十五世	十六世	十七世
【景義仲子】 **宣** 居徐村，下同。 配王氏，嗣子中魁。	**中魁** 號元安。 配郝氏，子二：熂、焨，焨出繼。	**熂** 配范氏，繼子官齡。	**官齡** 配欒氏，雙承子芹。	
【象樞嗣子】 **寬** 居徐村，下同。 號宏獻，迪功郎。 配吴氏，福山古縣。子四：世昶、世盛、世則、世隆。女二，長適石口子王門，次適佔疃王門。	**世昶** 配張氏，埠後。子二：思聰、思明。女三，長適佔疃王門，次適苗子夼高門，三適草格莊欒門。	**思聰** 配王氏，店西溝；喬氏，前高格莊喬功女。子若齡，喬出。	**若齡** 配林氏，董家溝。子三：芳、茂、華。女適水道觀王南川。	**芳** 配孫氏，臧家莊。子三：鵬進、鵬己、鵬三，鵬己出嗣。 **茂** 配劉氏，後爐房劉元開妹。繼子鵬己。 **華** 配□氏，子逢春。女適龍窩舖林門。

十三世

十四世

世盛 赴遼東。

世則 赴遼東。

世隆 號其昌，恩榮壽官。配趙氏，黃連墅趙江姊。子四：思新、思信、思清、思恭。

十五世

思明 配崔氏，子夢齡。

思新 配劉氏，後爐房劉國文妹。雙承子盛齡。女適燕地張門。

十六世

夢齡 配范氏，石口子；繼王氏。子藝，范出。女適埠後張門，范出。

盛齡 字春茂，恩榮壽官。配宮氏，藍蔚夼宮義法妹。子莊。女適謝家溝張春早。

十七世

藝 配羅氏，橋子。子二：鵬壽、鵬仙。女適前徐村王書昌。

莊 字子端，號珠崖，太學生。配劉氏，豹家泊；繼丁氏，臧家莊丁受福妹；林氏，峨山林盛女。子四：鵬崗，丁出；鎮國、鎮川、鎮堂，林出。女二，長適東小夼劉本德，次適馬林塚李書坤，林出。

十三世	十四世	十五世	十六世	十七世
		思信 號中實，恩榮壽官。 配王氏，迎門口王玉妹。子盛齡出嗣，雙承。 **思清** 配李氏，雙承子錫齡。 **思恭** 號子敬。 配張氏，仙人埠。子錫齡出嗣，雙承。女適于家溝姜志賢子。	**錫齡** 字仁宗，鄉飲耆賓。 配王氏，臧家莊王國龍女。子苓、荃，荃出繼。女五，長適寨裏泊子李玉翠，次適石口子王門子勤功，三適解家口張國賓，四適店子觀范鴻君，五適東林柳門。	**苓** 配欒氏，西欒家欒如讓女。子四：振德、鵬翱、鵬飛、鵬霄，鵬翱出嗣。

十八世

鵬進　配鄒氏，宋格莊鄒鈞妹。子四：葆祜、葆福、葆禄、葆相，葆福出繼。

鵬山（四）　配荊氏，荊家旺荊功述女。子三：葆祚、葆禎、葆祺。

鵬己　配陳氏，後姜格莊陳中顯妹。繼子葆福。

逢春　缺嗣。

鵬壽　赴遼東。

鵬仙　缺嗣。

鵬崗　字秀峯。配路氏，上生鐵留家路德興妹；繼于氏，通

十九世

葆禄　配吕氏，東欒家莊。子（五）。

葆祚　配王氏，大潘家王學民女。

葆福　配劉氏，上生鐵留家劉開春女。

二十世

二十一世

二十二世

世	
十八世	化縣高林摹子于雙合女。子二：葆麟、葆羅，繼出。 **鎮川** 字雲山。 配徐氏，後高格莊徐鴻興女。 **鎮堂** 字金聲。 配王氏，石口子。 **鵬飛** 號雲軒。 **鵬霄** 配張氏，解家口。
十九世	
二十世	
二十一世	
二十二世	

【校注】

〔一〕長賡：前文爲『長庚』，前後不一致，具體情况待考。

〔二〕宸：前文爲『辰』，前後不一致，具體情况待考。

〔三〕鵬九：原文爲『鵬舉』，有誤，应爲『鵬九』。

〔四〕鵬山：前文有『鵬三』無『鵬山』，此處作『鵬山』，未知孰是，存以待考。

〔五〕原文如此，缺内容。

十三世	十四世	十五世	十六世	十七世
【志效子】 **寅** 居徐村，下同。 迪功郎。 配王氏，子二：世英、世封。	**世英** 配王氏，雙承子烑。 **世封** 恩榮八品。 配李氏，子二：思純、烑。	**思純** 雙承子宗齡。 **烑** 鄉飲耆賓。 配欒氏，西欒家欒如讓姑。子三：夫齡、宗齡、玉齡。	**夫齡** 赴遼東。 **宗齡** 鄉飲耆賓。 配王氏，東寨。繼子荃。女適北程子劉門。 **玉齡** 赴遼東。	**荃** 配欒氏，西欒家。繼子鵬翶。

世代	
十八世	**鹏翔** 字仲翔。配欒氏，西欒家欒春堂女。子守仁。
十九世	
二十世	
二十一世	
二十二世	

十三世	十四世	十五世	十六世	十七世
【志方〔一〕子二】 **嵩** 居徐村，下同。 配李氏，子二：世官、世禄，世官出嗣。 **峒** 嗣子世官。	**世禄** 配于氏，子三：思仁、思義、思禮，思仁出嗣。 **世官** 配張氏，繼李氏。繼子思仁。	**思義** 赴遼東。 **思禮** 赴遼東。 **思仁** 配□氏，嗣子鶴齡。	**鶴齡** 配楊氏，寨裏。子二：菊、葵。	**菊** 赴遼東。 配王氏，店西溝口子王樂興妹。子二：國斌、國文。 **葵** 赴遼東。 配李氏，八田村。

十八世	十九世	二十世	二十一世	二十二世
國斌 寄居奉天輯安縣小衛沙河。配安氏，子二：冬生、春生。 **國文** 配藍氏，子二：暫住、亞西。				

十三世	【志份子】 **嶂** 赴遼東。 【志熙子】 **崇** 赴遼東。 【志雍子】 **岷** 居徐村，下同。 號南峯，從九品。 配王氏，子世雋。
十四世	**世雋** 配常氏，岔夼；繼謝氏。子二：思敬、焕章，思敬出嗣。女適邢家莊邢門。俱謝出。
十五世	**焕章** 配姚氏，香夼姚文通姊；繼王氏，後高格莊王唐忠妹。子四：同齡，姚出；肇齡、嵩齡、鳳齡。女適下土武王門，俱王出。
十六世	**同齡** 配曲氏，蓬夼曲鵬翮女。子茹。 **肇齡** 配王氏，大潘家王同女。子英。 **嵩齡** 配張氏，臧家莊東台張萬仁女；繼孫氏，上塞口孫培永姊。子芸。 **鳳齡** 字岐山。配吕氏，荆家吕得才女。
十七世	**茹** 配柳氏，東寨柳永彦妹。子鵬舞。

十八世	**鹏舞** 配李氏。
十九世	
二十世	
二十一世	
二十二世	

十三世	十四世	十五世	十六世	十七世
【志善子二】 **崗** 居徐村，下同。赴遼東。 配郝氏，嗣孫思敬。 **岫** 缺嗣。		**思敬** 配趙氏，黄連墅。子二：仙齡、喬齡。女三，長適東寨柳玉章，次適野子口高崗，三適田家李春祥。	**仙齡** 配劉氏，繼李氏，道村。嗣子薪。女三，長適甕留張家隋建章，次適甕留范家范鴻謀，三適後高格莊王寶求，劉出。 **喬齡** 配王氏，石口子。子三：菁、莪、薪，薪出繼。	**薪** 配張氏，燕地張中可女。子二：振興、振中。 **菁** 配王氏，臧家莊王寶田女；繼林氏，西杏山林學文姊。子二：鵬升、鵬保，林出。 **莪** 配劉氏，前爐房。子振武。

【校注】

〔一〕志方：前文爲『志芳』，前後不一致，具體情況待考。

二房現在里居户數與入譜者人數

九世長房：南榆疃三十六户，蛇窩泊一户，中榆疃四户，柞嵐頭十户，大榆莊四户，小姜家莊一户，孫家莊八户。共六十四户，三百一十人。

九世二房：南榆疃三十户，蛇窩泊三户，北莊子一户，福山泉水眼一户。共三十五户，一百七十人。

九世四房：牟家疃三户，蛇窩泊十户，陽谷十四户，白石頭一户，榆林子一户，霞塢二户。共三十一户，一百五十人。

九世七房：峨山十六户，楊家窪四十六户，徐村四户，蓬萊一户。共六十七户，三百三十五人。

九世八房：徐村四十二户，峨山五户。共四十七户，二百七十人。

共二百四十四户，一千二百三十五人。

八世

道明 居牟家疃。庠生。配徐氏，子鉉。俱葬泊集東老塋。

九世

鉉 居牟家疃，下同。字欣所，庠生。配李氏，繼姜氏、王氏，子國垣。

十世

國垣 庠生。配鄒氏，子五：登庸、徵庸、奮庸、杏實、桃實。女適郭城庠生于芳桂。

十一世

登庸 配□氏，子建章。

徵庸 配林氏，子開章。

奮庸 配王氏，子堯章。

杏實 配譚氏，子二：焯章、保章。

桃實 配□氏，子約留。

十二世

建章 配呂氏，子豐。

開章 缺嗣。

堯章 缺嗣。

焯章 配衣氏，子誠。

保章 繼子九齡，自五世分支二房繼入。

約留 失考。

十三世	十四世	十五世	十六世	十七世
豐 居牟家疃，下同。 配魯氏，子得禄。 **誠** 配于氏，以義子得福爲嗣。 **九齡** 配王氏，子二：振桂、發兒。俱赴遼。	**得禄** 配王氏，子二：中和、連住。 **得福** 居釜甑河北，下同。 配蔣氏，子允和。	**中和** **連住** 俱赴遼東。 **允和** 配衣氏，子四：棟、桂、梁、思。	**棟** **桂** 俱奉先兼承。 **梁** 配衣氏，子二：紹先、奉先。 **思** 配衣氏，後陽窩。子開印。女適東村莊劉中義。	**紹先** 缺嗣。 **奉先** 配衣氏，南柳家溝衣同妹。子三：温、田、見。女三，長適釜甑衣桂興，次適前陽窩衣有，三適爐上徐孟信。 **開印** 失考。

十八世	十九世	二十世	二十一世	二十二世
温 配李氏，羅家李詰孫女。子二：習旗、習荊。 **田** 配吕氏，吕家黄口吕鵬女。子二：習德、習善。 **見** 配鄒氏，城南坊鄒進福妹。子二：得仁、意。	**習旗** 配梁氏，東南店梁文興女。子文卿。 **習荊** 配王氏，王家黄口王增祥女。 **習德** 配徐氏，爐上村。 **得仁** 配徐氏，爐上徐孟芳女。			

入譜二十五人。

卷三

八世

道遠[一] 自後牟家疃遷前疃，下同。

配李氏，副胡氏。子五：鍰、銓、鐈、鉅，李出；鈴，胡出。

葬東祖塋。

九世

鍰[二]

太學生，考授縣丞，貤贈文林郎，江蘇武進縣知縣。

配郝氏，貤贈孺人。

子三：國瀠、國澎、國演。

葬東老塋。

十世

國瀠 遷南柴，下同。

字蒼月，庠生。

配衣氏，子二：棐、槊。

國澎 居前牟家疃，下同。

字洪澤，增生。敕贈文林郎，江蘇武進縣

十一世

棐

配林氏，子三：月光、月盛、月郎。

槊

配隋氏，子二：天篤、天申。

慤[三]

字印宗，一字謹齋。號風里。康熙乙卯[四]經魁，壬辰[五]進士。留

十二世

月光

配劉氏，嗣子崙。

月盛

配謝氏，子崑。

月郎

配張氏，繼尉氏。子二：崙，張出；崌，尉出。崙出嗣。尉氏旌表節孝，詳邑志。

天篤

配劉氏，子顯。

天申

配林氏，子二：碩、頼。

曰堅 居南柴。

號廛三，例貢生。

配李氏，子二：也高、廷柱。

八世	
九世	
十世	知縣。配李氏，副閻氏、萊邑沐浴村董氏，俱贈孺人。子慇，閻出。 葬東老塋。
十一世	京教習，候補内閣中書，任江蘇武進縣知縣，移宰睢寧。以治行第一薦引見，卒於路，特旨賜葬金。詳塋内上諭、碑文并邑乘及山東通志。 配吕氏，萊陽前水；副萬氏，皆封孺人。子三：曰堅、曰白，吕出；曰俞，萬出。女二，一適通許知縣林瑨之孫、東荆夼太學生林闇；一適荆紫埠举人林嶫长男、太學生林毓萇，旌表節孝。 葬東祖塋前。
十二世	葬東祖塋前圈塋，後同。 **曰白** 居牟家疃。 字貢九，號億三，附貢生。 配尚氏，繼馮氏，子三：也博、涔、也明，馮出。 **曰俞** 居南柴。 號困三。 配于氏，繼郝氏、姜氏，子二：星煒、星煌，于出。

八世	
九世	**銓** 居前牟家疃，下同。號掄華，庠生。配徐氏，繼李氏，子三：國湞、國珍、國珄。葬東老塋，下同。
十世	**國演** 居河西，下同。字演水，增生。配李氏，子三：林、杲、怡。怡出繼於牟家疃國珄名下。 **國湞** 庠生。配馬氏，繼姜氏，子四：柏、校、樸、棫，姜出。
十一世	**林** 缺嗣。 **杲** 配衣氏，繼董氏，子四：曰寬、曰裕、曰温、曰柔，衣出。 **柏** 出家。 **校** 配楊氏，子四：汝成、汝焯、汝强、汝熹。葬東老塋。
十二世	**曰寬** 配徐氏，嗣子雲衢。 **曰裕** 配張氏，子二：雲漢、雲邁。 **曰温** 配衣氏，子三：雲翼、雲衢、雲路。雲衢出嗣。 **曰柔** 配徐氏，繼衣氏，子雲官。 **汝成** 配李氏，嗣子岷。葬後老塋。 **汝焯** 自牟家疃遷林家莊子。

八世

九世

十世

國珍 居南柴，下同。配柳氏，子四：柄、彬、柯、科。

十一世

樸 缺嗣。

棫 缺嗣。

柄 鄉飲副賓。配柳氏，子三：曰敏、曰庠、曰序。

十二世

庠生。配周氏，子二：宣、建。葬後老塋西。

汝强 配魯氏，子六：嶽、皓、岷、峸、嶔、巋，岷出嗣。葬後老塋。

汝熹 配史氏，子二：崋、嶤。嶤出嗣河西老八分曰毅名下。

曰敏 庠生。配胡氏，繼李氏，子二：芝、苓。

世	
八世	
九世	
十世	
十一世	**彬** 配李氏，子二：致中、曰聰。 **柯** 配林氏，子四：曰端、思温、思誠、思敬。
十二世	**曰庠** 自南柴遷河西。配王氏，繼倪氏，子三：蘭、芬、蓁。 **曰序** 失考。 **致中** 配劉氏，子菊。 **曰聰** 原名曰忠。配姜氏，子二：英、莘。 **曰端** 配尉氏，子二：薪、芸。芸出嗣。

世次	
八世	
九世	
十世	**國玨** 居牟家疃，下同。 字岳翰，號輝公，武生。 配接氏，萊邑南務；繼朱氏，萊邑老樹夼。嗣子怡，自河西國演名下繼入。 葬老塋後。
十一世	**科** 缺嗣。 **怡** 號和齋，康熙丙戌〔六〕歲貢生。 配孫氏，繼林氏，林維成女；林氏。子三：曰仁、振德、振統，孫出。 葬老塋後。
十二世	**思温** 原名曰竭。 配隋氏，子茂。 **思誠** 自南柴遷駝山。 配張氏，嗣子芸。 **思敬** 居駝山。 原名曰竑。 配劉氏，子二：增、元。 **曰仁** 號西岐，庠生。 配衣氏，繼劉氏。子四：蕃，衣出；質清、質剛、質光，劉出。 葬老塋後。 **振德** 遷居北水頭。 號惠菴，邑庠生。

八世	
九世	**鐈** 遷居河西。庠生。配林氏，子二：國瀛、國湧。
十世	**國瀛** 遷居陽谷，下同。庠生。配林氏，繼王氏，子愿，雙承，王出。 **國湧** 字南溟，庠生。配唐氏，雙承子愿。
十一世	**愿** 庠生。配徐氏，繼王氏，子三：俊先、配先、廣先，徐出。
十二世	配林氏，子三：芸、苹、莖。 **振統** 遷居講稼莊。庠生。配林氏，子永年。葬講稼莊。 **俊先** 配□氏，嗣子誥。 **配先** 配孫氏，繼劉氏，子五：岳、誥、峯、仁、嶐。誥、峯出嗣。 **廣先** 配□氏，嗣子峯。

八世

九世

鉅 居前牟家疃，下同。
庠生。
配鄒氏，旌表節烈。
子國祚。
葬東老塋，下同。

鈐（七） 遷居東三叫，下同。
武生，原名鍾。
配范氏，子七：國璁、國珩、國珮、國瓚、國瑞、國理、國璜。

十世

國祚
附監生。
配王氏，繼孫氏，子二：輝、晃，孫出。

國璁
號瑤玉。
配郝氏，繼孫氏，子二：桐、楨。楨出嗣，郝出。

十一世

輝
歲貢生。
配崔氏，子二：天秩、殿元。

晃
庠生。
配林氏，繼尹氏，子承先，林出。

桐
配孫氏，子二：曰藩、曰茭。

十二世

天秩
太學生。
配孫氏，嗣子發端。

殿元
庠生。
配林氏，繼張氏，子崧。

承先
號烈武。
配衣氏，子上林。

曰藩
配李氏，子巘。

曰茭
配徐氏，陳家疃；繼林氏。子二：仁，徐出；徽，林出。

八世	九世	十世	十一世	十二世
		國珩 配孫氏，嗣子棣。	**棣** 配左氏，繼李氏。子二：天申，左出；天溥，李出。	**天申** 改名天爵。配林氏，嗣子嶇。 **天溥** 配林氏，子四：崎、嶇、嶧、嵩，嶇出嗣。
		國珮 配張氏，繼劉氏，子楫，張出。	**楫** 配楊氏，子三：曰忠、曰誠、曰寧。	**曰忠** 出外。 **曰誠** 配劉氏，子偉。 **曰寧** 出外。
		國瓆 配林氏，子鳧。	**鳧** 配張氏，子四：曰義、曰禮、曰智、曰信。	**曰義** 配李氏，子二：芹、習。 **曰禮** 配張氏，子二：崑、嶽。

八世

九世

十世

國瑞

配滕氏，繼林氏，子四：説、繹、梗、楝，滕出。

十一世

説

配李氏，嗣子曰代。

繹

配隋氏，子四：曰連、曰恭、曰代、曰哲。曰代、曰哲出嗣。

梗

配王氏，子曰立。

十二世

曰智

配劉氏，繼胡氏，缺嗣。

曰信

配王氏，子四：峻、㟏、岐、嵯。

曰代

配連氏，連家莊連如温女。子二：朋、遠。

曰連

配宮氏，子三：峻、巒、峒。峒出繼。

曰恭

配劉氏，嗣子峒。

曰立

配王氏，子二：均、治。

八世	
九世	
十世	**國理** 配唐氏，子四：欉、榕、機、棣，棣出繼。
十一世	**棟** 配柳氏，嗣子曰哲。 **欉** 配尹氏，子四：曰茂、曰芬、曰芷、曰蘭。 **榕** 配張氏，子曰華。 **機** 配朱氏，繼徐氏、鄒氏。缺嗣。
十二世	**曰哲** 字聰四。 配吴氏，繼李氏，子成人。 **曰茂** **曰芬** **曰芷** 俱缺嗣。 **曰蘭** 配范氏，子二：巖、昇。 **曰華** 配林氏，繼林氏，子三：塏、峈、崞，繼出。

八世	九世	十世	十一世	十二世
		國璜 配林氏，繼子楨。	**楨** 配李氏，子六：曰顯、曰官、曰富、曰魁、曰均、曰助。	**曰顯** 配李氏，子屳岈。 **曰官** 配高氏，子二：岏、芳，芳出繼。 **曰富** 配郝氏，繼子芳。 **曰魁** 配欒氏，子崇。 **曰均** 配劉氏，子二：崒、佐。 **曰助** 配杜氏，子仟。

【校注】

〔一〕道遠：時俊公之四子，牟家疃人。老八支中唯一不攻學業者，然其爲供衆兄弟子侄讀書，不計得失，協同繼母李氏、三位嫂嫂和妻子李氏，一起做工（織布），維持全家二十餘口人之生活。其功德備受族人稱頌。後裔稱爲『老八支四房』。

〔二〕鍰：監生。老八支四房牟道遠長子，牟家疃人。生於明朝萬曆三年（一五七五）二月十九日巳時，卒於天啓六年（一六二六）五月十五日午時，享年五十二歲。十四歲考取監生，成爲牟氏家族中興初期獲取功名者之冠。因受其父『求財不求官』思想的影響，終生未仕。卒後，以孫慤貴，敕贈文林郎、江蘇武進縣知縣。

〔三〕慤：清初江南清官。字印宗，一字謹齋，號風里，老八支四房九世長房，牟家疃人。生於康熙三年（一六六四）十二月初一日未時，卒於雍正四年（一七二六）六月初一日未時，享壽六十三歲。三十六歲中舉，四十九歲中進士。初仕江蘇武進縣，後移宰睢寧，治行舉江南第一。在武進縣時，有一夥憑借紳士身份聚盜殃民者，被緝而除之。又，一僧人暗毒其師，獄久不决，經審屬實，依法處决。又有某人報案，其妻縊於叔舍，親臨驗尸，見縊者死不瞑目，知其冤，遂仔細檢查，見縊者項下有兩痕，心中明白，當即審訊報案人。原來此人與嫂通奸，二人合謀將妻殺害嫁禍於叔。案白後，依法懲處，邑民贊曰：『牟君真神人也！』移宰睢寧不久，即以『清官第一』上薦，皇帝特旨召見，惜卒於途，皇帝命所在大吏盛治其喪，并賜黃金一百二十兩歸葬，家屬也被資送回原籍。《棲霞縣志·宦績》《山東通志·循吏》均載事略，并評曰：『縣令之榮，從無與比。』夫人吕氏、萬氏皆封孺人。

〔四〕康熙乙卯：即清康熙十四年，一六七五年。

〔五〕壬辰：即清康熙五十一年，一七一二年。

〔六〕康熙丙戌：即清康熙四十五年，一七〇六年。

〔七〕鈐：八世道遠有子『鈐』，此處作『鈐』，未知孰是，遵照原文，待考。

十三世	十四世	十五世	十六世	十七世
【月光嗣子】 **崙** 居南柴，下同。 配戴氏，子三：鍾慧、鍾穎、運隆。 【月盛子】 **崑** 自南柴遷東南莊，下同。 改名松嶽，太學生。 配李氏，繼李氏、衣氏、郝氏。子三：鍾哲，繼李出；鍾悟、鍾敏，郝出。	**鍾慧** 配郝氏，子願學。 **鍾穎** 赴關東。 **運隆** 赴關東。 **鍾哲** 配林氏，子連元。	**願學** 赴關東。 **連元** 配王氏，子孝湯。	**孝湯** 改名學湯。 配衣氏，子三：理同、心同、堂同。	**理同** 配□氏，子廷顯。 **心同** 配□氏，子三：廷立、廷良、廷三。 **堂同** 配馬氏，林家寨馬興義姑；繼衣氏，崖後馬氏。子五：萬金、萬玉、萬三、萬恒、萬周。

十三世	
十四世	**鍾悟** 配史氏，子連中。 **鍾敏** 配程氏，繼趙氏，子連成，趙出。
十五世	**連中** 太學生。配高氏，嗣子孝親、孝先。孝親，八世分支二房自柞嵐頭繼入；孝先，八世分支八房河西宜直名下繼入。 **連城** 赴關東。
十六世	**孝親** 失考。 **孝先** 改名學光。配姜氏，缺嗣。
十七世	

十八世	**廷良** 配王氏。缺嗣。 **萬金** 赴遼東。 **萬玉** 兼承子忠厚。 **萬三** 配馬氏，林家寨馬興姊。子忠厚，兼承。女適慕家莊慕會。 **萬恒** 配盧氏，蓬萊城裏。兼承子忠厚。女適瓦屋衣太甲。 **萬周** 兼承子忠厚。
十九世	**忠厚** 配衣氏，馬嘶莊衣雲女。子三：京方、蘭方、桂方。女適孫疃于門。
二十世	**京方** 配苗氏，苗家溝苗得田女。
二十一世	
二十二世	

世	
十三世	【月郎子】 **崌** 居南柴，下同。 配張氏，繼尉氏、李氏，子二：思義、思遠。 【天篤子】 **顯** 居南柴，下同。 配王氏，子中遂。 【天申子】 **碩** 配馮氏，子中适。 **頼** 配姜氏，子四：中富、中千、中彦、中和。
十四世	**思義** 赴遼東。 **思遠** 赴遼東。 **中遂** 配張氏，子勸。 **中适** 配張氏，子肫。 **中富** 配林氏，嗣子明。
十五世	**勸** 配劉氏，本疃；繼于氏，萊邑塹頭。雙承子金位。 **肫** 改名準。 配□氏，子椿。 **明** 配林氏，河崖。子金黄。
十六世	**金位** 配戰氏，東半泊戰令公女。子材，雙承。女三，長適榆子王顯，次適海邑西槐山于門，三適東荆夼林之奇子。 **椿** 失考。 **金黄** 配吴氏，萊邑詳子口。子二：梧、楷。
十七世	**材** 配朱氏，海邑孫家秋口。繼子末才，兼承。 **梧** 配隋氏，蛇窩泊隋法君孫女。

十三世	【曰堅長子】 **也高** 居南柴，下同。配王氏，嗣子保泰。葬東祖塋前，下同。
十四世	**中千** 缺嗣。 **中彦** 配孫氏，嗣子助，缺嗣。 **中和** 配劉氏。子三：明、亨、助；明、助出繼。 **保泰** 太學生。配李氏，子三：擢普、宜發、裕普。宜發出嗣招遠霞塢八世分支八房應震名下。
十五世	**亨** 配蔣氏，馬家溝；繼李氏，萊邑岔河李思學女。子二：金位、金義。金位，雙承，李出。 **擢普** 字九苑，武生。配林氏，宋家埠。子春曦。女二，長適海邑萊園宋門，次適萊邑塹頭崔門。
十六世	**金義** 配馬氏，馬家溝馬稱瑞女。雙承子材。 **春曦** 字曉陽，號洋泉，孝行詳邑志。配朱氏，萊邑朱蘭；繼崔氏，塹頭崔晏淳姊。子席珍，崔出。女三，
十七世	**楷** 配王氏，赤山。 **席珍** 字時然，號文峯。配林氏，宋家埠林夢貞女、及明姊。子三：雋才、丕才、末才，末才兼承。女三，長適前

十三世

十四世

十五世

裕普　配孟氏，子春陽。

十六世

長適草蒲朱門，次適海邑路家夼周仁章，三適後野林殿甲。

春陽　失考。

十七世

撞李門，次適蛇窩泊林門，三適東荊夼林門。

十八世

雋才

字鳳書。

配趙氏，塹頭趙子初孫女。子二：新茂、源茂。

丕才

配連氏，連家莊連授女。子二：宗恩、宗堂。女適北莊子劉鳳崗之子。

末才

字鳳翔。

配林氏，蛇窩泊林滇女；繼孫氏，朱留孫攀殿女。子二：宗志，林出；宗忞，孫出。

十九世

新茂

配劉氏，萊邑劉家崖後劉明慶女。子二：守己、從善。

源茂

配李氏，下漁稼溝庠生李宗華孫女。子卓。

宗恩

配姜氏，沙窩子姜潤身女。

宗堂

配曲氏，沙窩子曲連枝女。

宗志

配范氏，蒲格莊范正經女。

宗忞

字文心，號人傑，師範畢業。

配王氏，礬盤王逢科女。

二十世

守己

配魯氏。

二十一世

二十二世

十三世

【曰堅仲子】

廷柱 遷東柳，下同。

太學生。

配林氏，務滋夼舉人、江南池州府銅陵縣知縣林中懿孫女、增生藹女；繼尉氏、江氏；副高氏。子四：琨，江出；珺、瑨、珻，高出。

【曰白長子】

也博 居前牟家疃，下同。

號萬翊，太學生。

配劉氏，大帽兒頂；繼孫氏。子四：寶琦，劉出；寶琠、寶珩、寶琇，孫出。

葬西祖塋前。

十四世

琨

配趙氏，子二：永昌、貴昌。

珺

配吳氏，子宗昌。

瑨

配趙氏，子得昌。

珻 赴遼東。

寶琦

號鳳鄉，恩榮壽官。

配林氏，子二：晶、森。

葬東祖塋前，下同。

十五世

永昌 赴遼東。

貴昌

宗昌

得昌 俱缺嗣。

晶

配林氏，荆子埠；繼孫氏，桃村。子四：金心、金簡，林出；金鐸、金萱，孫出。

十六世

金心

配郝氏，朱留。嗣子東。女三，長適海邑下吼山王門，次適城裏李門，三適丁家寨陳門子克才。

十七世

東

配趙氏，萊邑趙家埠子趙化瑞女。子三：振清、蔭清、永清。女三，長適蛇窩泊庠生林可聞子，次適蛇窩泊林門子與民，三適大咽喉隋門子月華。

世	
十三世	
十四世	
十五世	
十六世	**金簡** 配張氏，張家泥都。嗣子果。女適井子窪林門。 **金鐸** 配孫氏，桃村庠生孫書屏姊。子四：果、杲、棠、東。果、東出繼。 **金萱** 配戰氏，戰家溝戰明德女。子二：椿、棣。
十七世	**果** 配林氏，東荆夼林明蘭姑母。子二：炳烯、炳炎。 **杲** 配王氏，礬盤王若欽妹。子忠清。 **棠** 配吕氏，海陽紀家莊。子三：鏡清、佑清、沿清。女二，長適邱格莊杜門，次適鍾家院鍾玉臣。 **椿** 赴遼東。 **棣** 配林氏，糧食市。子二：日清、孟來。

十三世

十四世

十五世

森 配劉氏，鐵口。子八：金聲、金書、金永、金梟、金滕、金策、金坡、金商。金書、金策出繼。

十六世

金聲 配林氏，繼林氏，河崖。子二：材、榔。

金永 配趙氏，子元。

金梟 配張氏，張家泥都。子四：文林、文光、文章、文和。

金滕 遷居駝山，下同。配史氏，小花園。子春。女適王家莊王門。

十七世

材 配宋氏，萊邑茅茨場。子海天。

榔 配徐氏，爐上。子三：海甸、孟弼、孟來。海甸出繼，孟弼小亡，孟來赴遼東。

元 赴遼東。

文林

文光

文章

文和 俱赴遼東。

春 配遲氏，解格莊遲福女。子二：海國、海峯。女適萊邑火山泊劉慶雲。

十三世	
十四世	**寶琠** 字瑶圃，恩賜八品。配于氏，繼王氏，子磊。 **寶珩** 配林氏，繼孫氏，嗣孫金書。 **寶琇** 赴遼東。武生。配姜氏，繼林氏，子鑫。
十五世	**磊** 配王氏，繼劉氏，嗣子金策。 **鑫** 赴遼東。
十六世	**金坡** 居牟家疃，下同。配劉氏。子二：牛、法。 **金商** 配楊氏，南榆疃。子二：廣、庸。 **金策** 配劉氏，萊邑儒林夼。子玉漢。 **金書** 失考。
十七世	**牛** 赴遼東。 **法** 赴遼東。 **廣** **庸** 配曲氏，子海國。 **玉漢** 赴遼東。

十八世

振清

配林氏，蛇窩泊林佩珊女；繼林氏，集前林佩皇女。繼子宗和。

葬東祖塋前，下同。

蔭清

配杜氏，蔣家莊杜晏女。子三：宗和、宗德、宗三。宗和出繼。

永清

配劉氏，范家蒲格莊。子二：宗明、宗顯。

十九世

宗和

字韶春。

配修氏，修家蒲格莊修士道女。子二：伯琛、伯瑞。

宗德

配孫氏，蛇窩泊孫同壽女。子志新。

宗三（一）

北京大學文學哲學畢業，著有《中國之元學及道德哲學》（二），刷印者，天津大公報館。

配王氏，萊邑王家莊王儉侄女。子二：紀禄、紀康。

宗明

配隋氏，石角夼隋喜女。子二：仁豐、志修。

二十世

伯琛

配林氏，蛇窩泊林與梧女。

二十一世

二十二世

十八世	十九世	二十世	二十一世	二十二世
	宗顯 配林氏，東荆夼。			
炳烯 配林氏，東荆夼林宗於姊。子二：步武、接武。接武雙承。 葬老塋東十字道。	**步武** 配林氏，蛇窩泊林志女。 葬東祖塋前。 **接武** 配林氏，河崖。女適北水頭呂門。 葬老塋東十字道。			
炳炎 配林氏，唐山。雙承子接武。 葬村西。				
忠清 配趙氏，萊邑趙家埠子趙範女。嗣子緒武。 葬東祖塋前，下同。	**緒武** 配高氏，下河。子二：德貞、紀善。			

十八世

鏡清
配衣氏，杜家黃口衣佩華姊。子二：慶武、奎武。

佑清
配林氏，唐山。子三：克武、緒武、繩武。緒武出繼。

沿清
配林氏，唐山。子明兒。

日清
配梁氏，蛇窩泊。子二：天保、宗傑。

海國 居駝山，下同。
配史氏，小花園。子

十九世

奎武
配修氏，修家蒲格莊。子四：龍田、心田、冬志、道田。

克武
配林氏，河崖。子五：蔚豐、蔚新、蔚秀、金正、五。

繩武
配鍾氏，鍾家院。

宗傑
配王氏，榆子。子吉修。

玉
配劉氏，八家福劉聚

二十世

振先
配李氏，孫家窪李仙妹。

二十一世

二十二世

十八世	十九世	二十世	二十一世	二十二世
玉。女二，長適解家侯	妹。子振先。			
長興，次適解格莊遲門。 **海峯** 配隋氏，許家隋化令孫女。子樂。 **海國** 居牟家疃。 配王氏，榆林頭。子益光。				

【校注】

〔一〕宗三：字離中，生於一九〇九年，卒於一九九五年，山東棲霞人。中國現代著名哲學家、哲學史家，現代新儒家重要代表人物之一，其哲學成就代表了中國傳統哲學在現代發展的新水準，因此被譽爲『當代新儒家他那一代中最富原創性與影響力的哲學家』。一九二八年考入國立北京大學預科，兩年後升哲學系，一九三三年畢業。先後任教於華西大學、中央大學、金陵大學、浙江大學，以講授邏輯與西方文化爲主。二十世紀三十年代，曾主編《歷史與文化》《再生》雜志。一九四九年，赴臺灣省立師範學院與東海大學任教。一九五四年受聘爲臺灣地區教育部學術審議委員。一九六〇年應聘至香港大學，主講中國哲學。一九六八年由香港大學轉任香港中文大學新亞書院哲學系主任。一九七四年自香港中文大學退休，任教於新亞研究所。牟宗三的思想受熊十力的影響很大，他不僅繼承而且發展了熊十力的哲學思想。牟宗三較多地着力於哲學理論方面的專研，謀求儒家哲學與康德哲學的融通，并力圖重建儒家的『道德的形上學』。代表作有《心體與性體》《才性與玄理》《中國哲學十九講》《中西哲學之會通》《現象與物自身》《佛性與般若》等。

〔二〕原文爲『《中學之元學及哲學》』，有誤，應爲『《中國之元學及道德哲學》』。

世	
十三世	【曰白次子】 **也厚** 居牟家疃，下同。 改名洊，字芃苗，號敏盧。廩生。 配林氏，繼張氏，副郝氏。子六：青田、保泰，林出；松肯、東郡、磐鴻，張出；茂昭，郝出。保泰出嗣。 葬埠梅頭東北嶹。
十四世	**青田** 號翠峯。 配李氏，子三：際、默、烝。際出嗣。 葬埠梅頭東北嶹。 **松肯** 配林氏，嗣子際。 葬東祖塋前。 **東郡** 配張氏，子二：壽昌、述昌。 葬小圈塋。
十五世	**默** 赴遼東。 **烝** 配宋氏，子中城。 葬東祖塋前。 **際** 配尉氏，子二：中福、中禄。 葬東祖塋前。 **壽昌** 赴遼東。 改名昆。 **述昌** 居北京。 改名昇。
十六世	**中城** 缺嗣。 葬東祖塋前。 **中福** 配隋氏，萊邑鹿格莊。子桐，雙承。女適張家莊杜硯。 葬東祖塋前。 **中禄** 配劉氏，雙承子桐。 葬東祖塋墻外東北角。
十七世	**桐** 配張氏，栗里。繼子海甸。 葬西祖塋前。

十三世

十四世

磐鴻 赴遼東。
配林氏，子昂。

茂昭
配王氏，繼宋氏。子三：晃，王出；昌、中書，宋出。
葬埠梅頭東北嶠。

十五世

昂 居北京。

晃
配劉氏，韋家溝。子金南。
葬東祖塋前，下同。

昌
配趙氏，子金城。
葬埠梅頭東北嶠。

中書 缺嗣。

十六世

金南
配劉氏，韋家溝。子二：楓、策。女適上蒲格莊修門。

金城
配蔣氏，唐山。缺嗣。
葬東祖塋前。

十七世

楓

策
配劉氏，北窩洛劉江女。子二：愛、栽。

十八世	十九世	二十世	二十一世	二十二世
海甸 配王氏，榆格莊。子燇。女二，長適磚園孫門，次適河崖林門。 葬河崖村後。	**燇** 配韋氏，韋家溝。子銘墀。	**銘墀** 配林氏，河崖林琦女。子龍帶。		

十三世

也明 居牟家疃。字重光，號輝宇。太學生。配尹氏，繼李氏，副張氏。子三：奎元，李出；慶元、善元，張出。葬十字道。

十四世

奎元 配李氏，副謝氏。子二：訢，李出；詣，謝出。葬上八十畝，下同。

十五世

訢 嗣子金章。

十六世

金章 配孫氏，後撞孫公妹。子四：椿、彬、桂、梗。彬出嗣。女適唐山蔣門。葬東祖塋。

十七世

椿 配林氏，河崖林舟女；繼劉氏，蒲格莊劉貴令妹。子三：秀清、振奎、瑞清，劉出。葬十字道，下同。

桂 配劉氏，海邑燕翅山劉利女。子二：利清、長清。女適卧龍村衣門。

梗 配李氏，下漁稼溝。子二：道恩、重恩。女一適下范家溝林門，一適東院頭衣門。

十三世	
十四世	**慶元** 配趙氏，繼謝氏。子三：訓，趙出；詳、諾，謝出。 葬老塋後，十字道。
十五世	**詣** 配隋氏，大咽喉隋嘉善女，旌表節孝。子金懷。女二，長適帽兒頂劉門，次適唐山林門。 葬祖塋前。 **訓** 配林氏，林家崖後；繼萬氏，下漁家溝。子二：金章、金標。金章出嗣，萬出。 葬老塋後，十字道。 **諾** 配劉氏，馬家河。子二：金鳳、金滕。 葬十字道。
十六世	**金懷** 配蔣氏，唐山。子松。 葬祖塋前。 **金標** 嗣子彬。 葬老塋後，十字道。 **金鳳** 配魯氏，王家黃口。子文思。 **金籐**（一） 配欒氏，萊邑思格莊欒江女。子二：德、德報。
十七世	**松** 配徐氏，爐上村徐嵐之女。子三：維清、作清、福清。女適北窩落劉門。 葬老塋後，十字道。 **彬** 配孫氏，海邑燕翅山；繼唐氏，觀泊。子三：賢清、玉清、鑑清。 葬十字道。

十三世	
十四世	善元 配衣氏，子三：詳、諸、誌。詳、誌俱缺嗣。
十五世	
十六世	
十七世	

十八世	十九世	二十世	二十一世	二十二世
利清 配衣氏，卧龍村；繼林氏，蛇窩泊。子二：瑞祥，衣出；道祥，林出。 **長清** 配劉氏，南柴。子二：孟亭、潤亭。 **道恩** 配王氏，邱格莊王德女。子僕兒。 葬老塋後，十字道。 **維清** 配宋氏，宗疃宋雲昌女；繼隋氏，石角夼隋太賓妹。子宗堯。	**宗堯** 配徐氏，爐上。子玉昆。			

世	
十八世	**福清** 配陳氏，觀泊陳德仁妹。子宗舜。葬老塋後，十字道。 **賢清** 配劉氏，榆家夼；繼張氏，辛家夼。 **玉清** 配孫氏，後撞孫玉德女。
十九世	
二十世	
二十一世	
二十二世	

【校注】

〔一〕金籐：上文爲『金滕』，上下不一致，具體情况待考。

十三世

【曰俞子二】

星煒 赴遼東。

配尹氏，子白雲。

星煌 赴遼東。

配呂氏。

【曰寬嗣子】

雲衢 居河西，下同。

配衣氏，前陽窩衣汭姑。子三：玉農、玉賈、玉圃。

葬蛇窩泊後老塋。

十四世

白雲 缺嗣。

玉農

配林氏，繼高氏，子逢吉。

十五世

逢吉

配徐氏，萊邑徐家崖後。子二：開仙、開談。女二，長適榆子林門，次適迎門口王門。

十六世

開仙

配徐氏，徐家崖後徐仁清姑；繼孫氏，海邑孫家秋口孫庚女。子二：景陽、景和，孫出。景和出繼。女適官道祁得惠，孫出。

開談

配徐氏，爐上，旌表節孝。嗣子景和。

十七世

景陽

配王氏，上范家溝王法女。子仁山。

景和

配李氏，范家莊李寶亭姊；繼潘氏，杏家莊潘中進姊。子鴻興。女適萊邑大姚格莊武生姚

十三世

十四世

玉貫

配林氏，嗣子逢喜。

十五世

逢喜

配劉氏，帽兒頂。子開治。女四，長適務滋夼林門，次適迎門口，三適唐山林鉞，四適東南莊張門子泮林。

十六世

開治

配張氏，徐家崖後張奎之姑。子四：申典、仁典、當典、崇典。女二，長適張家泥都張門，次適龍旺莊接門。

十七世

進田之子。

申典

配劉氏，帽兒頂。子春壽。女二，長適黃崖底張門，次適爐上徐門。

仁典

配李氏，楊礎。嗣子鴻章，雙承。

當典

配林氏，北榆疃；繼步氏，下步家步昆侄女。子鴻潤，步出。女二，長適蛇窩泊林門，次適東南莊張泮林子。

崇典

配劉氏，鍾家院；繼楊氏，蛇窩泊楊連成女；

十三世

十四世

玉圃

配紀氏，子二：逢燕、逢喜。逢喜出嗣。

十五世

逢燕

配林氏，榆子林昆明女。子二：開元、開基。女二，長適爐上徐門，次適後野林紹先。

十六世

開元

配林氏，榆子林國王女。子永典。女二，長適大柴劉門，次適帽兒頂劉門。

開基

配徐氏，徐家崖後徐林化姑。子二：景春、景歲。女適隋家崖後隋門。

十七世

林氏，西河南。子鴻章，雙承，劉出。女適西王家莊王門。

永典

配林氏，榆子林慶雲女；繼范氏，埠梅頭范以清女；張氏，張家莊張玉材女。

景春

配楊氏，蛇窩泊楊連成女。子四：鴻義、鴻昌、鴻光、鴻賓。女二，長適八蜡溝劉門，次適李家莊李開。

世	
十八世	**仁山** 配傅氏，北水頭。子云亭。女三，長適辛家夼劉門，次適唐山庠生林桐陽之孫。 **鴻興** 配林氏，榆子林喜春女。子子亭。女二，長適河北于吉長，次適楊礎李門。 **春秀** 原名春壽。 配滕氏，石角夼滕雲女。子二：玉錫、玉三。女二，長適東凰跳周門，次適鍾家院鍾門。
十九世	**云亭** 配林氏，榆子；繼王氏，海邑吼山。子三：勳、全、梯。 **子亭** 配劉氏，上蒲格莊劉景珩女。 **玉三** 配祁氏，官道祁安女。
二十世	
二十一世	
二十二世	

十八世

鴻章

配徐氏，爐上徐永年女。子四：汝千、汝臣、汝全、汝友。女適張家泥都張可厚。

鴻運（二）

配劉氏，韋家溝劉作賓女。子四：汝戚、汝法、汝冬、汝親。

鴻義

配鍾氏，鍾家院鍾以開女。子壽亭。

十九世

汝千

配徐氏，爐上徐永年孫女。子二：高、永高。

汝臣

配于氏，柏箕港于仁壽女。

汝全

配郝氏，郝家泊子郝得富孫女。

壽亭

配林氏，觀泊。

二十世

二十一世

二十二世

十八世	**鴻昌** 配陳氏，丁家寨。子二：天錫、香亭。 **鴻光** 配郭氏，大劍脊山。子三：自錫、連錫、如會。 **鴻賓** 配王氏，磊山後；繼李氏，丁家寨李玉民女。子二：探、述林，李出。
十九世	
二十世	
二十一世	
二十二世	

十三世

【曰裕子二】

雲漢 居河西，下同。恩榮壽官。配蔣氏，子玉節。

雲邁 配衣氏，子四：玉田、玉衡、玉麟、玉汝。

十四世

玉節 配辛氏，子闓。

玉田 配王氏，繼林氏，子三：誾、問、閬。

十五世

闓 配林氏，雙承子希勝。

誾 配張氏，萊邑張家溝。子希勝，雙承。

問 配林氏，榆子。子二：雙勝、宣勝。

閬 缺嗣。

十六世

希勝 配吴氏，萊邑詳子口。子二：晏、安。女二，長適林家崖後林門，次適火山後。

雙勝 嗣子宄。

宣勝 配林氏，蛇窩泊林得以姑。子二：宄、宰。

十七世

晏 配劉氏，缺嗣。

宄 嗣子鴻瑞。

宰 配周氏，唐山周福孫女。子三：鴻瑞、鴻恩、雲鴻。鴻瑞出繼。

十三世	十四世	十五世	十六世	十七世
	玉衡 字璇隣，號平人。庠生。 配林氏，古村；繼衣氏，東院頭。子三：闇、間、闞。	**闇** 配衣氏，蘆子泊。子二：金勝、開勝。女適楊礎李門。	**金勝** 配徐氏，爐上。子二：古希、古賢。古賢出繼。女適辛店柳陰田。	**古希** 配劉氏，北寓洛劉廷女。子鴻堯。
			開勝 配修氏，西半泊修士民姑。子古秀。女二，長適台上王門，次適河崖劉門。	**古秀** 缺嗣。
		間 配林氏，榆子林讓姑。子文勝。女適古宅崖譚成玉。	**文勝** 嗣子古賢。	**古賢** 配孫氏，大劍脊山孫廷妹。子四：鴻卿、鴻法、鴻禧、鴻荆。女適埠梅頭鄒見山。
		闞 配譚氏，古宅崖譚成玉姑。子根勝。女適史家莊姜門。	**根勝** 缺嗣。	

十三世

十四世

玉麟

配林氏；繼劉氏，南柴劉景述祖姑。子五：閥、閣、閈、閲、闌。女一適荆夼林門，一適前陽窩衣門子進崗。

葬菴嶙，下同。

十五世

閥

配林氏，中榆疃。子伯言。

閣

配張氏，張家溝；繼劉氏，門家溝。子三：雲勝、廣勝、茂勝，劉出。

十六世

伯言

配連氏，連家莊連桐。女三，長適前陽窩衣之和，次適海陽徐家店王門，三適蛇窩泊林慎禄。

雲勝

配于氏，萊邑簸箕港。子蹇。女四，長適埠梅頭陳壽武，次適連家莊連鳳亭，三適隋家崖後隋門，四適西河南林門。

廣勝

配林氏，蛇窩泊林得才姑。子審。女三，長適榆子林門，次適觀泊林門，三適院頭西山林門。

十七世

蹇

配朱氏，老樹夼朱得科女。子四：全周、全榮、鞏、秦。

審

配宋氏，新立莊。子二：畔義、畔起。

十三世	
十四世	
十五世	**開** 配劉氏，大埠後劉玉賓女。子三：鳳琴、鳳山、鳳亭。女四，長適上朱蘭朱門，次適喬家喬門，三適林家崖後林門，四適西荆夼柳雲茂。
十六世	**茂勝** 配王氏，下步家王錦茂女；繼李氏，磊山後李文才妹。子三：憲、實、宕。 **鳳琴** 配張氏，埠前張仁芳姑。子二：宮、宲。女二，長適海邑古堆山王門，次適柳口劉門。
十七世	**憲** 配林氏，林家崖後。 **實** 配衣氏，卧龍衣鳳令女。 **宕** 高小畢業生。配張氏，留寺莊張騰女。 **宮** 配朱氏，老樹夼。子二：明德、鴻祺。女三，長適杜家黄口，次適蛇窩泊隋門，三適寨頭呂門。 **宲** 配朱氏，老樹夼。子天恩。

十三世

十四世

十五世

閔
配林氏，西河南。子二：恩勝、法勝。女適南柴劉門。

十六世

鳳山
配連氏，連家莊連升山妹。子文彬。女適唐山頭王門。

鳳亭
配朱氏，老樹夼朱吉勝姊；繼劉氏，柳口劉復興妹。子文奇，朱出。女一適大柳家孫門，朱出；一適泥都小莊王門。

恩勝
配劉氏，南柴。子三：寶、室、宣。室出繼。女二，長適榆子林寶真，次適西河南林門。

十七世

文彬
字質堂，高小畢業。配衣氏，杜家黃口衣奎山女。子明信、明俊。

文奇
配王氏，上步家王寶山女。子二：意順、天順。

寶
赴遼東。

宣
配董氏，磊山後。

十三世	
十四世	**玉汝** 配林氏，繼衣氏，杜家黃口衣天成姑。子二：閾、潤。
十五世	**闈** 配林氏，城東溝。子恕勝。女三，長適大柴劉門，次適北水頭傅萬才，三適文石林門。 **閾** 配林氏，林家崖後林桂枝姑。子五：榮勝、華勝、至勝、吉勝、財勝。
十六世	**法勝** 配徐氏，爐上；繼張氏，張家溝。子宛，張出。女適徐家崖後徐門，徐出。 **恕勝** 配徐氏，徐家崖後徐文剛姑。嗣子室。 **榮勝** 配連氏，連家莊連宦女。嗣子定。女適唐山林若洲。 **華勝** 配林氏，林家崖後林景明妹。嗣子宜。女二，
十七世	**宛** 配劉氏，巨屋。 **室** 配徐氏，徐家崖後徐文剛妹。女適文石林門。 **定** 配高氏，巨屋。女適卧龍。 **宜** 配于氏，簸箕港于景和妹。子三：全生、全

十三世

十四世

十五世

十六世

長適儒林夼劉純性，次適大咽喉隋志。

至勝 配董氏，黃崖底。子二：寧、定。定出繼。

吉勝 配于氏，簸箕港于來春妹。子五：宜、守、寬、宸、宗。宜、宸出繼。女適南窩落孫門。

十七世

敏、全當。女適林家崖後林鴻志。

寧 赴遼東。

守 配李氏，李家莊李元興妹；繼林氏，林家崖後。子三：全義、全信、全勇，林出。

寬 配王氏，卧龍村王立女。子四：全述、全江、全卿、全一。

宗 配于氏，簸箕港。子二：全仁、全剛。

十三世	
十四世	
十五世	**潤** 配劉氏，大柴；繼李氏，萊邑鶴山後；于氏，簸箕港。子四：質勝，劉出；文勝、春勝、斌勝，于出。女二，長適西河南林長法，劉出；次適文石林之堯，于出。
十六世	**財勝** 配劉氏，榆林夼劉純基姑。嗣子宸。 **質勝** 配林氏，文石。子二：宇、宙，宇兼承。女適杜家黄口衣門。 **斌勝** 配門氏，玉科頂。兼承子宇。
十七世	**宸** 字子儒。 配于氏，簸箕港于焕春女；繼張氏，崮上张仲儉女。子全治，于出；全理，張出。 **宇** 赴遼東。 **宇** 配劉氏，柳口。

十八世	十九世	二十世	二十一世	二十二世
鴻堯 配劉氏，中蒲格莊劉中希女。子四：煥尊、德尊、德三、可尊。女適中蒲莊劉門。 **鴻卿** **鴻法** 贊尊兼承。 **子山** 原名鴻禧。 配劉氏，丹莊劉鳳陽女。子二：皆尊、贊尊，贊尊兼承。	**煥尊** 配林氏，集前林尚之女。子二：葦、葉。 **德尊** 配劉氏，下蒲格莊劉傑孫女。子二：枝卿、富枝。 **德三** 配張氏，張家莊。 **可尊** 配林氏，榆子。 **贊尊** 配劉氏，下蒲格莊。	**枝卿** 配劉氏，下蒲格莊。		

十八世	十九世	二十世	二十一世	二十二世
子荆〔二〕 贊尊兼承。 **全周** 配林氏，觀泊林惠女。 **明德** 高小畢業生。 配劉氏，柳口劉聚女。子若好。 **全卿** 配高氏，包拙舖高辰女。 **全治** 配門氏，玉科頂門開山女。子還慶。				

十三世

【曰温子二】

雲翼 居河西，下同。庠生。配張氏，子二：金聲、玉振。

雲路 配王氏，子成禮。

十四世

金聲 兼承子逢桂。

玉振 字泗音，庠生。配衣氏，繼劉氏，子三：逢桂、逢春、逢年，劉出。逢桂兼承金聲祀，逢春出成禮祀，逢年出嗣南榆疃老二分宗文名下。

成禮 嗣子逢春。

十五世

逢桂 配馮氏，繼王氏、劉氏。子開封，缺嗣。

逢春 配林氏，南莊子；繼徐氏，徐家莊。子四：開科，林出；文山、永山、翠山，徐出；文山出逢達嗣。

十六世

開科 赴遼東。配張氏，萊邑旺裏。嗣子平文。

永山 配王氏，蛇窩泊王德成女。子三：景典、恩典、仲典。

十七世

平文 缺嗣。

景典 配劉氏，劉家莊劉陶女，兼承子鴻均。女適爐上徐門。

十三世	
十四世	
十五世	
十六世	**翠山** 配劉氏，帽兒頂；繼郭氏。子四：德文、平文、英文、焕文，郭出。平文出繼。女適官道祁門，劉出。
十七世	**恩典** 配祁氏，官道村祁德惠妹。子鴻均，兼承。 **仲典** 兼承子鴻均。

十八世	**鴻均** 配林氏，榆子。
十九世	
二十世	
二十一世	
二十二世	

十三世	【曰柔子】 **雲官** 居河西，下同。配林氏，繼張氏，子玉祥，林出。 【汝成嗣子】 **岷** 居前牟家疃，下同。太學生。配謝氏，繼孫氏。子六：以文、以瑞、以純，謝出；以瑜、以瑾、以祥，孫出。葬十字道東。
十四世	**玉祥** 配張氏，子逢達。 **以文** 配周氏，子四：麟趾、麟定、麟圖、麟符。麟圖出嗣。
十五世	**逢達** 嗣子文山。 **麟趾** 配林氏，嗣子吉來。 **麟定** 赴遼東。 **麟符** 配馮氏，榆林子。子
十六世	**文山** 配劉氏，蒲格莊。子三：更典、玉典、維典。女二，長適唐山蔣門，次適王家泊子林門。 **吉來** 配李氏，柳林莊。子允石。女適河崖林門。 **榮來** 遷居榆林子，下同。
十七世	**更典** 配徐氏，徐家崖後。兼承子鴻書。 **玉典** 配戰氏，戰家溝戰仁妹。子鴻書，兼承。 **維典** 兼承子鴻書。 **允石** 配劉氏，萊邑不動山劉義清女。子吉昌。女二，長適范門，次適河崖陳門。 **之綱** 配馮氏，同里。子二：

十三世

十四世

以瑞 赴遼東。
配林氏，子二：麟囿、麟郊。

以純
配韋氏，嗣子麟圖。

以瑜
配王氏，子二：麟閣、麟喜。

十五世

三：榮來、吉來、運來。吉來出嗣。

麟囿

麟郊 俱赴遼東。

麟圖 赴遼東。

麟閣

麟喜 俱赴遼東。

十六世

配周氏，繼周氏，水線泊。子二：之綱、之紀，元配出。

運來 居牟家疃，下同。
配王氏，上范家溝。
子二：之昭、之明。

十七世

得智、得卿。

之紀 遷居尹家溝。
配□氏，同里。子連漢。

之昭
雙承子，道卿。

之明
配潘氏，繼鄭氏，唐山。子道卿，鄭出。女適院上鍾門，鄭出。

十三世	
十四世	**以瑾** 配林氏，子公爵。 **以祥** 配衣氏，子六：鯤鵬、化鵬、爲鵬、雲鵬、壽鵬、如鵬。葬十字道東。
十五世	**公爵** 配李氏，丁家寨。子寅東。 **鯤鵬** 恩榮壽官。配王氏，唐山頭。子徽典。
十六世	**寅東** 恩賜九品。配林氏，河崖。子英賢。女二，長適東山根王門，次適河崖林門。葬十字道東。 **徽典** 配林氏，唐山林百順女。子三：允修、允中、允臧。女適下河高正和。葬十字道東。
十七世	**英賢** 配于氏，泉水夼。子二：永昌、連華。 **允修** 邑庠生。配隋氏，石角夼；繼王氏，火山後。兼承子阜昌。女適榆林子馮門，王出。 **允中** 配鄒氏，下張家。子阜昌，兼承。 **允臧** 兼承子阜昌。

十三世

十四世

十五世

化鵬

鄉飲耆賓。

配林氏，林家崖後；繼趙氏，趙家埠子。子表東，林出。女二，長適唐山林欽，林出；次適海邑崖東夼喬密，趙出。

爲鵬

太學生。同治六年〔三〕陣亡，敕封雲騎尉。

配劉氏，劉家崖後；繼王氏，磊山後；劉氏，石劍堡劉國藩女。子四：鎮東、保東，王出；瀛東、洛東，繼出；保東出繼。女適東荆夼庠生林麒生，繼劉出。

十六世

表東

配林氏，河崖。子五：蘋洲、蘅洲、苓洲、蕃洲、葵洲。女四，長適河北李門，次適唐山林門，三適蛇窩泊林門，四適榆家壙劉門。

葬十字道東。

鎮東

字志范，武生，世襲雲騎尉。

配楊氏，解家溝。子喬文。女適小姚格莊衣門。

葬老塋東。

十七世

蘋洲

配趙氏，趙家埠子。子恒昌。

蘅洲

配趙氏，趙家埠子。子盤根。

喬文

聘林氏，林家亭林春芳女。年十二，字喬文。喬文赴遼東不還，氏赴夫家事翁，曲盡其孝。大令旌其門，曰『貞孝』。詳藝文志，兼載邑志。雙承子紅梅。

葬村北。

世	
十三世	
十四世	
十五世	**雲鵬** 太學生。配林氏，西河南；繼趙氏，萊邑城裏趙書堂女，旌表節孝。子三：旭東，林出；岱東、左東，趙出。女適東荆夼林門，趙出。
十六世	**瀛東** 字仙洲，邑庠生。配林氏，東荆夼林作洋姑。子均桓。女適文石林門。葬老塋東。 **洛東** 配衣氏，蘆子泊。子貴洲、苶洲。 **旭東** 配吕氏，萊邑南姜家泊；繼林氏，河崖。子三：蔭槐，吕出；蔭松、蔭梓，林出。葬十字道東。
十七世	**均桓** 配林氏，西山。子喬文雙承。女四，長適西亭林門，次適尹家莊子劉門，三適辛家夼柳門，四適孫家夼。 **貴洲** 配林氏，河崖林洲女；繼林氏，榆子。子心美，繼林出。 **苶洲** 配王氏，蘆子泊。 **蔭槐** 居北京。宛平庠生。配穆氏，子三，俱居北京。 **蔭松** 配林氏，河崖。子二：瑞昌、克昌。女適石角夼隋門。

十三世

十四世

十五世

十六世

岱東
配澹臺氏，城裏。子二：金輝、玉輝。女二，長適前陽窩衣門，次適唐山林門。
葬老塋東。

左東
配林氏，東河南林佔妹。子二：允德、允功。女適海邑孫家樓底。
葬十字道東。

十七世

蔭梓
配丁氏，杜家黄口。子四：九、餘、月、四。女二，長適河崖林門，次適丁家寨李門。

金輝
配魯氏，朱留魯文堯妹。子仁昌。女適河北李門。

玉輝
配衣氏，蘆子泊。女適蘆子泊衣門。

允德
配林氏，東河南。子啓昌，雙承。女適東院頭姜門。

十三世	十四世	十五世	十六世	十七世
		壽鵬 字福奎，鄉飲耆賓。 配林氏，文石林芳菊妹。子三：暘東、若東、啓東。 葬西園。	**暘東** 字伯谷，號松溪，鄉飲耆賓。 配林氏，林家崖後林爵姑。子四：莘洲、維榦、荔洲、荇洲，維榦出繼。女五，長適蛇窩泊林門，次適杜家黃口丁萬林，三適萊邑崔格莊尉門，四適觀泊林若，五適大柴劉登郡。 葬塋東。	**允功** 配孫氏，海邑孫家樓底。雙承子啓昌。 **莘洲** 配王氏，殿西溝。子四：公住、太住、大勤、柏。 **荔洲** 配蔣氏，唐山。子雙勤。 **荇洲** 配林氏，中榆疃。子二：瑞昌、福山。

十三世	
十四世	
十五世	
十六世	**若東** 字海卿，號蘭溪。配蘇氏，蘇家樓底蘇成之姑。子五：舉成、莛洲、芹洲、蕒洲、萃洲。女適蘇家樓底玉令。葬於塋東。 **啓東** 改名間東，字洛卿，號賡苑，又號曉樓。師範畢業。配林氏，文石庠生林丙耀妹。子四：芳洲、蘭洲、蓮洲、蒓洲。
十七世	**舉成** 缺嗣。 **莛洲** 配柳氏，莘家夼。 **萃洲** 配潘氏，辛家夼。子紅昌。 **蘭洲** 配林氏，西凰跳林福江女。子四：琴堂、金堂、玉堂、福堂。 **蓮洲** 配林氏，文石林曰賢妹。 **蒓洲** 配馮氏，上莊頭馮雲漢女。

十三世	
十四世	
十五世	**如鵬** 武庠生，同治六年陣亡。配衣氏，蘆子泊衣恩姑。繼子保東。
十六世	**保東** 配于氏，泉水夼于海女，旌表節孝。嗣子維榦。葬塋東。
十七世	**維榦** 配林氏，河崖。子同昌。女五，長適東院頭衣門，次適河崖林門，三適大柴劉門，四適唐山蔣門，五適河崖林門。

十八世	**吉昌** 配□氏，子作。女適西荆夼柳門。 **道卿** 配朱氏，思格莊。 **永昌** 配衣氏，萊邑紙坊。子二：儉、張運。 **連華** 配劉氏，海邑徐家店。女適帽兒頂劉門。 **阜昌** 配劉氏，柳口。子二：鴻漸、鴻逵。女二，長適河崖，次適東院頭。
十九世	**儉** 配林氏，林家崖後。子新米。 **鴻漸** 配王氏，古宅崖。子三：同福、春堂、學庭。 **鴻逵** 配張氏，崮上。子新亭。
二十世	
二十一世	
二十二世	

十八世	十九世	二十世	二十一世	二十二世
恒昌 配林氏，沙窩。子祥。 **盤根** 配韓氏，萊邑石河頭。 **紅梅** 配衣氏，前陽窩。子二：宣、垚。 **仁昌** 赴遼東。 **啓昌** 配林氏，蛇窩泊。子均衡。 **紅昌**（四） 配林氏，西河南林玉松女。子二：心齋、君齋。 **琴堂** 配李氏，東柳李思望孫女。繼林氏，榆子。				

十八世	**同昌** 配王氏，徐家窪；繼隋氏，蛇窩泊。子三：書聲，王出；春興、全興，隋出。女適蘆子泊王門。
十九世	**書聲** 配于氏，簸箕港。 **春興** 配于氏，東河南。
二十世	
二十一世	
二十二世	

【校注】

〔一〕鴻運：前文爲『鴻潤』，前後不一致，具體情况待考。
〔二〕子荆：前文爲『鴻荆』，前後不一致，具體情况待考。
〔三〕同治六年：一八六七年。
〔四〕紅昌：原作『鴻昌』，據前文『紅昌』改。

十三世

【汝焯長子】

宣 居林家莊子，下同。配史氏，子長貴。

十四世

長貴 配李氏，同里。子五：歉、敦、陶、懌、悦。

十五世

歉 配張氏，嗣子令魁。

敦 配王氏，子三：令太、令升、令沐。

十六世

令魁 配門氏，門家溝。子二：萬昌、萬國。

令太 配林氏，子三：萬年、萬春、萬章。

十七世

萬昌 配林氏，柳王蒲。子汀。

萬國 配王氏，門家溝。子濯。女適泥溝子呂門。

萬年 配李氏，繼田氏，子好，繼出。

萬春 配王氏，觀裏。子三：瑩、瀞、東，瑩出嗣。女四，長適呂家黄口于門，次適劉口劉門，三、四適太平莊辛門。

萬章 配李氏，杏家莊。嗣

十三世	
十四世	
十五世	**陶** 字幽軒。配史氏，小觀。子三：令秀、貞元、慶元。
十六世	**令升** 配林氏，雙承子萬興。 **令沐** 配馬氏，城裏。子萬興，雙承。 **令秀** 配劉氏。缺嗣。 **貞元** 配馮氏，繼于氏，城裏；徐氏，茅茨場。子二：萬清，于出；萬舉，徐出。
十七世	**萬興** 子瀅。 **萬清** 武生。配林氏，柳夼蒲；繼張氏，張家莊。子二：塗，林出；漨，張出。女五，長適吉格莊高門，次適榆格莊王門，三適巨屋劉門，林出；四適大埠後劉門，五適門家溝劉門，張出。

十三世	
十四世	
十五世	**懌** 配單氏，北樓底。繼子令重。 **悅** 配劉氏，西窩洛。子四：令魁、令譽、令重、令緒。令魁、令重出繼。
十六世	**慶元** 配林氏。缺嗣。 **令重** 配譚氏，宅夼譚鴻祥妹。子二：太和、萬邦。 **令譽** 配張氏，楊礎張子增姑。子三：化瀧、允瀧、興瀧。女適西柳于中太。
十七世	**萬舉** 配王氏，東柳王以山姊；繼劉氏，馬家莊劉百旺姊。子漢，繼出。 **太和** 雙承子淇。 **萬邦** 配劉氏，上于家溝劉田姑。子淇，雙承。女二，長適史家莊崔門，次適榆格莊宋門。 **化瀧** 嗣子涇。 **允瀧** 配慕氏，慕家莊。嗣子浴。

十三世	
十四世	
十五世	
十六世	**令緒** 配衣氏，莊頭。子萬習。
十七世	**興漋** 配劉氏，范家蒲格莊劉中倫妹。子五：涇、浴、清、渭、沂。涇、浴、清出嗣。 **萬習** 嗣子清。

十八世

汀
配王氏，官道王世温女。子二：芳仁、芳義。

滸
配衣氏，西崖後。子二：成來、成德。女二，長適交毛寨范門，次適岔口灣徐門。

東
配王氏，門家溝。子三：吉、方田、撈。

滢
配宋氏，沙窩。女二，長適東柳李門，次適太平莊辛門。

塗
配魯氏，朱留魯鳳保姊。子二：成仁、成義。

十九世

芳仁
配郝氏，西郝家莊。

成德
配陳氏，沙窩。子自成。

成仁
配孫氏，李家莊。子四：文、恭、三、文良。

二十世

二十一世

二十二世

十八世	十九世	二十世	二十一世	二十二世
成義出繼。女四，長適榆格莊王門，次適東柳李門，三適榆格莊譚門，四適西窩落欒志。 **瀅** 配趙氏，潘家嶺趙國榦孫女；繼李氏，萊邑和尚莊。嗣子成義。女適古村林門。 **漢** 配唐氏，萊邑山前店唐永璧孫女。 **淇** 配李氏，楊礎李曰漢女。子成山。女適磊山後李門。	女二，長適馬崖衣門，次適吉格莊徐門。 **成義** 配王氏，十五里堠子王登任女。子三：鴻文、鴻珍、鴻隨。 **成山** 配喬氏，喬家喬賓任女。子四：珩、琨、傑、璋。	**琨** 配李氏，楊家圈李玉德女。 **傑** 配崔氏，史家莊。		

世	
十八世	**涇** 配高氏，吉格莊高明山姊。子關林。 **浴** 配譚氏，古宅崖譚化令妹。子立松。 **渭** 配王氏，榆柳前王新女。子三：等林、雙林、雨漢。 **沂** **清**
十九世	**立松** 配王氏，杏家莊。
二十世	
二十一世	
二十二世	

十三世	十四世	十五世	十六世	十七世
【汝焯次子】 **建** 遷北水頭，下同。 配丁氏，嗣子守成。	**守成** 配孫氏，子錫爵。	**錫爵** 赴遼東。		
【汝强長子】 **嶽** 居牟家疃，下同。 字峻嶺，號崇五。 配宋氏，繼衣氏、石氏，子以珠，石出。 葬東老塋，下同。	**以珠** 號嬪川，太學生。 配隋氏，繼孫氏、林氏、王氏、馮氏，副羅氏。子七：經元、連元、貴元、會元、赤元、華元、妙元。	**經元** 配蔣氏，嗣子日東。	**日東** 配宋氏，子二：鴻記、奎三。鴻記出嗣，奎三雙承。	**奎三**
		連元 配林氏，中榆疃。子燕兒，赴遼東。雙承子得山。	**得山** 配劉氏，柳口。嗣子鴻記。	**鴻記**
		貴元 配林氏。缺嗣。		
		會元 配楊氏，丁家寨。子得民。	**得民** 配林氏，蛇窩泊林書堂妹。子善記。女適河崖林景山。	**善記** 配柳氏，西荊夼；繼林氏，觀泊林有容女。子文堂。女二，長適西

世	
十三世	
十四世	
十五世	**赤元** 配孫氏，子得三，雙承。 **華元** 配劉氏，子三：龍、全、德。 **妙元** 配劉氏，東凰跳。子二：日東、日春。日東出嗣。
十六世	**龍** **全** **德** 俱缺嗣。 **日春** 配高氏，邱格莊。雙承子奎三。
十七世	荆介柳門，次適文口林門，俱林出。

十八世	**文堂** 配林氏，河崖；繼林氏，榆子。子春玉。
十九世	
二十世	
二十一世	
二十二世	

世	
十三世	【汝强仲子】 **皓** 居牟家疃，下同。 庠生。 配林氏，子以忠。 葬東老塋西，下同。
十四世	**以忠** 號義男。 配林氏，子二：晶、明。
十五世	**晶** 配李氏，楊礎。子元太。 **明** 配林氏，河崖林明姑。子五：克恭、克寬、克儉、克敏、克惠。
十六世	**元太** 配劉氏，卜蒲格莊；繼田氏，南西留；李氏，丁家寨；隋氏，黑磊子。子五：學，劉出；景陽、景福、景成、景寬，隋出。 **克恭** 配劉氏。 **克儉** 配劉氏，南柴；繼馬氏，馬家窑。子二：焕、
十七世	**學** 失考。 **景陽** 配修氏，海邑槐山。 兼承子得崇。 **景福** 兼承子得崇。 **景成** 配辛氏，東荆夼。子得崇，兼承。 **景寬** 兼承子得崇。 **焕** 寄居福山城西王家疃。 配趙氏，海邑劉連蒲。 子四：得、文、生、住。

十三世	十四世	十五世	十六世	十七世
			萬，馬出。煥兼承。女二，長適崖後，次適蛇窩泊，馬出。 **克敏** **克惠** 配張氏，板夼。俱兼承子煥。	女二，長適院頭窑，次適蛇窩泊仇門。 **萬** 配楊氏，下張家。

十八世	得崇 配蔣氏，唐山。子三：同升、連紅、開廷。
十九世	
二十世	
二十一世	
二十二世	

十三世

【汝强三子】

峸 居牟家疃，下同。
配修氏，繼李氏、戚氏，子三：以禮、以智、以信。

【汝强五子】

嶔
恩賜九品。
配劉氏，帽兒頂；繼隋氏，石角夼。子二：

十四世

以禮
配孫氏，繼隋氏，子四：照、玉、魁、田。

以智
配衣氏。

以信
配柳氏，子二：桂、發成。

以瑄
太學生。
配隋氏，子二：公垣、公塹。

十五世

照

玉
配孫氏。

魁

田
配郭氏。
以上四名失考。

桂
配蔣氏。缺嗣。

發成
配范氏。缺嗣。

公垣
配蔣氏，唐山。子三：克欽、克温、克安。

十六世

克欽

克温

克安 俱兼承。
配修氏，繼子錫芳，兼承。

十七世

錫芳
配徐氏，爐上；繼林氏，蛇窩泊。嗣子志廷。

十三世

以瑄，劉出；以琳，隋出。

十四世

以琳

庠生。

配林氏，子五：公塏、公墀、公圻、公場、公壂。

十五世

公壂

配王氏，榆柳前。子二：克清、克和。

葬於老塋後，下同。

公塏

配劉氏，繼衣氏，雙承子重有。

公墀

配林氏；繼林氏，榆山後。子重有，雙承。

公圻

配林氏，嗣子仙芝。

十六世

克清

配徐氏，爐上。子二：錫瑕、錫芳，錫芳出繼。

克和

配劉氏，東凰跳。子錫祜。

重有 缺嗣。

仙芝

兼承子從三。

十七世

錫瑕

配李氏，嗣子志臣。

錫祜

配孫氏，台上。子三：志廷、志臣、志訓。志廷、志臣出嗣。

世	
十三世	
十四世	
十五世	**公塲** **公壂** 配林氏，榆疃。子二：玉芝、仙芝。仙芝出繼。
十六世	**玉芝** 配柳氏，榆子。子四：從三、從四、從五、從九。從三兼承。女四，長適西河南林門，次適西河南林門，三適黄口杜門，四適榆柳前。
十七世	**從三** 配蔣氏，唐山。女二，長適槐山修門，次適院上鍾殿舉。

十八世	十九世	二十世	二十一世	二十二世
志廷 配王氏，榆柳前王卿女。子四：忠升、忠信、忠義、忠嚮。女適唐山林門。	**忠升** 配蘇氏，榆柳前蘇才女。 **忠信** 字誠齋，中學畢業。配蔣氏，馬家溝。 **忠義** 配孫氏，南窩落。			

十三世	十四世	十五世	十六世	十七世
【汝强六子】 **巋** 居牟家疃，下同。 配衣氏，子四：得元、得亨、得利、得貞。 葬東老塋西。	**得元** 兼承子公殿。 **得亨** 配林氏，兼承子公殿。 **得利** 兼承子公殿。 **得貞** 配□氏，子二：公殿、冠羣。公殿出嗣，兼承。	**公殿** 配王氏，鞍子夼。子四：天寶、進開、進嚮、進元。	**天寶** 赴遼東。 **進開** 配崔氏，蛇窩泊崔中林姑。子三：可立、可仁、可賓。 **進嚮** 配林氏，林家崖後。子逢春。	**可立** 配于氏，東河南于衡妹。 **可仁** 配柳氏，西荆夼柳稱恩女。 **逢春** 配劉氏，南柴劉景春女。子二：柴、瑞。

世	
十三世	
十四世	
十五世	**冠羣** 赴遼東。配林氏。
十六世	**進元** 配王氏，小柴；繼薛氏。子二：公義、昌裕。女三，長適東河南于衡，次適西林林孟書，三適西山林門。
十七世	

世次	
十八世	柒 配步氏，上步家。
十九世	
二十世	
二十一世	
二十二世	

十三世	十四世	十五世	十六世	十七世
【汝熹子】 **崋** 居牟家疃，下同。 配□氏，子以珩。	**以珩** 赴遼東。			
【曰敏長子】 **芝** 居南柴，下同。 號瑞生。 配于氏，子二：士魁、士元。	**士魁** 配尉氏，子二：禄、盛。禄出嗣。	**盛** 配李氏，繼王氏、劉氏。子二：伯福、伯貴，王出。	**伯福** 配姜氏，繼林氏，子維，林出。	**維** 配張氏，子仲陽。女二，長適集前林綉，次適鍾家院鍾門。
			伯貴 配張氏，子作。	**作** 配張氏，子二：仲祥、仲楷。
	士元 配劉氏，嗣子禄。	**禄** 鄉飲耆賓。 配高氏，海邑野槐樹。子二：伯龍、伯純。女適萊邑郝家泊子郝門。	**伯龍** 配姜氏，萊邑吴家疃；于氏，東河南；徐氏。子二：新、惠，徐出。女三，長適南榆疃楊進存，次適大埠後劉門，三適石角夼隋福堂。	**新** 配李氏，林家莊；繼王氏，榆子。子四：書漢、書錦，李出；書林、書慶，王出。女三，長適上劉家劉門，次適范家蒲格莊劉門，三適邱格莊劉門，繼出。

十三世

十四世

十五世

十六世

伯純

配隋氏，大咽喉；繼王氏。子四：廷，隋出；建、延、全，王出。女三，長適玉皇廟後馮金早，次適吉格莊高聯翰，三適遲家溝張元科，隋出。

十七世

惠

配譚氏，古宅崖譚長安姑。子三：書田、書雲、書端。女二，長適劉家崖後劉門，次適大咽喉隋門。

廷

配劉氏，大埠後。子書坤。女適馬格莊隋全。

建

配隋氏，石角夼隋福進妹。嗣子崇楠。

延

配林氏，河崖林茂興女、林華之姊。子三：崇橘、崇樸、崇楠。崇楠出繼。女三，長適徐家莊庠生柳孟松子，次適唐山林同六，三適東凰跳劉云貴子。

世	
十三世	
十四世	
十五世	
十六世	
十七世	全 配林氏，蛇窩泊林海容妹。子文章。女二，長適朱留魯登州，次適下吼山王相雲。

十八世	十九世	二十世	二十一世	二十二世
仲楊〔二〕 配郝氏，丁家寨。女三，長適河崖陳其才，次適閣子東溝張得廣，三適海邑團山張門。				
仲祥 配王氏，團山。子紹堂。	**紹堂** 配王氏，團山。			
仲楷 配劉氏，蒲格莊。子瑞堂。	**瑞堂** 赴遼東。			
書漢 配于氏，清江口。子三：争、冬、秋。				
書錦 配林氏，中榆疃林任女。子春。	**春** 配林氏，中榆疃林壽江女。子藍代。			

十八世	十九世	二十世	二十一世	二十二世
書林 配譚氏，榆格莊。子昆。女二，長適院頭窑張發仁，次適南窩落孫門。 **書慶** 配林氏，文石林蘭女。 **書田** **書端** 配魯氏，東路家。子夏。 **書坤** 配韓氏，南窩落韓龍合女。子二：顯、梍。女三，長適馬格莊隋明夷，次適唐山林成化，三適帽兒頂劉門。	**昆** 配徐氏，老山村。 **顯** 配呂氏，寨頭。 **梍** 配孫氏，南窩落。子龍雲。			

十八世	十九世	二十世	二十一世	二十二世
崇楠 配王氏，上范家溝。子三：奎三、奎斗、壽三。	**奎三** 配朱氏，老樹夼。			
崇橘 字陸齋。 配王氏，唐山頭王鐸女。嗣子誠志。	**誠志** 配譚氏，宅夼譚長悦女。			
崇樸 字子實。 配朱氏，上朱蘭朱壽廷姊。子五：誠志、尚志、勤志、民志、吾志。誠志出嗣。	**尚志** 配朱氏，上石河頭朱樂樸女。 **勤志** **民志** **吾志**			
文章 配隋氏，石角夼隋福恒女。子二：成漢、工泮。女適王蘭口宋門。	**成漢** 配劉氏，邱格莊。子長早。			

十三世	【曰敏次子】 **芩**〔二〕 居蛇窩泊，下同。 配王氏，子士義。
十四世	**士義** 配劉氏，子二：豐、黄。
十五世	**豐** 配劉氏，子伯林。女一適海邑吼山劉門，一適郝家泊子郝門。 **黄** 配□氏，子伯仁。
十六世	**伯林** 配譚氏，繼王氏，西窩落。子二：仲、田，王出。女適西凰跳林貴子，王出。 **伯仁** 配劉氏，子開。女三，長適海邑台上，次適馬兒崖李門，三適河崖林門子先。
十七世	**仲** 配于氏，同里于元堯女。子進修。 **田** 配李氏，李家莊。子所。女適河崖林德盛子。 **開** 失考。

十八世	**進修** 配于氏，萊邑張家觀。
十九世	
二十世	
二十一世	
二十二世	

十三世	【曰庠子三】 **蘭** 居河西，下同。配姜氏，子三：長令、永令、潤令。 **芬** 配劉氏，子長住。 **蓁** 配姜氏，子三：長泰、長福、長吉。
十四世	**長令** 配劉氏，繼王氏、楊氏。兼承子鳳。 **永令** 配衣氏，兼承子鳳。 **潤令** 赴口外。配姜氏，子鳳、鷟。鳳出嗣，兼承。 **長住** 配林氏，子華。 **長泰** 配隋氏，蛇窩泊隋光謙姑。子四：鐸、桐、鵷、鸂。桐出嗣。
十五世	**鳳** 缺嗣。 **鷟** 赴口外。 **華** 缺嗣。 **鐸** 配高氏，繼閻氏，唐山。子四：潤之、云舉、仰之、景之。
十六世	**潤之** 赴遼東。 **云舉** 配柳氏。 **仰之** 赴遼東。 **景之** 俱庚金兼承。
十七世	

十三世	
十四世	**長福** 配戰氏，戰家溝；繼陳氏，河崖。子許。 **長吉** 配張氏，嗣子桐。
十五世	**鴐** 缺嗣。 **鷚** 缺嗣。 **許** 配王氏，榆子王成雲祖姑。子二：惠增、貴增。 **桐** 配林氏，子殿安。
十六世	**惠增** 配辛氏，東荆夼。子庚金，雙承。女二，長適榆子林門，次適黄崖底庠生董鶴令。 **貴增** 兼承子庚金。 **殿安** 缺嗣。
十七世	**庚金** 配柳氏，西荆夼柳云海姊。子二：志三、志南。女二，長適黄崖底董鶴令子，次適東荆夼林全芝。

十八世	**志三** 配柳氏，西荆夼柳明顯妹；繼王氏，官道王連瑄妹。子鴻運。 **志南** 配劉氏，帽兒頂劉孟慶女。子二：悟奎、悟生。
十九世	
二十世	
二十一世	
二十二世	

十三世	【致中子】 **菊** 居南柴。缺嗣。 【曰聰長子】 **英** 居南砦，下同。 配郝氏，子二：長久、崇德。
十四世	**長久** 配林氏，子二：冕、晏。 **崇德** 配于氏，子二：衢、衡。
十五世	**冕** 配林氏，子二：伯發、伯仲。 **晏** 赴遼東。 配王氏。 **衢** 配修氏，雙承子伯和。
十六世	**伯發** 配□氏，子李。 **伯仲** 改名伯連，缺嗣。 **伯和** 配李氏，子三：仁、義、智。
十七世	**李** 赴遼東。 **仁** 配張氏，女適同里劉景昌。 **義** 配□氏，子文升。 **智** 配周氏，初家疃。子舉。

十三世	
十四世	
十五世	**衡** 配趙氏，子伯和，兼承。
十六世	
十七世	

十八世	**文升** 配隋氏。女二，長適下蒲格莊劉門，次適蛇窩泊李門。 **擧** 居福山。
十九世	
二十世	
二十一世	
二十二世	

十三世

【曰聰次子】

莘 居駝山，下同。

配孫氏，子二：長安、長居。

十四世

長安

配孫氏，繼柳氏，子二：松、椿。椿出嗣。

長居

配路氏，嗣子嶽。

十五世

松

配吳氏，西龍母廟。嗣子文源。

嶽

原名椿。

配李氏，李家泊子李蒿姑。子二：文清、文源。文源出繼。

十六世

文源

配蘇氏；繼于氏、閻氏，欒家店閻客信妹。子讚，雙承。

文清

配于氏，孫疃于龍妹。雙承子讚。女適黃口程文鴻。

十七世

讚

配田氏，南西留庠生田楹女；史氏，花園武生史寶君女；馬氏，下泊馬翠女。子二：吉、任，馬出。女適東莊，史出。

世系	
十八世	吉 配董氏，南崖後董英侄女。 任 配李氏，辛莊李寶書女。
十九世	
二十世	
二十一世	
二十二世	

十三世	十四世	十五世	十六世	十七世
【曰端子】 **薪** 居南柴，下同。 配岳氏，子三：自立、自修、自得。	**自立** 嗣子展。 **自修** 配李氏，缺嗣。 **自得** 配柳氏，子二：元、展。展出嗣。	**展** 原名剪。 配衣氏，繼劉氏，子三：伯成、卿良、伯禮，衣出。卿良出嗣駝山老八分宜發名下。 **元** 配柳氏，子四：伯會、伯玉、伯堯、伯舜。	**伯成** 配劉氏，柳口。子萊，出嗣，雙承。 **伯禮** 配劉氏，雙承子萊。 **伯會** 配李氏，兼承子賢。 **伯玉** 配王氏，子賢出嗣，雙承。 **伯堯** 配戰氏，戰家溝；繼張氏，萊邑沐浴店。子葵出嗣，雙承，戰出。	**萊** 配陳氏，蛇窩泊陳壽鏡姊。子文圃。 **賢** 配□氏，子立。 **葵** 配衣氏，榆格莊衣江姊。子三：文山、文瑞、文林。女二，長適唐山

十三世	十四世	十五世	十六世	十七世
			女三，長適連家莊連擢，次適二十里堡林門，三適邱格莊劉門，張出。 **伯舜** 配譚氏，雙承子葵。	蔣芸香，次適辛家夼辛門。

十八世	十九世	二十世	二十一世	二十二世
文圃 配劉氏，邱格莊劉和女。子二：之羅、香。女適辛家夼張門。	**之羅** 配徐氏，萊邑徐家莊徐殿賓女。			
文山 配高氏，萊邑菴兒；繼孫氏，丁家寨。子四：云堂、云誠、云亭、云閣，孫出。	**云堂** 配劉氏，下蒲格莊劉文桂孫女。子二：求、昆明。			
	云誠 配戰氏，戰家溝。子根。			
	云閣 配隋氏，馬格莊。			
文瑞 配林氏；繼修氏，槐山；王氏，王家黃口；張氏，埠梅頭。子三：清、云經、三漢，張出。	**清** 配劉氏，劉家蒲格莊。			
	云經 配宋氏，南榆疃宋長理女。			

十八世	女適槐山修門，張出。 **文林** 配譚氏，西宅夼。子云棋。
十九世	**云棋** 配徐氏，王家莊徐珂女。
二十世	
二十一世	
二十二世	

十三世

茂 居南柴，下同。配姜氏，子二：長凝、長遠。

【思誠嗣子】

芸 居駝山，下同。配王氏，子長樂。

十四世

長凝 配姜氏，子三：翰、亨、伯達。亨出繼。

長遠 嗣子亨。

長樂 配于氏，子四：超羣、超凡、超班、超舉。

十五世

翰 赴遼東。

伯達 缺嗣。

衡 原名亨。配□氏，子二：龍、寬。

超羣 配孫氏，龍王廟。子希古。

超凡 缺嗣。配吴氏，龍母廟。

超班 配衣氏，子希聖。

十六世

龍 赴遼東。

寬 缺嗣。

希古 配劉氏，八家福劉義元姑；繼張氏。子二：紀法、利。紀法出嗣，雙承，張出。女適蓬萊城内孫門，張出。

希聖 配劉氏，下泊。子二：洪、愷。

十七世

利

洪 配徐氏，萊邑思格莊。子殿奎。

十三世	
十四世	
十五世	**超舉** 配遲氏，觀格莊。繼孫紀法，雙承。
十六世	
十七世	**愷** 配劉氏，王太後；繼劉氏，不動山劉尚清姊。子五：殿英、殿元、殿三、殿慶，殿君，繼出。 **紀法** 配于氏，解格莊于成利姊。子二：殿文、殿章。

十八世	**殿奎** 配謝氏，下泊謝鳳龍妹。子三：江、尊、祚。女三，長適本疃劉明，次適八家福孫門，三適招遠方家。 **殿英** 配張氏，畢郭河西張樸女。
十九世	**江** 改名炳炎，字輔南。配隋氏，下泊隋盛女；繼陳氏，孫家莊陳其昌女。子紹文，繼出。 **尊** 配史氏，孫疃史福妹。子三：文恭、文友、文聲。女適大花園隋門。 **祚** 配徐氏，徐家莊徐金玉女。子三：文焕、文典、文誥。女一適楊家窪蔡門，一適大丁家史門。
二十世	**文恭** 配程氏，程家莊。
二十一世	
二十二世	

十八世	十九世	二十世	二十一世	二十二世
殿元 **殿三** 配董氏，半城溝董萬倉姊。 **殿慶** **殿君** 配張氏，胡家堡；繼馬氏，沙陵。 **殿文** 配程氏，程家莊。子三：珍、忠、同。女三，長適孫家莊子梁成三，次適下泊謝斗三。	**珍** 配于氏，解格莊于廷立女。子文言。 **忠** 配孫氏，河南孫萬盛女。子二：交、鳳高。 **同** 配張氏，畢郭河西張德女。子福末。	**文言** 配劉氏，不動山劉萬盛侄女。子道觀。		

十八世	**殿章** 配方氏，方家方修妹。子珩。女適大劉家許門。
十九世	**珩** 配孫氏，逍遥莊孫盛田女。子三：文心、文善、文喜。女適埠上劉鴻恩子。
二十世	**文心** 配衣氏，東莊衣鴻孫女。 **文善** 配趙氏，埠上趙連盛女。
二十一世	
二十二世	

十三世	十四世	十五世	十六世	十七世
【思敬長子】 **增** 居駝山，下同。 改名常。 配林氏，子三：魁玨、魁昌、魁華。	**魁玨** 配徐氏，繼陳氏，子剛兼承。 **魁昌** 改名魁仁。 配于氏，兼承子剛。 **魁華** 配劉氏，兼承子剛。	**剛** 配于氏，小姜家莊。		
【思敬次子】 **元** 缺嗣。				
【曰仁長子】 **蕃** 居牟家疃，下同。 配孫氏，旌表節孝。 嗣子肯構。 葬老塋後，下同。	**肯構** 配林氏，嗣子能容、準。準北水頭四分騰霄名下繼入。	**能容** 自老六分嗣入。 配蔣氏，嗣子松福。 **準** 原名灌。 配鍾氏，子二：松福、松壽。松福出嗣。	**松福** 缺嗣。 **松壽** 缺嗣。	

十三世	【曰仁仲子】 **質清** 號冰壺。 配衣氏，繼于氏，子三：希顔、希曾、希思。
十四世	**希顔** 配林氏，子二：涏、温。
十五世	**涏** 配林氏，繼李氏，子二：雅軒、静軒。
十六世	**雅軒** 配林氏，生木樹後。子三：公田、福田、清田。清田出繼。 **静軒** 配蔣氏，蔣家莊蔣石瑞妹。嗣子清田。女適東荆夼林作鴻。
十七世	**公田** 配歐氏，范家莊歐長法女；繼于氏，東河南于開林女。子三：作同、作仁、作義，于出。女適南柴胡門，于出。 **福田** 配徐氏，王家莊徐升姊。子作德。女三，長適東河南于富，次適下蒲格莊劉門，三適清江口衣門。 **清田** 配劉氏，南柴劉朝女。子四：得珠、桂珠、衛珠、瑞珠。女三，長適

十三世	
十四世	**希曾** 配林氏，繼韓氏。子二：溁，林出；溶，韓出。 **希思** 號含輝，庠生。配衣氏，繼尹氏，子淑，尹出。
十五世	**温** 配宋氏，子臨軒。 **溁** 配林氏，河崖林凱之姑。子龍軒。女適磚園孫門。 **溶** 赴遼東。配衣氏，子幽軒。 **淑** 配蔣氏，蔣家莊。子三：平軒、松軒、竹軒。松軒出繼。
十六世	**臨軒** 配戰氏，戰家溝。子三：寶田、春田、芳田。 **龍軒** 配趙氏，蛇窩泊。子玉田。女二，長適蔣家莊蔣門，次適河崖林芳。 **幽軒** 赴遼東。 **平軒** 改名廷軒。配尹氏，大莊；繼劉氏，榆家壙。雙承子書田。
十七世	東河南于湖，次適海陽吼山王志坤子，三適東宅夼劉門。 **芳田** 配欒氏，萊邑姚家溝。子三：大數、連數、温數。女二，長適河崖劉門，次適下范家溝李正。 **玉田** 配劉氏，鍾家院。子作起，雙承。女適唐山鄭門。 **書田** 赴遼東。配衣氏，雙承子作起。

十三世	
十四世	
十五世	
十六世	竹軒 配衣氏，釜甑。子書田，雙承。
十七世	

十八世	十九世	二十世	二十一世	二十二世
作義 配劉氏，西山叫。子全郎。 **作德** 配魯氏，朱留。 **得珠** 字子賓。 配林氏，蛇窩泊林至典妹。子二：高郎、永奎。 **桂珠** 配徐氏，老山村徐德女。子二：春在、月在。 **衛珠** **瑞珠** 配朱氏，老樹夼。子寶生。 **連數** 配韓氏，萊邑房家疃。	**高郎** 高小畢業生。			

十三世

【曰仁三子】

質剛 居牟家疃。

號韋佩，廩生。

配林氏，繼張氏。子五：肯構、騰霄、淩霄、鳴霄，林出；沖霄，張出。肯構出繼。

葬祖塋前。

十四世

騰霄 居北水頭，下同。

配林氏，子四：準、泣、泩、澤。準出嗣肯構，泩出嗣北水頭童泌名下。

葬老塋後，下同。

淩霄 居牟家疃，下同。

配隋氏，石角夼隋福同祖姑。子潤。

十五世

泣

配范氏，門家溝。子振有。

澤

配劉氏，小帽兒頂。繼子永升，自北水頭泩名下繼。女二，長適太平莊姜門，次適唐山。

潤

配姜氏，子二：乘軒、玉軒。女適楊礎李門男式南，邑庠生。

十六世

振有

配張氏，嗣子奇光。

永升

配劉氏，大埠後。子三：奇光、奇盛、奇雲。奇光出繼。女適西凰跳林吉春。

乘軒

配王氏，埠梅頭王密剛妹。子三：立田、升田、元田。女適李家莊李門。

玉軒

配林氏，河崖林德玉妹。子唐。女適唐山蔣門。

十七世

奇光

兼承子崇文。

奇盛

配劉氏，子崇文兼承。

奇雲

配王氏，兼承子崇文。

立田 赴遼東。

升田

雙承子慶德。

元田

配吕氏，雙承子慶德。

唐

配張氏，張家溝張志誠女。子三：慶德、慶盛、慶雲。慶德出嗣。

十三世	
十四世	**鳴霄** 配衣氏，子潤。 **沖霄** 配林氏，子二：源、濮。
十五世	**潤** 嗣子松軒。 **源** 配林氏，觀泊林當姊。子二：景春、迎春。女二，長適前陽窩衣鴻，次適古宅崖譚門。
十六世	**松軒** 配林氏，唐山林伯符女，庠生林榮科姑。子硯田。 **景春** 配劉氏，南柴劉文貞女。子三：心田、良田、修田。女適河崖林廣。
十七世	女一適清江口衣樂，一適柳口劉門。 **硯田** 配林氏，東荆夼。子壽凱。女二，長適丁家寨孫丙煇，次適萊邑鶴山後李門。 **心田** 配王氏，河崖王有明之姊。繼子鳳珠。女適唐山林門。 **良田** 配譚氏，古宅崖譚學禮女。子龍珠。 **修田** 配韋氏，西半泊子韋太女。子五：鳳珠、明珠、潤珠、月珠、從珠。

十三世	
十四世	
十五世	**濮** 配隋氏，子苓春。女適海邑枳實夼李門。
十六世	**迎春** 配林氏，觀泊林當女。子喜田。女三，長適東院頭衣門，次適河崖林景福，三適文口林桂蘭。 **苓春** 赴遼東。
十七世	鳳珠、月珠出繼。女二，長適大咽喉隋門，次適八田李用德。 **喜田** 配閻氏，辛家夼閻田姑。繼子月珠。女二，長適辛家夼潘士德，次適石角夼隋玉昌。

十八世	十九世	二十世	二十一世	二十二世
崇文 配王氏，道宿王鴻仁女。 **慶德** 配劉氏，小莊鋪。子二：太順、寶隆。 **慶盛** 配隋氏，石角夼隋萬隆孫女。子全和。 **壽凱** 配李氏，萊邑岔河村；繼林氏，文口林枝女。子四：安、三香、安化、安家。女適榆家壙劉門。 **鳳珠** 配徐氏，徐家莊徐永法女。				

十八世	十九世	二十世	二十一世	二十二世
龍珠 配王氏，古宅崖王經女。子二：天榜、天文。天文出繼。 **明珠** 配胡氏，南柴胡以久女；繼張氏，萊邑張家院。子福山，繼出。 **潤珠** 赴遼東。 **從珠** 配林氏，河崖林光女。子得三。 **月珠** 配林氏，河崖林孟女。繼子天文。	**天榜** 字許齋。配王氏，古宅崖王增年女。 **天文** 配林氏，唐山林登科孫女；繼潘氏，辛家夼潘士德女。子三：國民、國聚、國交，林出。			

十三世	十四世	十五世	十六世	十七世
【曰仁四子】 **賔光** 居柞嵐頭，下同。 配孫氏，子人爲。 葬老塋後。	**人爲** 改名爲周。 配程氏；繼宋氏，孫家窪宋得章祖姑。子鴻。女一適王家莊，一適畢郭陳門，一適孫家窪王門，一適河崖丁門。 葬柞嵐頭，下同。	**鴻** 配蔣氏，蔣家莊庠生蔣德運祖姑。子三：震恐、震東、維翰。女適二十里堡林門男德甫，邑庠生。	**震恐** 恩榮壽官。 配孫氏，同里孫鶴姑。子二：述、光焌。女適山口張門。 **震東** 字春生。 配史氏，史家莊史如意之姑。子三：光焕、光燦、光熹。光熹出嗣。	**述** 字益謙。 配史氏，小觀史豐玉女；繼衣氏，紙坊衣振玉姊。子四：桂芬、桂芳、桂林、桂薰。女適大山口徐門，俱衣出。 **光焌** 配姚氏，萊邑大姚格莊武生姚瑞廷妹。子六：桂枝、桂馨、桂三、桂陽、桂齡、桂殿。 **光焕** 字輝東，號少嵐，師範畢業。 配閻氏，繳溝庠生閻玉振妹；繼路氏，徐家

十三世	
十四世	
十五世	
十六世	**維翰** 字樹屏，邑庠生。配周氏，宋格莊武生周殿卿姑。繼子光熹。
十七世	溝路雲駕妹。子三：樹德、樹人、樹芳。樹德出嗣。女三，長適寺口柳英章，次適逍遥莊武舉孫殿英之孫，三適小花園史門，俱繼出。 **光燦** 配閻氏，宅窠；繼劉氏，北照。子三：樹訓、樹滋、樹萱，繼出。 **光熹** 字星伯。配于氏，曹家于春芳之姊。子三：樹聲、樹堂、樹玉。

十八世	十九世	二十世	二十一世	二十二世
桂芬 配史氏，小觀史介女。女適寺口劉門。 **桂芳** 配衣氏，崖後。子四：紹樂、音樂、壽行、壽德。 **桂林** 配史氏，小觀庠生史銘膚侄女。子三：大善、紹齋、得泰。 **桂薰** 配甄氏，本疃甄客全女。子勸善。 **桂馨** 配慕氏，北照慕君女。 **桂三** 配程氏，黄口。				

十八世	十九世	二十世	二十一世	二十二世
桂陽 配于氏，曹家于長生孫女。 **桂殿** 配衣氏，炳家莊衣等傑女。 **樹芳** 配馬氏，宋格莊馬繼善女。 **樹滋** 配胡氏，南照胡殿三孫女。 **樹萱** 配慕氏，北照。 **樹聲** 配林氏，二十里堡林中甫女。子二：竹林、志新。				

十八世	**樹堂** 字召民，高小畢業。 配姜氏，大疃姜廷芳女；繼蔣氏，蔣家莊武生蔣世功孫女。子志潔，繼出。 **樹玉** 字子璞。 配史氏，史家莊歲貢生史壽椿孫女。
十九世	
二十世	
二十一世	
二十二世	

十三世	十四世	十五世	十六世	十七世
【振德長子】 **芸** 居北水頭，下同。 配杜氏，繼劉氏，子二：叔麟、季麟，杜出。 【振德仲子】 **苹** 居北水頭，下同。 配徐氏，繼馬氏，子童泌。	**叔麟** 雙承子貴。 **季麟** 配劉氏，子貴雙承。 **童泌** 配林氏，繼王氏，嗣子洼。女一適林家莊子李門，一適林家崖後林門。	**貴** 配隋氏，子鎖。 **洼** 配丁氏，杜家黄口；繼林氏，姚家溝林發彦妹。子三：兆升、永升、夢升。永升出嗣。	**鎖** 缺嗣。 **兆升** 配劉氏，大埠後劉鳳和妹。子三：芳、荷、芝。女二，長適古宅崖譚漢，次適大楚留于丕敏。	**芳** 號奇華。 配林氏，西凰跳林成信妹。子三：學文、習文、見文。習文、見文出繼。女二，長適草蒲柳盛雲，次適求格莊王經廷。 **荷** 配劉氏，東凰跳劉洪義姑。繼子習文。

卷三

世次	
十三世	
十四世	
十五世	
十六世	**夢升** 缺嗣。
十七世	**芝** 號岐峯。配劉氏，泉水夼劉望雨姊。繼子見文。

十八世	十九世	二十世	二十一世	二十二世
學文 配柳氏，西荆夼柳佩玉妹。子玉章。女適馬家溝蔣門。 **習文** 字琴生。 配欒氏，朱蘭；繼林氏，河崖林讓妹。子玉珍，林出。 **見文** 配王氏，徐家店王習勤妹。子二：玉昆、玉求。	**玉章** 配柳氏，草蒲；繼蔣氏，姜家秋口蔣永太女。子喜民，繼出。 **玉珍** 配林氏，河崖林紹柯女。 **玉昆** 配王氏，卧龍溝王鎮中女。			

十三世	十四世	十五世	十六世	十七世
【振德三子】 **莖** 居北水頭，下同。 配孫氏，繼郝氏，子二：仲麟、成麟。 **【振統子】** **永年** 居講稼莊，下同。 太學生。 配衣氏，子四：童晏、童穎、童尚、童奇。	**仲麟** 配孫氏，子三：和容、廉、著容。 **成麟** 赴遼東。 **童晏** 配趙氏，子洗心。 **童穎** 配郝氏，嗣子興，自講稼莊老長分世法名下嗣入。 **童尚** 配衣氏，子澤心。	**和容** 赴遼東。 **廉** 遷小藍家店。 配隋氏，子三：來福、厚福、載福。 **著容** 失考。 **洗心** 改名建。 配衣氏，子二：耕三、耕奎。 **興** 配步氏，缺嗣。 **澤心** 一名贊玉。 配李氏，缺嗣。	**來福** **厚福** **載福** 俱失考。 **耕三** 居柞嵐頭，下同。 配張氏，子存雙承。 **耕奎** 配張氏，雙承子存。	**存** 配王氏，嗣子樹德。

世系	
十三世	
十四世	**童奇** 配林氏，子二：連玉、锺玉。
十五世	**連玉** **锺玉** 俱失考。
十六世	
十七世	

十八世	**樹德** 配馬氏。
十九世	
二十世	
二十一世	
二十二世	

十三世

【俊先嗣子】

誥 自陽谷遷東山叫。

配林氏，子連奎。

【配先長子】

岳 居陽谷。

配呂氏，子雙成。

【配先四子】

仁 失考。

【配先五子】

嶐 缺嗣。

【廣先嗣子】

峯

配林氏，子連四。

【天秩子】

發端 居前牟家疃，下同。

配王氏，日升兼承。

十四世

連奎 出外。

雙成 遷東山叫，下同。

配柳氏，子二：開泰、開給。

連四 赴遼東。

配劉氏。

十五世

開泰 雙承子瑞苓。

開給 配柳氏，子瑞苓雙承。

十六世

瑞苓 配步氏，嗣子言和。

十七世

言和 嗣言忍子福常。

十三世	十四世	十五世	十六世	十七世
崧 配林氏，子四：永興、永盛、永詳、永春。	**永興** 配朱氏，雙承子沈。	**沈** 配劉氏，子玉山。	**玉山** 赴遼東。	
	永盛 配尉氏，繼李氏，子希。	**希** 赴遼東。		
	永詳 配孫氏，雙承子沈。			
	永春 配衣氏，繼尹氏，子琳、苓。	**琳**		
		苓 俱赴遼東。		
上林 配劉氏，繼吴氏，子二：日新、日升。 葬後老塋。	**日新** 雙承子殿魁。	**殿魁** 配劉氏，子三：禧、辰、寅。女二，長適八趾溝，次適尹家莊子劉殿三。 葬大道北，下同。	**禧** 字禄堂，鄉飲耆賓。 配蘇氏，蘇家樓底。 子竇仁。	**竇仁** 字樂山，號子厚，從九品。 配孫氏，海邑孫家油房孫得善孫女。子秀峯。女適海邑姜家秋口舉人姜式申之孫。 葬東老塋東。

十三世	
十四世	日升 配宋氏，子殿魁，雙承。
十五世	
十六世	**辰** 赴遼東。 **寅** 赴遼東。
十七世	

十八世	**秀峯** 配王氏，木蘭夼王福順女。子二：允利、允臻。
十九世	**允利** 配林氏，河崖林鴻才女。
二十世	
二十一世	
二十二世	

十三世

【曰藩子】

巘 居東三叫。

配王氏，子二：秉孝、秉友。

【曰茇長子】

仁

配林氏，口子；繼徐氏，陳家疃；車氏，車家泊子。子四：秉清，林出；秉秀、秉潔、秉潤，徐出。

十四世

秉孝 赴遼東。

秉友

配隋氏，子元芳。

秉清

字心鏡。

配劉氏，葦城；繼陳氏，沙窩。子三：爲鐸，劉出；希孔、希舜，陳出。

十五世

元芳 失考。

爲鐸

原名希堯。

配李氏，子二：餘慶、餘光。

十六世

餘慶

配馮氏，上莊頭。子二：言忍、言和。言和出嗣。女三，長適前澤頭慕門，次適東八田李門，三適西三叫徐門。

餘光

配李氏，上桃村李壽元之妹。子言倫。女五，長適後哨村鄒門，次適生木樹後林門，三適祝

十七世

言忍

配林氏，榆山後；繼李氏。子四：福常、福守、福崇、福業。福常出繼。女三，長適上張家張明清，次適下閣子張芝琴，三適萊邑南嵐河西。

言倫

配周氏，後榆家夼周鳳女。子福太。女二，長適澤頭李門，次適高家店子高門。

十三世	
十四世	
十五世	**希孔** 配李氏，唐家泊李明吉胞妹。子二：餘九、餘祥。
十六世	家夼祝丕和，四適田裏許法，五適下閣子林門。 **餘九** 配鄒氏，哨上村鄒見玉之胞妹。子二：言傳、言義。 **餘祥** 配劉氏，海邑徐家店劉文奎女。子言斌。
十七世	**言傳** 配林氏，生木樹後林昌女。子二：福真、福至。女三，長適桃村孫門子天祥，次適西荆夼柳門，三適河東崖劉同義。 **言義** 赴遼東。配楊氏，刁崖前楊本女。 **言斌** 配孫氏，上磚園孫鳳崗女；繼馮氏，榆林子馮玉芝女；劉氏，大帽兒頂劉全會女。子福貞。女適北水頭鞠壽山。

十三世

十四世

秉秀 字峯一。配衣氏，東院頭。子二：希适、希曇。

秉潔 缺嗣。

秉潤 缺嗣。

十五世

希舜 缺嗣。

希适 配林氏，繼欒氏，嗣子餘一。

雲曇 庠生，原名希曇。配劉氏，繼姜氏。子二：餘三、餘一，繼出。餘一出繼。

十六世

餘一 字枚卜。配張氏；繼衣氏，清江口。嗣子言禮。女三，長適前澤頭李門子式寶，次適西宗疃鄒永春，三適馬家河劉門子議。

餘三 配徐氏，陳家疃徐樸妹。子三：言禮、言智、言信。言禮出繼。女四，長適肖家夼林爵，次適蛇窩泊林門，三適西三叫徐門子福，四適河崖林門子孟。

十七世

言禮 配孫氏，東孫家。子福昌。女三，長、次適挺夼馮門，三適西三叫徐門子忠法。

言智 配劉氏，西三叫劉芝女。子二：福增、福瑞。

言信 配劉氏，前榆家夼。女二，長適海邑槐山姜門，次適桃村孫門。

十八世	十九世	二十世	二十一世	二十二世
福太 配孫氏，北水頭孫合三女。 **福真** 配車氏，車家泊子車世福女；繼王氏，北趙家溝。子四：明軒、明松，車出；明愷、明平，王出。 **福至** 配林氏，文石。子明彩。 **福貞** 配[三]孫氏，台上村孫温女。子二：明高、明起。 **福昌** 配蘇氏，蘇家樓底。女三，長適挺介馮門，	**明彩** 配趙氏，趙家溝趙忠守女。			

世系	內容
十八世	次適東凰跳劉門，三適馬家河孫鴻君。 **福增** 配馮氏，榆林子。子明志。女適毛江家林門。 **福瑞** 配王氏，口子村。子明學。
十九世	**明志** 配劉氏，上馬家河。
二十世	
二十一世	
二十二世	

【校注】

〔一〕仲楊：前文爲『仲陽』，前後不一致，具體情況待考。
〔二〕芩：前文爲『苓』，前後不一致，具體情況待考。
〔三〕配：底本爲『適』，有誤，改爲『配』。

十三世

【曰茨次子】

徽 居東山叫，下同。

字慎五。

配李氏，子四：秉真、秉新、秉寧、秉泰。

十四世

秉真

繼子希福。

秉新 赴遼東。

秉寧 赴遼東。

秉泰

配于氏，清江口。子三：希福、希田、希桂。希福出嗣。女適西凰跳庠生林敬熙之子。

十五世

希福

配王氏，海邑紀家莊。繼子餘文。女二，長適西三叫李松之子，次適西凰跳林書文。

希田

配王氏，西野王延緒妹。子三：餘文、餘義、餘武。餘文、餘義出繼。女適北水頭王門。

希桂

嗣子餘義。

十六世

餘文

配王氏，海邑徐家店王田之妹。女三，長適西野王門，次適宅窠劉門，三適西徐家莊鞠門。

餘武

配孫氏，北水頭孫寶泉女。

十七世

十三世	十四世	十五世	十六世	十七世
【天爵子】 **嶇** 早卒。 配趙氏，旌表節烈。雙承子秉代。	**秉代** 缺嗣。			
【天溥子】 **崎** 配連氏，子二：秉温、秉代。秉代雙承。	**秉温** 缺嗣。			
嶧 赴遼東。 配林氏，雙承子秉代。				
嵩 字維嶽。 配高氏；繼林氏，文石林正忠姑。子秉乾，林出。	**秉乾** 缺嗣。			
【曰誠子】 **偉** 配王氏，子秉政。	**秉政** 缺嗣。			

十三世

【曰義子】

芹 赴遼東。

習 赴遼東。

【曰禮子】

崑

配衣氏，子二：秉通、秉達。

嶽 缺嗣。

【曰信長子】

峻

字嵩嶽。

配劉氏，子秉恭。

十四世

秉通

秉達 俱缺嗣。

秉恭

配李氏，子二：桂芳、桂榮。

十五世

桂芳

配朱氏，繼劉氏。繼子作霖。

桂榮

配馮氏，子三：作雲、餘祺、作霖。作霖出繼。

十六世

作霖

配于氏，野夼。子言芹、言輝。言輝出嗣。

作雲

繼子言輝。

餘祺

配徐氏，子言英。

十七世

言芹 缺嗣。

言輝 缺嗣。

言英 缺嗣。

十三世	十四世	十五世	十六世	十七世
【曰信仲子】 **嵫** 字巖嶽。 配張氏，子二：秉醇、秉儉。	**秉醇** 配王氏，子二：桂枝、桂林。 **秉儉** 赴遼東。 配李氏，舊譜楊氏。	**桂枝** 配林氏，子餘堂，雙承。 **桂林** 配王氏，繼子餘堂，雙承。	**餘堂** 配林氏，生木樹後。子三：京海、京河、京永。	**京海** **京河** 配刁氏。 **京永** 俱缺嗣。
【曰信三子】 **岐** 字桂嶽。 配孫氏，子秉誠。	**秉誠** 配王氏，繼林氏。子四：希周、希聖，王出；希孟、希士，林出。	**希周** 配袁氏，牙後；繼袁氏，肖格莊。子餘松，繼出。 **希聖** 配林氏，口子村。子二：餘英、餘水。餘水	**餘松** 配劉氏，唐家泊。子言良。 **餘英** 配王氏，上范家溝。子三：言恭、言同、言	**言良** 雙承子福周。 **言恭** 配陳氏，趙家秋口。子三：福周、福堂、福

十三世	
十四世	
十五世	出繼。女二，長適尹家莊子劉門，次適中疃。 **希孟** 配李氏，後澤頭。 **希士** 俱缺嗣。
十六世	芝。女二，長適白地子宋門，次適中三叫徐言春。
十七世	春。福周雙承，福堂、福春出繼。女適大柴劉門。 **言同** 嗣子福堂。 **言芝** 嗣子福春（一）。

十八世	十九世	二十世	二十一世	二十二世
福周 配盧氏，孫家莊子。子三：明勳、明國、明政。女三，長適西小柴邢學孟子，次適卧龍溝劉門，三適西小柴李壽三子。 **福堂** 配許氏，上八田許法妹。子二：明治、明道。女適白馬莊隋門。 **福春** 配劉氏，大柴村劉文成女。	**明勳** 配李氏，澤頭李式玉女。子二：寳善、寳忠。 **明道** 配李氏，白馬莊；繼孫氏，八字溝孫成有女。			

十三世

【曰信四子】

嵄 居東山叫，下同。

字衡嶽。

配林氏，子二：秉惠、秉良。女適連家莊連同一。

十四世

秉惠

配宋氏，繼林氏，子二：希田、希商。

十五世

希田

配曲氏，海邑徐家店。子二：作舟、作楫。

希商

配林氏，蛇窩泊林希祖姑。子三：餘禄、餘壽、餘喜。

十六世

作舟

配宋氏，西宗疃。子景山，雙承。

作楫

雙承子景山。

餘禄

配潘氏，繼子景清。

餘壽

配李氏，東八田。子三：景清、景紅、景田。景清出繼。女二，長適

十七世

景山

配邢氏，小柴邢松女；繼李氏，八田李元賓姊。子四：福德、福香、福玉、福林，李出。女適小柴邢學孟，邢出。

景清

配徐氏，玉頭旺；繼李氏，唐家泊李萬全姑。子二：福乾、福星，繼出。

景紅

配李氏，東八田。雙承子福永。

十三世

十四世

秉良　配林氏，繼劉氏，子希雍。

十五世

希雍　配宋氏，大宗疃宋湖之姑；繼隋氏，蛇窩泊。子三：餘才、餘璞、餘吉，繼出。

十六世

前澤頭李門，次適北馬家張文清。

餘喜　配張氏，下閣子張令女。子景奎。

餘才　配林氏，生木樹後林進姑。子二：言增、言亭。女適盧家盧門。

餘璞　配高氏，哨裏村高芳妹。子景隆。女適康家泊周世明。

十七世

景田　配戴氏，埠梅頭戴常禮妹。子福永雙承。女適後澤頭李學恩。

景奎　缺嗣。

言增　配□氏，子福權雙承。

言亭　雙承子福權。

景隆　配陳氏，宅科。子二：福慶、福寧。女三，長適桃村李宗鴻，次適柴西山王喜才，三適西小柴王氏。

世代	
十三世	
十四世	
十五世	
十六世	餘吉 配趙氏，趙家溝。 缺嗣。
十七世	

十八世	十九世	二十世	二十一世	二十二世
福林 配李氏，上八田李福仁女。子明鳳。 **福乾** 配劉氏，宅窠夼；繼劉氏，小埠後；孫氏，白馬莊。子四：明遠、明通、明迅、明佐，繼劉出。女適白馬莊隋賓，繼劉出。 **福星** 配楊氏，唐家泊。子明垚。女適西凰跳林門。 **福永** 配李氏，東八田李成元妹。	**明遠** 配蔡氏，台下村。 **明通** 配張氏，下閣子。 **明佐** 配王氏，西五叫山。 **明垚** 配楊氏，台下。			

十八世	**福慶** 配杜氏，東小柴杜振强女。子明所，雙承。 **福寧** 雙承子明所。
十九世	
二十世	
二十一世	
二十二世	

十三世	十四世	十五世	十六世	十七世
【曰代二子】 **明**（二）　赴遼東。 **遠** 配柳氏，子三：秉恩、秉德、秉寬。	**秉恩**　赴遼東。 配常氏，子希顔。 **秉德** 配郭氏，子三：希堯、希舜、希聖。 **秉寬**　赴遼東。	**希顔** **希堯** 配馬氏，繼子餘殿。女適大咽喉隋客。 **希舜** 改名海，缺嗣。 **希聖** 改名希儒，缺嗣。	**餘殿** 配宫氏，海邑宫家葦夼。子二：言齡、言奎。	**言齡** 配張氏，白馬家張瑞清妹。繼子福立。女三，長適上莊林中德，次適牛蹄夼李國平，三適刁崖前楊繼周。 **言奎** 配慕氏，前澤頭。子二：福立、福聚。福立出繼。女適哨裏鄒秉均。

十八世	**福立** 居山叫，下同。配柳氏，上莊村。 **福聚** 配柳氏，西荆夼。子重陽。
十九世	
二十世	
二十一世	
二十二世	

十三世	十四世	十五世	十六世	十七世
【曰連長子】 **峻** 居三叫，下同。 字東嶽。 配王氏，子四：秉均、秉彝、秉文、秉賢。秉文、秉賢出繼。	**秉均** 配劉氏，繼馬氏，子二：希超、希郡。 **秉彝** 配宫氏，子三：希古、希閔、希元。	**希超** 配林氏。 **希古** 配劉氏，子五：餘清、餘輝、餘恩、餘蒨、餘平。餘恩出繼。	**餘清** 配□氏，子言德。 **餘輝** 配王氏，子五：言松、言興、言詩、言國、言慎。言慎出繼。 **餘蒨** 配程氏，子三：言謙、言五、言六。言謙出繼。	**言德** 嗣子福龍。 **言松** 配劉氏，南柴。子三：福發、福東、福清。福清出繼。 **言興** 缺嗣。 **言詩** 嗣子福清。 **言國** 缺嗣。 **言五** 赴遼東。 配李氏，宗疃李蘭妹；繼林氏，毛江家林簣妹。子二：福山、福岳，繼出。

十三世

十四世

十五世

希閔 自東三叫遷莒家莊，下同。

配孫氏，子餘昌。

希元

配王氏，子三：餘康、餘寧、餘泰，皆赴遼東。

十六世

餘平

配杜氏，萊邑岔河杜恒洲祖姑。子言章。女三，長適海邑水有蘭鄭門，次適草埠趙門，三適上莊王門。

餘昌

配于氏，嗣子言慎。

十七世

言六 缺嗣。

言章

配劉氏，大柴劉學惇姊；繼姜氏，上桃村。子五：福龍，劉出；福虎、福祥、福鳳、福厚，姜出。福龍出嗣。女適中三叫徐門，姜出。

言慎

配辛氏，子二：福修、福重。

十八世	十九世	二十世	二十一世	二十二世
福龍 配宋氏，宗疃。子明鼎。女三，長適東凰跳劉門，次適東宗疃王門，三適西三叫劉門。 **福發** 雙承子明經。 **福東** 配趙氏，趙家溝。子明經，雙承。女適八田于文江。 **福清** 配林氏，毛江家林鳳文妹。子三：明寶、明鸞、明珍。	**明鼎** 配唐氏，北水頭唐愛成女。子鳳彩。 **明寶** 配唐氏，北水頭唐愛成女。子鳳樓。 **明珍** 配楊氏，後野楊逢吉女。			

十八世	**福山** 赴遼東。 **福岳** 赴遼東。 **福虎** 配劉氏，大柴劉成全女。子二：明臣、明順。女二，長適卧龍溝王成連子，次適後野李和。 **福祥** 字瑞亭。 配劉氏，大柴劉學奎女。子三：明禮、明義、明仁。 **福厚** 配王氏，子明渤。 **福重** 配王氏，子金漢。
十九世	**明順** 配曲氏，上莊曲清女。 **明禮** 字敬齋。 配曲氏，海邑徐家店曲鴻臻女。
二十世	
二十一世	
二十二世	

十三世	十四世	十五世	十六世	十七世
【曰連三[三]子】 **巒** 居三叫，下同。 字正嶽。 配劉氏，嗣子秉文。 **【曰恭嗣子】** **峒** 字涇源。 配欒氏，子秉祥。	**秉文** 配譚氏，繼杜氏，子希禹。 **秉祥** 配李氏，子希顏。	**希禹** 缺嗣。 **希顏** 配蔡氏，東野蔡臻姑；繼鄒氏，宗疃。子二：餘殿、餘福，繼出。餘殿出繼。	**餘福** 配黄氏，田家黄金台之姊。子二：言典、言東。女三，長適榆家夼劉傳子，次適芋頭旺徐門，三適田裏許芹。	**言典** 配潘氏，十甲。 **言東** 配劉氏，東宋莊。子三：福廷、福高、福衡。女適下馬家河孫門。

世次	
十八世	**福廷** 配孫氏，北水頭孫開元女。 **福衡** 配劉氏，東宋莊。
十九世	
二十世	
二十一世	
二十二世	

十三世	十四世	十五世	十六世	十七世
【曰立二子】 **均** 居東山叫，下同。 配張氏，子二：秉誼、秉厚。 **治** 配于氏，子二：秉耒、秉耜。 【曰哲子】 **成人** 配隋氏，嗣子秉賢。	**秉誼** **秉厚** 俱缺嗣。 **秉耒** 赴遼東。 配王氏，子庚申失考。 **秉耜** 赴遼東。 **秉賢** 配韓氏，子希忠。	**希忠** 配衣氏，嗣子餘恩。	**餘恩** 配宫氏，榆格莊店；繼隋氏。嗣子言謙。	**言謙** 配李氏，澤頭李明女。子二：福壽、福海。女二，長適大柴劉永清，次適上莊王金。

十八世	**福壽** 配劉氏，大埠後；繼林氏，毛江家林鳳江姊。子四：明共、明齋、明華、明月，林出。女二，長適宗疃宋立和，次適清江口于高起，劉出。 **福海** 配□氏。女適西凰跳林門。
十九世	**明齋** 配劉氏，東五叫山。子鳳翔。 **明華** 配劉氏，十八間劉子賓女。子鳳至。 **明月** 配宋氏，宗疃宋福甲女。
二十世	
二十一世	
二十二世	

十三世	【曰蘭二子】 **巖** 居三叫，下同。 配林氏，繼劉氏。缺嗣。 **昇** 配劉氏。缺嗣。 【曰華長子】 **嵦** 字中嶽。 配林氏。嗣子秉聰。 【曰華仲子】 **峈** 配蔣氏。子二：秉聖、秉聰，秉聰出繼。
十四世	**秉聰** 配林氏，子希良。 **秉聖** 配蔣氏，子希温。
十五世	**希良** 配張氏，失考。 **希温** 配尚氏，子餘心。
十六世	**餘心** 嗣子言才。
十七世	**言才** 配李氏，宗疃李芝庭妹。子福起。

十八世

福起

配曲氏，上莊照德女。子三：明禧、明玉、明運。

十九世

明禧

配孫氏，城裏。子國策。

二十世

二十一世

二十二世

十三世	十四世	十五世	十六世	十七世
【曰華三子】 **崞** 配林氏，子秉琳。	**秉琳** 配衣氏；繼劉氏，東宋莊。子希煥，劉出。女五，長適鞍子夼王門，次適泉水夼李門子庠生任林，三適刁家，四適唐家泊子欒士榮，五適隋家崖後隋門，衣出。	**希煥** 配范氏。嗣子餘水。	**餘水** 配劉氏，卧龍溝劉祚孫女。子四：言才、言福、言秋、言德，言才出繼。女二，長適八田劉煥子，次適桃村李英來。	**言福** 配劉氏，柳口村。子四：福順、福訓、福和、福平。女二，長適上莊王門，次適西三叫劉汝南子。

十八世

福順 配孫氏，海邑孫家秋口孫吉女。

十九世

二十世

二十一世

二十二世

十三世	【曰顯長子】 **仚** 配李氏，子秉善。
十四世	**秉善** 配林氏，嗣子希曾。
十五世	**希曾** 配隋氏，子餘澤。
十六世	**餘澤** 配林氏，肖駕夼林珂姊；繼高氏，石門口；李氏，東宗疃。子五：景行，林出；景瑞、景雲、景志、景福，李出，景行出嗣。女二，長適萊邑郝格莊趙門，次適大柳家馬成己。
十七世	**景瑞** 配于氏，清江口。子二：福江、福才，福江出繼。 **景雲** 配蘇氏，蘇家樓底蘇略女。子福臻。女適泉水夼于振東。 **景志** 配林氏，刁崖後。子福彥。 **景福** 配姜氏，接官亭。子福靈。女五，長適辛家夼柳門，次適牛蹄夼李門，三適宗疃王門，四適樓底蘇門，五適泉水夼李門。

十八世	十九世	二十世	二十一世	二十二世
福才 居東山叫，下同。 配李氏，宗疃。繼子明有。女二，長適上莊曲鴻，次適邱格莊王門。 **福臻** 配趙氏，趙家溝趙文煥女。子明奎。女適東宗疃王門。 **福彥** 配劉氏，東宋莊。子二：明修、明友，明友出嗣。	**明有** 配柳氏，辛家夼。 **明奎** 配姜氏，接官亭。子二：鳳崗、鳳月。女適東宗疃李門。	**鳳崗** 配茹氏，初家疃茹丕生女。 **鳳月** 配于氏，范家莊于振南女。		

十三世	十四世	十五世	十六世	十七世
【曰顯次子】 **岈** 居東山叫，下同。 字乾嶽。 配衣氏，子二：秉元、秉亨。	**秉元** 字萬資。 配孫氏，子希代。	**希代** 字穎悟。 配林氏；繼李氏。子二：餘膏、餘蔭，林出。	**餘膏** 庠生。 配孫氏，方格莊；繼姜氏，桃村。子二：言彩、言忠，姜出。女適徐家店趙門孫文明，孫出。 **餘蔭** 配林氏。子二：言富、言貴。	**言彩** 配張氏，繼吴氏。繼子福江。 **言忠** 繼景行子福田。 **言富** 配李氏，八田村。雙承子福新。 **言貴** 配高氏，石門口；繼孫氏，東孫家。子福新雙承。
	秉亨 字嘉會。庠生。 配侯氏，子希文。	**希文** 字覲光。 配劉氏，子餘莊。	**餘莊** 繼子景行。	**景行** 配柳氏，大柳家。子三：福田、福義、福順，福田出言忠繼。

十八世

福江

配高氏，石門口。子二：明德、明新。女二，長適辛家夼柳門子云山，次適牛蹄夼李天修。

十九世

明德

配劉氏，前榆家夼；繼林氏，毛江家林鳳月女。子鳳梧，林出。女二，長適刁崖後林得玉，次適葦城潘門，林出。

明新

配劉氏，上八田劉汝南女。子三：鳳來、鳳鳴、鳳山。女二，長適牛蹄夼李作賓，次適邱格莊劉門。

二十世

鳳梧

配柳氏，辛家夼柳義女；繼劉氏，邱格莊劉姜侄女。子二：鴻儒，柳出；鴻美，劉出。女適海陽長沙于孟全子，柳出。

鳳來

配孫氏，大柳家孫長安女。子鴻起。

鳳鳴

字岐山。

配李氏，下牛蹄夼李國仁女。子鴻訓。

鳳山

配李氏，東宗疃李志文女。

二十一世

二十二世

十八世	**福田** 配柳氏，辛家夼。子二：明堂、明祥。女二，長適大埠後劉門，次適孤山馮門。 **福新** 配王氏，上莊。子明錦。女三，長適牙後袁門，次適東凰跳劉門，三適海邑萬家夼王應福。
十九世	**明堂** 配周氏，周家溝周元生女。子鳳林。女五，長適東宗疃李門，次適柳家柳門，三適上八田于門，四適東小柴孫門，五適下牛蹄夼李門。 **明祥** 配柳氏，辛家夼；繼李氏，丁家寨。子鳳周。女二，長適柳連河傅門，次適泥溝子孫門，俱李出。 **明錦** 配侯氏，柴西山。子鳳捆。
二十世	**鳳林** 配林氏，刁崖後林得茂妹。子二：鴻福、鴻開。 **鳳周** 配李氏，後野李田女。
二十一世	
二十二世	

十八世

福義
配林氏，刁崖後林尚仁女。子三：明清、明秀、明山。女適樓底蘇門。

福順
配蘇氏，樓底。子三：明香、明好、明康。女適海陽于家長沙于孟全。

十九世

明清
配許氏，田裏。子鳳軒。

明秀
配王氏，東夼。子鳳岐。女二，長適下牛蹄夼李國仁子，次適柳連和傅門。

明山
配張氏，下張家。子鳳陽。

明香
配王氏，東夼。

明好
配劉氏，唐家泊。子二：鳳根、鳳國。女二，長適泊子連門，次適田裏許門。

二十世

鳳軒
配王氏，古堆山。

鳳岐
配韓氏，海邑韓家葦夼。

鳳陽
配劉氏，上八田劉鳳女。子鴻祥。

二十一世

二十二世

十八世	
十九世	**明康** 配李氏，下牛蹄夼。子鳳嶺。
二十世	**鳳嶺** 配李氏，下牛蹄夼李國仁女。
二十一世	
二十二世	

十三世

【曰官子】

岏 居三叫，下同。

配胡氏，子秉剛。

【曰富子】

芳

配呂氏。子二：秉忠、秉玉。

葬三叫東嶺。

十四世

秉剛

配王氏。

秉忠

配王氏，繼李氏。子希雲，雙承，繼出。

十五世

希雲 自三叫遷生木樹後。

配高氏，石門口高祥福姑；繼王氏，泥溝子王得才姑。子三：餘福、餘海、餘田，王出。女二，長適迎門口盧門，次適宅夼劉門，高出。

十六世

餘富[四] 居生木樹後，下同。

配于氏，海邑槐山。子二：景春、景光。女三，長適東八田李門，次適下馬家河孫門，三適初家疃李門。

餘海

配林氏，觀泊。子二：景秋、景和。

十七世

景春

配劉氏，玉皇廟後。子二：福鸞、福燕。女適迎門口盧門。

景光

配李氏，八田；繼呂氏。子二：福瑚、福璉，李出。

景秋

配王氏，初家疃。子福士。女三，長適馬家河劉門，次適上八田李門，三適陳家疃徐門。

十三世	
十四世	**秉玉** 雙承子希雲。
十五世	
十六世	**餘田** 配馮氏，榆林子。子二：景述、景德。女二，長適泥溝子孫門，次適東孫家孫門。
十七世	**景和** 配隋氏，黑磊子。子福仙。女六，長適趙家溝趙門，次適李家莊李成樹，三適西三叫徐文，四適西山溝楊門，五適引家莊子劉門，六適林家涯後林門。 **景述** 配周氏，周家溝。 **景德** 配李氏，東八田李開化女。子福果。

十八世	十九世	二十世	二十一世	二十二世
福鸞 配于氏，上八田于敬之妹。子三：崇民、崇進、崇三。 **福燕** 配劉氏，北趙家溝。 **福瑚** 配李氏，李家莊李鳳進女。子崇成，雙承。 **福璉** 雙承子崇成。 **福士** 配盧氏，盧家村。				

十三世	十四世	十五世	十六世	十七世
【曰魁子】 **崇** 居東山叫，下同。 字徙義。 配黃氏，繼衣氏，子秉經。	**秉經** 配許氏，田裏。子希信。	**希信** 配徐氏，台下。子二：餘同、餘芳。	**餘同** 配隋氏，西河南。子言起。 **余芳** 居煙台。 配高氏，子四：成、文、銅、鐵。	**言起** 配劉氏，宅科。
【曰均子】 **崒** 配孫氏。子二：秉全、秉美。	**秉全** 配黃氏，繼李氏。子二：希聲、希堂。	**希聲** 配姜氏。子三：餘川、餘寶、餘力。	**餘川** 兼承子言發。 **餘寶** 兼承子言發。 **餘力** 配蘇氏，蘇家樓底；繼楊氏，下張家。子二：言堂，早卒；言發。言發兼承，楊出。	**言發** 配李氏，澤頭庠生李瑞芝胞妹。子四：福樂、福居、福芳、福安。女二，長適西岔溝楊門，次適西小柴李門。

十三世

十四世

秉美
配劉氏，子四：希旺、希岳、希官、希雙。

十五世

希堂
配李氏，澤頭。子二：餘卿、餘金。

希旺
配王氏。子三：餘德、餘香、餘長，餘德兼承。

希岳

希官

希雙
俱兼承子餘德。

十六世

餘卿
雙承子言發。

餘金
配王氏，紀家莊；繼徐氏，徐家莊。雙承子言發。

餘德
配劉氏。子言邦，兼承。

餘香
兼承子言邦。

餘長
兼承子言邦。

十七世

世次	
十八世	**福樂** 配劉氏，東凰跳劉振坤女。子明珠。
十九世	
二十世	
二十一世	
二十二世	

十三世

【曰均次子】

佐 居東三叫，下同。

配李氏。子六：秉和、秉直、秉吉、秉意、秉順、秉玉。

十四世

秉和

配李氏。兼承子希和。

秉直

配謝氏。子希和兼承。

秉吉

配王氏。

秉意

配林氏。

秉順

十五世

希和

配李氏，唐家泊李明吉妹；繼李氏，上八田李作焕妹。子三：餘情、餘法、餘瑞，繼出。餘瑞雙承。

十六世

餘法

配馮氏，上莊頭馮雲升妹。俱雙承子言喬。

餘瑞

配高氏，唐家泊高尚志妹。子言喬。女三，長適引家莊子劉福邦，次適西三叫劉成仁，三適唐家泊高從義。

十七世

言喬

配齊氏，齊振東孫女。

十三世	**仟** 缺嗣。
十四世	**秉玉** 俱希泰雙承。配王氏。子二：希春、希泰。希泰雙承。
十五世	**希泰** 俱雙承子餘瑞。
十六世	
十七世	

十世

【又，四房一支住陳家，十世以上不知所屬，附此俟考。】

素 居陳家，下同。
配姜氏。子大勳。
葬陳家村後。

十一世

大勳 康熙辛酉（五）恩貢。
配陳氏，子三：天開、天秩、天祐。
合葬陳家村後。

十二世

天開 出外。

天秩
配蔡氏，子二：超、越。

天祐
配孫氏；繼丁氏。子二：起、魁。
合葬陳家村後。

十三世

超

越 俱出外。

起
配劉氏。子二。俱出外。

魁
字先聲。
配王氏。子清源。

十四世

清源
字暢本，號崑峯。從九品。
配張氏。子三：公弼、公佐、公翼。

【校注】

〔一〕福春：原文爲『福堂』，有誤，應爲『福春』。
〔二〕明：前文曰代子作『朋、遠』，此處爲『明、遠』，未知孰是，存以待考。
〔三〕三：此處『三』疑當爲『仲』。
〔四〕餘富：上文爲『餘福』，上下不一致，具體情況待考。
〔五〕康熙辛酉：即清康熙二十年，一六八一年。

十五世	十六世	十七世	十八世	十九世
公弼 居陳家，下同。 配蕭氏，南寨。子元泰。	**元泰** 配楊氏，城北街。子三：謌、訥、譜。女適上宋家李門。	**謌** 配衣氏，瓦屋。子長令，雙承。 **訥** 配劉氏，金山店子；繼曲氏，蓬夼。雙承子長令。 **譜** 配于氏，北窩落；繼范氏，城北街范丕有姑。子松喬，于出。女二，長適馬耳旺張門，次適十家莊子姜門子芳春。	**長令** 配史氏，大寨史殿昌姑。子玉。 **松喬** 配孫氏，王格莊。子三：忠、文、綍。女適小流口潘門。	**玉** 配陳氏，東柳家溝。子三：發祥、運祥、義祥。女三，長、次適郭落莊衣門，三適生鐵劉家劉門。 **忠** 配郝氏，郝家疃。 **文** 配王氏，繼王氏，俱河南夼。 **綍** 配衣氏，郭落莊。

世	
二十世	**發祥** 配史氏，大寨；繼宮氏，藍蔚夼宮鴻太女。子連城，宮出。女二，長適金山台徐春，史出；次適蓬夼姜門，宮出。 **運祥** 配李氏，上宋家李寶興妹。子連山。女適北辛店管義山。 **義祥** 配林氏，河口林同有女。子二：連升、連奎。女適金山台王虎臣子。
二十一世	**連城** 配鄒氏，山北頭鄒玉昆女。子本來。
二十二世	
二十三世	
二十四世	

十五世

公佐

鄉飲耆賓。

配李氏。子元芳。

公翼

配陳氏，本疃陳明祖姑。子二：元淳、元福。

十六世

元芳

配王氏；繼周氏，副鄭氏。子二：談、誥，鄭出。女六，一適花園泊，一適南寨楊門，一適上莊子桑門，一適南七里莊慕門，一適城北街徐門子鴻慶，一適呂家黃夼呂門，王出。

元淳

配毛氏，車夼。子謹。女四，長適上莊子桑門，次適小流口潘門，三適栗里張門，四適東南店

十七世

談

配桑氏。繼子吉令。

女適丁家溝丁福。

誥

配王氏，豹山口王明令妹。子三：吉令、春令、鶴令，吉令出繼。

女適河南夼王門。

謹

配劉氏，上劉家劉奎妹。子三：喜令、金令、桂令，金令出繼。女二，長適朱留魯門，次適河

十八世

吉令

配侯氏，南莊侯元瑞女。子四：賓、順、櫟、華廷。女適邢家疃邢有子。

春令

配郝氏，郝家樓。子三：金玉、滿堂、良。

鶴令

配丁氏，南柳家溝丁福公女。子四：楓海、金海、玉雙、玉。女適石家莊子衣得生子。

喜令

雙承子辰。

桂令

配魯氏，朱留。子辰雙承。

十九世

辰

配魯氏，朱留。

十五世	
十六世	郝良。 **元福** 配李氏，本疃李同春曾祖姑。繼孫金令。
十七世	南張門。
十八世	**金令** 配王氏，店西溝王昆妹。子三：日、月、星。女適河口村于心合。
十九世	**日** 配李氏，羅家李文女。子三：元祥、有、元當。女適河北李天柱。 **月** 配潘氏，十甲。女適鞠家黃夼。 **星** 配韓氏，北口。

二十世	元祥 配衣氏，古鎮都衣秋女。子二：等、田。
二十一世	
二十二世	
二十三世	
二十四世	

四房現在里居户數與入譜者人數

九世長房：東南莊一户，南柴五户，前牟家疃二十五户，駝山二户，河西三十户，北京一户。共六十四户，三百二十人。

九世二房：牟家疃四十七户，北京一户，林家莊子十二户，引家溝一户，福山王家一户，蛇窩泊一户，南柴十五户，駝山十二户，河西二户，柞嵐頭十五户，北水頭四户。共一百十一户，四百五十人。

九世三房：東三叫一户。

九世四房：後牟家疃一户。

九世五房：東三叫五十三户，生木樹後五户，莒家一户。共五十九户，三百零五人。

共二百三十六户〔一〕，一千零七十五人。

陳家又四分十五十人。

【校注】

〔一〕二百三十六户：原文爲『二百四十四户』，有誤，應爲『二百三十六户』。

卷四

八世

道立（一） 居後牟家疃。

字允修，明萬曆間拔貢，任涿州州判、攝州牧篆，升叙州通判。貤贈文林郎。宦績載邑乘，詳藝文志。

配高氏，贈孺人。子三：鈺、鈁、鉶。

葬燕子夼北山。

九世

鈺 居靈山夼牟家，下同。

號州華，庠生。

配王氏（二），觀東庠生王之柱女，節烈載邑乘，詳藝文志。子二：國沾、國藩。女三，長適萊陽庠生李建元，次適進士郝晉之子舉人瓆，三適庠生林質。

葬燕子夼北山。

十世

國沾

字雨若，改名公輔。增生。

配林氏，副配汪氏。子三：宸，林出；昶、袞，汪出。昶出嗣。

十一世

宸（三）

字姬負，號迓衡。附監生，卓行登邑乘，詳藝文志。

配孫氏，桃村庠生孫雯女，廩生聲遠孫女；繼劉氏。子七：曰笣、曰籍、曰竺，孫出；曰筵、曰笈、曰篛、曰笵，劉出。女二，劉出，長適楊礎李，次適北關拔貢生李任子、廩生炳文。

十二世

曰笣（四）

字荔君，號粵水。康熙丙子（五）經魁，歷任掖縣、鄒平教諭、安東衛教授，敕授文林郎。

配郝氏，副配欒氏，俱封孺人。子三：石居、顔予、復可，郝出。女四，欒出，一適招遠楊，一適郝，一字萊陽進士趙起棕，一適欒。

曰籍

字聲似，號洛水，庠生。

配董氏。子三：賅、賚、賀。

世系	
八世	
九世	
十世	
十一世	
十二世	**曰竺** 字西來，號曇水。 配孫氏，缺嗣。 **曰筳** 字樹敝，號銀水。郡廩生。 配欒氏，繼衣氏。繼子賽。女二，欒出，一適郝，一適高。 **曰笈** 字亦何，號源水。廩生。 配孫氏。子二：賓、賽。賽出繼。女三，一適郝，一適庠生李嗣果，一適范。 **曰簵** 字貢禹，號鑑水。康

八世

九世

十世

十一世

衮

字山補，號儼齋。一字舜衣，增生。贈修職佐郎。

配楊氏，繼徐氏，俱

十二世

熙丁酉（六）副榜。

配林氏，繼林氏。子五：式馨、式德，元配出；式福、式法、式憲，繼配出。女適辛店乾隆庚午（七）舉人鄉儒。

曰筕 遷居欒家寨。

字魯斿，號橋水。增生。

配范氏。子三：聲聞、聲仁、聲揚。

曰簞

號湘水，乾隆丁巳（八）歲貢，任壽張訓導。贈修職佐郎。

配衣氏，繼衣氏，俱

世次	
八世	
九世	
十世	
十一世	贈孺人。子四：曰篳、曰籊、曰蘭、曰簾，楊出。
十二世	贈孺人。子四：允執、允中、允懷、允成，繼出。女二，繼出，一適武生高璁，一適店西溝王讀。 **曰籊** 字衛竹，號淇水。乾隆甲子〔九〕歲貢，肥城訓導。 配李氏。子三：大文、大觀、大有。女三，一適林，一適王，一適林。 **曰蘭** 號泗水。 配林氏。子三：剛、桐、楷。

八世

九世

鈁 居黄崖底，下同。

字爾介，號廷華，順治乙酉（一〇）歲貢，臨淄訓導，萊蕪教諭。

配尤氏。子三：國鼐、國士、國壐。

葬燕子夼北山。

十世

國藩

庠生。

配□氏，缺嗣。一女適史賢臣。

國鼐

字省若，號節東，庠生。

配林氏。子二：勱、劭。

十一世

勱

字相我，號冰齋。庠生。

配郝氏。子二：曰福、曰禄。

劭

字方許。

十二世

曰簾

號漢水。

配林氏。子二：增輝、增耀。女三，一適連家莊連軾，一適張，一適庠生林鳳起。

曰福

配林氏，繼于氏。子二：峒、岔，于出。

曰禄 居北崖子口。

配王氏。子四：嵋、⿰山忌、瑞、⿰山翟。

曰篪

配張氏，繼子嵣、嶟、

八世	
九世	
十世	**國士** 號孚東，庠生。贈修職郎。配林氏，繼馬氏，俱贈孺人。子勖，林出。
十一世	配徐氏，繼孫氏。子四：曰簏、曰笙、曰簦，徐出；曰簣，孫出。 **勖** 字予孜，號勉齋。恩貢生，掖縣訓導。配劉氏，繼范氏，俱贈孺人。子三：天成、天申、天嘏，劉出。
十二世	峯。 **曰笙** 配林氏。子二：瑞、嵣，嵣出繼。 **曰簦** 配林氏，繼王氏。子二：嵻、嶟，王出；嶟出繼。 **曰簣** 配郝氏。子三：崎、峯、⿰山豪，峯出嗣。 **天成** 號帝簡。配林氏，子禕新。 **天申** 號帝臣。配王氏，子岨。

八世

九世

十世

國璽

號侯東，庠生。

配范氏，繼丁氏，副配婁氏。子三：劬、勣、勳，婁出。

十一世

劬

號健齋，增生。

配郝氏，繼林氏、謝氏、王氏，觀東王貢女。子三：曰符，林出；曰節，謝出；曰第，王出。曰節、曰第，皆出嗣。

勣

配王氏，嗣子曰節。

勳

號靖齋，恩貢生。

配韓氏，繼史氏。子

十二世

天嘏

號帝佐，壽官。

配王氏。子五：肆新、起新、作新、又新、繼新。

曰符

號印合。

配王氏，金山泊子王宏任女。子崆。

曰節

號中和。

配林氏，楊礎。子二：峴、峸。

曰第（二）

號震崖，孝友詳邑志。

配徐氏，副配周氏。

八世

九世

鈳（一二） 居北岩子口。

號調梅，順治戊子（一三）武舉，歷任寶山天城守備，敕封文林郎。

配史氏，繼劉氏，均贈孺人。子二：國須、國器，劉出。女適桃村武進士孫霳。

葬北岩子口北山。

十世

國須（一四）

字候甫，號柱東，順治辛丑（一五）進士。河南澠池知縣，授文林郎。

配林氏，荆子埠，贈孺人；繼孫氏，封孺人。

嗣子昶。

十一世

曰笟，史出。嗣子曰第。

昶 居牟家莊，後同。

庠生。

配謝氏，繼梁氏。子四：岱瞻、崧瞻、崋瞻、崑瞻，謝出。

十二世

子岜，周出。

曰笟

號瀛洲，太學生。

配韓氏，繼林氏。子二：嶢、嶂，林出。

岱瞻

庠生。

配范氏，繼衣氏。子三：宸、密、德成，范出。

崧瞻

庠生。

配孫氏。子二：定、宣。

崋瞻

配林氏。子二：官、安。

八世

九世

十世

國器 居北岩子口，後同。號山公，附監生。配王氏，繼劉氏。子三：睿、勸、勷。

十一世

睿 號思齋，太學生。配王氏，繼衣氏。子二：曰策，王出；曰筴，衣出。

勸 號善齋。配曹氏，繼林氏。子四：曰篇，曹出；曰篗、曰笭、曰竽，林出。

十二世

崑瞻 配張氏。子四：灃、浩、瀚、澄。

曰策 號韻軒。配郝氏。子二：世官、世寅。

曰筴 號燕翼。配林氏，子式辛。

曰篇 繼子式家。

曰篗 配衣氏，繼李氏。子二：式寧、式宣，李出。

曰笭 配范氏，子式安。

八世

九世

十世

十一世

勷 遷居峨山。
號欽齋，太學生。
配衣氏，繼林氏。子
三：文齡、松齡、鶴齡。

十二世

曰竽
號從興，壽官。
配李氏，繼衣氏。子
四：式家、式寬、式宜、
式宋，李出。式家出嗣。
女適前陽窩子衣汭。

文齡 居峨山，後同。
缺嗣。

松齡
號二南。
配柳氏，副配孫氏。
子式守，孫出。

鶴齡
配陳氏，子式容。

【校注】

〔一〕道立：四川叙州府通判。字允修，牟時俊之五子，牟家疃人。生於明隆慶元年（一五六七）正月初三日未時，卒於明天啓四年（一六二四）六月初三日戌時，享年五十八歲。道立三十歲中拔貢，後赴直隸涿州攝篆州判。涿州當國道之衝，而民不聊生。道立供職時，有一同鄉趙冢宰路過，差人持牌索馬。道立憤然曰：『涿州民窮，欲强我竭民力以結權貴，吾不忍也。』遂碎其牌而拒之。後升四川省叙州府（今宜賓市）通判，值兵興，督餉有功，奏加二級，正五品銜。但因操勞過度，信未至，已先卒於官。平生以清廉立世，曾重罰『易米藏銀以進』之下屬。卒後儲蓄甚微，賴他人襄助以置靈柩，始得歸里，葬燕子夼（今南石岔）北山。後裔被稱爲『老八支五房』。

〔二〕王氏：烈婦。明庠生、觀東王之柱女，老八支五房九世長房、庠生牟鈺之妻。明崇禎十六年（一六四三）二月十二日，清兵攻破棲霞縣城，爲保貞節，於牟家村舍中自縊。

〔三〕宸：附監生。字姫負，號迓衡，老八支五房九世長房。棲霞城東牟家村人。生於清順治三年

（一六四六）四月初八日戌時，卒於清雍正三年（一七二五）二月十七日戌時，享壽八十歲。清順治十八年（一六六一）于七抗清失敗後，官兵清剿至牟家村，其與弟袞險遭殺害，幸被乳母周氏用一雙親生兒替出。平生尊師重傳，常聚同姓及异姓子弟善教之，多獲成就。并喜濟人，所求者無不遂。雍正三年舉鄉飲大賓。事迹見《光緒棲霞縣志·義行》。

〔四〕曰篭：遼寧省安東衛教授。字荔君，號粤水，老八支五房九世長房，牟家村人。生於清康熙四年（一六六五）九月四日寅時，卒於清乾隆十三年（一七四八）正月廿日未時，享壽八十四歲。一生爲人誠實謹慎，喜濟緩急，凡有所求，悉爲應允。康熙三十五年（一六九六）中舉，曾出任掖縣、鄒平縣教諭。因政績突出，升安東衛教授，敕授文林郎。配郝氏，副配欒氏。

〔五〕康熙丙子：即康熙三十五年，一六九六年。

〔六〕康熙丁酉：即康熙五十六年，一七一七年。

〔七〕乾隆庚午：即乾隆十五年，一七五〇年。

〔八〕乾隆丁巳：即乾隆二年，一七三七年。

〔九〕乾隆甲子：即乾隆九年，一七四四年。

〔一〇〕順治乙酉：即順治二年，一六四五年。

〔一一〕曰第：號震崖，老八支五房九世二房，黄燕底人。牟勳之繼子。入嗣後繼父勳又生曰箈，未滿周歲父卒。兄弟二人猶如父子，曰第潛心撫養曰箈成人，後各生子孫，三世睦和無争。名列邑乘。

〔一二〕鈳：清誥封明威將軍。字爾臣，號調梅，老八支五房九世三房。原居牟家疃，後隨父徙居燕翼莊（今北岩子口）。明萬曆三十六年（一六〇八）十二月初二日申時生，清順治五年（一六四八）武舉，官拜正四品武官，歷任天成（大同府）、寶山（今屬上海）兩任守備。清康熙十九年（一六八〇）十一月十六日午時卒，享壽七十三歲。長子牟國須爲邑名宦牟氏第一名進士；次子牟國器（一六七〇—一七二一）爲邑北最大富紳。有一女適桃村著名武進士、小八支六房牟國琛之内弟孫霳。配史氏，繼劉氏，均封恭人。謝世後，合葬北岩子口北山。

〔一三〕順治戊子：即順治五年，一六四八年。

〔一四〕國須：河南澠池縣知縣。字候甫，號柱東，老八支五房九世三房牟鈳長子，北岩子口人。

清順治十一年（一六五四）中舉，順治十八年（一六六一）中進士，出任前職。康熙壬子年（一六七二）應縣令胡璘之邀，爲堂弟國玠主撰的第二部《棲霞縣志》作序。後授文林郎，嗣牟家村堂兄牟國沾仲子袓爲子，由北岩子口徙居唐山西牟家莊。

〔一五〕順治辛丑：即順治十八年，一六六一年。

十三世

【曰筤長子】

石居 居牟家，下同。號舜典，增生。配王氏，繼劉氏。子四：清一、原一、咸一，王出；經一，劉出。

十四世

清一 字静垣，號蓮浦。庠生。配劉氏，繼劉氏。女適欒。嗣子殿安。

源一 配劉氏，子殿慶。

咸一 配李氏，繼徐氏。子二：殿良、殿宰，徐出。

經一 字師古，庠生。配李氏，子殿完。

十五世

殿安 嗣子直心。

殿慶 配欒氏。子二：直心、正心。直心出嗣。

殿良 配欒氏。子二：忠心、孝心。

殿宰 缺嗣。

殿完 字龍光。配李氏，繼劉氏。子九如，李出。

十六世

直心 配衣氏，繼王氏，河南夼。嗣子春令。

正心 配楊氏，楊家疃。子春令，雙承。

忠心 缺嗣。

孝心 配張氏，子春泰。

九如 配劉氏，北關。子春信。

十七世

春令 配欒氏。子二：鳳彥、鳳崗。女適大榆莊歲貢生張錫恩次子庠生裕晉。

春泰 缺嗣。

春信 配劉氏，上劉家。子鳳起。

世	
十八世	**鳳彥** 配于氏，北窩洛。子三：焕文、書文、孟財。 **鳳崗** **鳳起** 配潘氏，小流口潘中書姊。子四：焕章、焕德、焕春、焕泰。女三，長適杜家莊子杜門，次適郭落莊衣門，三適柳家溝衣門。
十九世	**書文** 配米氏，城南坊。子三：如松、如賓、如堂。 **焕章** 配王氏，觀東。子運之。 **焕德** 配柳氏，陳家武庠生柳鎮軍女；繼潘氏，大流口。子二：承先、書代，潘出。 **焕春** 配杜氏，杜家莊子。 **焕泰** 配王氏，觀東。子添只。
二十世	**運之** 配丁氏，城裏。
二十一世	
二十二世	

十三世	十四世	十五世	十六世	十七世
【曰笣仲子】 **顏予** 居牟家，下同。 號聖賜。 配李氏。子寧一。女適王。	**寧一** 號毓靈，庠生。 配澹臺氏，西關。子七：殿寯、殿寮、殿安、殿宣、殿寅、殿寓、重蘭。殿安出嗣。女適榆林馮好生。	**殿寯** 配孫氏，王格莊。嗣子昇。女適陳家。	**昇** 配馬氏，上曲家馬殿元胞姑。子二：選清、慶清。女三，長適上莊頭馮門，二適韓家疃欒門，三適南劉家溝衣門。	**選清** 從九品。 配欒氏，道村；繼盧氏，迎門口。子二：鳳儀，欒出；鳳鳴，盧出。女五，長適南劉家溝，次適大流口潘中興，三適西霞址李門，欒出；四適北介林炳鑑，五適上曲家馬松青，盧出。 **慶清** 衍聖公齎奏廳。 配孫氏，西十里鋪。子鳳成。女四，長適釜甑衣門，次適田家黄門，三適小流口潘門，四適劉門。

十三世	
十四世	
十五世	**殿寮** 配陳氏，北莊。子二：昇、景。昇出嗣。 **殿宣** 配王氏，觀東。子二：曇、勔。女適靈山潘門。
十六世	**景** 配林氏，務滋夼；繼陳氏。子元清。女適百里店丁。皆林出。 **曇** 配劉氏。子二：春堯、春官。女適榆林馮。 **勔** 配李氏，老龍灣。子二：春喜、春和。
十七世	**元清** 配□氏。子鳳誥。女適西關馬門。 **春堯** 配于氏，城內。子二：鳳梧、鳳桐。女適草菴徐和。 **春官** 配陳氏，陳家；繼潘氏，小流口。子四：鳳陽、鳳章、鳳任、鳳林，潘出。女二，潘出，長適客落鄒家鄒喜福，次適西河子趙門。 **春喜** 配王氏，徐家窪。子三：鳳山、鳳早、鳳祥。

十三世

十四世

十五世

殿寅
配董氏，郭格莊。子二：早、杲。杲出嗣。

殿寓
配邢氏，鞠家。子二：晏、顯。女二，長適北關劉班，次適西門裏。

十六世

早
雙承，子玉清。

晏
配□氏。女適後夼隋門。

顯
配李氏，東門裏；繼配崔氏，倉上。子四：庚西、指南、化南、召南。女三，長適范家黃夼范景周，次適北張家

十七世

女四，長適上莊頭馮門，次適燕子夼馬門，三適小靈山潘門，四適南三里店米門。

春和
配王氏。子四玉。

玉清
配王氏，南崖子口。

庚西
字金堂。
配崔氏，倉上崔恒泰女。子二：壽彭、壽山。壽山出嗣。女適南崖子口王門。

十三世	十四世	十五世	十六世	十七世
		重蘭 嗣子杲。	溝張學仁，三適東柳李珩。 **杲** 配衣氏，前陽窩。子玉清，兼承。女四，長適佔疃王門，次適西十里堡孫門，三適三里店庠生米書畫，四適黃夼范家范門。	**指南** 配張氏，硼後張家莊張作女。子三：榮光、繼光、堯光。 **化南** 配王氏，徐家溝；繼李氏，七里橋子。子振德，李出。 **召南** 配魯氏，朱留；繼崔氏，倉上崔恒春女。子二：宗義、宗福，崔出。

世	
十八世	**鳳儀** 配潘氏，小流口。雙承子焕志。女二，長適上宋家宋得基，次適金山台王門。 **鳳鳴** 配衣氏，南柳家溝。子焕志，雙承。女適上曲家馬門。 **鳳成** 配馬氏，上曲家馬殿元女。子二：書林、書科。書科出繼。女三，長適南宋家溝宋福仁，次適河南夼王世訓，三適南劉家溝衣鴻勝。 **鳳誥** 繼子書科。
十九世	**焕志** 配劉氏，東車夼庠生劉雲祥孫女。子長松。 **書林** 配李氏，上宋家。
二十世	
二十一世	
二十二世	

十八世	十九世	二十世	二十一世	二十二世
鳳梧 配王氏，徐家窪王玉堂妹。子書紳。女二，長適宮後，次適小靈山潘門。 **鳳桐** 配李氏，西門裏。子四：焕新、增新、鼎新、日新。女三，長適觀東王景武，次適陳家陳客梁，三適丁家溝王國本。 **鳳陽** 配蕭氏，南寨；繼曹氏，西關曹柱女。子書芳，曹出。女三，長適客落鄒家王門，次適北	**書紳** 配王氏，徐家窪。 **焕新** 配鄒氏，客落鄒家。子二：大圭、連圭。 **增新** 配林氏，西二里店。子三：進財、得財、來財。 **書芳** 配劉氏，客落鄒家。			

十八世

街董門，三適上宋家李鴻賓。

鳳章
配林氏，北夼。

鳳林
配陳氏，東柳家溝。女適客落鄒家王門。

鳳山
配王氏，客落王家。女二，長適後夼柳門，次適小流口潘門。

鳳早
配衣氏，馬嘶莊。子得意。女二，長適潘子箭曲門，次適後夼姜門。

鳳祥
配林氏，北七里莊。

十九世

二十世

二十一世

二十二世

十八世	十九世	二十世	二十一世	二十二世
子書琴。女適上莊頭馮門。 **壽彭** 配喬氏，北喬家。子三：命官、命卿、趙璧。 **榮光** 配潘氏，後夼潘宗奎女。子二：雲梯、登梯。 **振德** 配衣氏，前陽窩。子二：轉運、鴻運。 **宗義** 配范氏，黄夼范家。				

十三世

【曰笣三子】

復可 居牟家，下同。號又言。配王氏，子洪一。

十四世

洪一 配王氏；繼許氏、王氏、李氏。子二：殿寬，繼配王出；殿容，李出。女適連家莊連松。

十五世

殿寬 配衣氏，子如心。

殿容 配崔氏，辛店。子七：書心、義心、禮心、淑心、喜堂、蔣心、喜顯。

十六世

如心 配衣氏，副配徐氏。子春元，副配出。女適城内林門，衣出。

書心 配楊氏。子三：大任、春堂、春發。女三，長適潘子箭，次適喬家喬門，三適客落王家王門。

義心 配邢氏，黄介吕家。子二：雲令、雲喜。女三，長適毛家毛虎人，次適西霞趾李門，三適

十七世

春元 配劉氏，金山。子二：莊、福。女適潘子箭徐門。

大任 赴遼東。

春堂 赴遼東。配衣氏，郭落莊。女二，長適王格莊孫門，次適上宋家宋門。

春發 配姜氏，城裏。子鳳望。

雲令 配李氏，初家疃。子仁和。

十三世	
十四世	
十五世	
十六世	南羅家李門。 **禮心** 赴遼東。 **淑心** 配王氏，葉家埠子。子三：重任、春芳、春陽。 **喜堂** 缺嗣。 **蔣心** 缺嗣。 **喜顯** 赴遼東。
十七世	**重任** 兼承，子保訓。 **春芳** 配周氏，上孫家。子保訓，兼承。 **春陽** 配衣氏，衣家泊子。雙承子保訓。女二，長適潘子箭曲門，次適北七里莊林門。

世代	
十八世	**莊** 配衣氏，後陽窩。 **福** 配曲氏，南寨。子斗兒。 **鳳望** 配喬氏，喬家；繼馬氏，靈山岙。子濟川，馬出。 **保訓** 配毛氏，西毛家毛虎靈女。子民昌。女適東門裏米門。
十九世	**民昌** 配丁氏，南十里莊。
二十世	
二十一世	
二十二世	

十三世	【曰籍子三】 **賅** 居牟家，下同。 配滕氏，繼郝氏。子士魁，郝出。 **賫** 赴遼東。 **賀** 配□氏，子連城。 【曰筵繼子】 **賽** 居牟家，下同。 配衣氏，繼衣氏。子四：士信、士秀，元配出；士志、士玉，繼配出。
十四世	**士魁** 配慕氏，子任重。 **連城** 赴遼東。 **士信** 配衣氏，子謙光。
十五世	**任重** 氏子詮。 **謙光** 配陳氏。子三：崇盛、凱盛、端盛。女適衣家泊子衣門。
十六世	**詮** 遷牟家疃，缺嗣。 **崇盛** 配王氏，河南夼。女適衣家泊子武生衣進海。 **凱盛** 配陳氏，陳家。子春如。
十七世	**春如** 鄉飲耆賓。 配遇氏，西遇家。子大勳。女六，長適上劉家劉門，次適百里店宮門，三適小主格莊孫

十三世	
十四世	**士秀** 配林氏，子殿賡。 **士志** 配徐氏。子四：殿楨、殿宸、殿梅、殿棟。
十五世	**殿賡** 配□氏，子德盛。 **殿楨** **殿宸** **殿梅** **殿棟** 配閻氏，小五子夼。子元盛，兼承。女適郝家樓郝門。
十六世	**端盛** 配衣氏，古鎮都。子春成。女適辛家夼張門。 **德盛** 失考。 **元盛** 配林氏，城東溝；繼周氏，西河子；呂氏，南呂家黃口呂黃女。子三：春好、仁山、春茂，呂出。女適榆林頭王福
十七世	門，四適大靈山李門，五適西霞趾李門，六適上莊子桑門。 **春成** **春好** 配劉氏，城北關。繼子壽山。女六，長適莊頭衣久恒，次適陳家陳門，三適本疃戚門，四適小靈山潘門，五適西

十三世

十四世

士玉
配郝氏，繼陳氏。子二：殿奎、殿封，陳出。

十五世

殿奎
配徐氏。子三：增盛、全盛、連盛。

殿封
配閻氏，小五子夼。女適城裏。

十六世

成，呂出。

增盛

全盛

連盛
配趙氏。女三，長適呂家黃口呂成法子，次適邱格莊衣門，三適上孫家周門。

十七世

闞林門，六適南三里店徐江。

仁山
配曲氏，南寨曲耕女。

春茂
配宋氏，上宋家宋文堂女。

世代	
十八世	**大勳** 配王氏，觀東。子二：書銘、維邦。女三，長適全山泊子宮門，次適大靈山李門，三適上莊子桑門。 **壽山** 配丁氏，十里莊庠生丁風翰女；繼陳氏，東柳家溝陳孟女。子三：香亭，丁出；香國、香德，陳出。
十九世	**書銘** 配李氏，西霞趾李雅南女。子讚住。 **維邦** 配王氏，觀東王華廷妹。子三，金國、玉琛、玉卿。 **香亭** 配宮氏，金山泊子宮太成女。
二十世	
二十一世	
二十二世	

十三世	十四世	十五世	十六世	十七世
【曰筊子】 **賓** 居牟家，下同。號嘉客。配欒氏。子二：元長、孝耀。	**元長** 缺嗣。 **孝耀** 原名元夢。配蔣氏。子四：殿開、殿淳、殿樸、殿寶。	**殿開** 配劉氏，子赤心。 **殿淳** **殿樸** **殿寶** 俱缺嗣。	**赤心** 配□氏，子春江。	**春江** 缺嗣。
【曰篠子五】 **式馨** 缺嗣。 **式德** 居東莊，下同。配林氏，繼韓氏。子三：中堯、中舜、中聖。中舜出繼，林出。	**中堯** 赴遼東。配滕氏。 **中聖** 失考。			
式祿 配衣氏。子二：中文、中武。	**中文** 配李氏，繼慕氏。嗣子殿康。 **中武** 配周氏。子三：殿康、	**殿康** 配侯氏，子晉。 **殿仁** 配劉氏，子晟。	**晉** 失考。 **晟** 失考。	

十三世

式法 居牟家。
配張氏，繼梁氏。缺嗣。

式憲 居牟家。
配趙氏，嗣子中舜。

【曰佽长子】
聲聞 自樂家寨遷樂家店，下同。
配李氏，嗣子爵一。

十四世

殿臣、殿仁。殿康、殿臣出繼。

中舜
配李氏，繼衣氏。嗣子殿臣。

爵一
配張氏。子二：殿泰、殿英。

十五世

殿臣 居東莊。
配孫氏。子二：哲、普。

殿泰
配史氏，繼魯氏、史氏。子士曾，繼史出。

殿英
配郭氏。

十六世

哲

普 俱失考。

士曾
配韓氏，同里。子二：芸芳、永芳。女適王太後劉得美。

十七世

芸芳
配郭氏，畢郭。子三：蘭芝、桂芝、林芝。女二，長適駝山李明節，次適小花園史孟林。

永芳
配衣氏，小東莊衣中令女。子桐芝。

世代	
十八世	**蘭芝** 寄居黃縣城。 配劉氏，小後窪子劉元喜妹；繼董氏，郭格莊。子銘，董出。女四，董出，長適慕家店郝占奎，次適招遠西步上劉銘三，三適解格莊劉門，四適黃縣城王門。 **桂芝** 居萊陽枯龍後。 配王氏，程家窪。子三：成、敬、心。女二，長適徐家莊徐高，次適大丁家李兆雲。 **林芝** 居欒家店，後同。 配程氏，黃口程充玉妹。子二：鴻喜、鴻吉。女一適郝山溝王臣，一適宋格莊周門。
十九世	**鴻喜** 赴遼東。 配謝氏，下泊村。 **鴻吉** 配孫氏，八家福孫寶南女。
二十世	
二十一世	
二十二世	

十八世

桐芝　配劉氏，王太後劉還更妹。子五：鴻文、鴻章、鴻祥、鴻賓、鴻順。女適解格莊于進瑞。

十九世

鴻文　配史氏，丙家莊史令女。子丕基。

鴻章　配劉氏，下泊劉義女。子三：玉田、應、創。

鴻祥　配王氏，解格莊王舉女。子丁。

鴻賓　配趙氏，郝山溝趙永慶女。

鴻順　配徐氏，徐家莊。

二十世

二十一世

二十二世

十三世	十四世	十五世	十六世	十七世
【曰筏次子】 **謦仁** 居欒家寨，下同。 配董氏。子三：守一、純一、賢一。	**守一** 配□氏，失考。嗣子殿祥。 **純一** 配周氏，萊邑孫家莊；繼陳氏，濰縣東關。子三：殿寬、殿祥、殿邦，陳出。殿祥出嗣。	**殿祥** 字如山，號静菴。鄉飲耆賓。 配欒氏，萊邑欒家院。子二：思信、思仁。女適解家林門。 **殿寬** 配遲氏，萊邑柳樹溝。子思文。女二，長適林家店林門，次適寺口子柳茂新。	**思信** 壽官。 配蘇氏，萊邑蘇家。子二：經魁、經芳。經芳出嗣。 **思仁** 配高氏，生宋家高全齡姊，旌表節孝。嗣子經芳。女適篚兒王汝致。 **思文** 配潘氏，潘家莊潘貴秀妹。子二：春芳、爵芳。春芳出嗣。女三，長適柳樹溝子趙海田，	**經魁** 字占元，武庠生。 配董氏，朱省董謙妹。子三：瑞芝、瑶芝、璉芝。女適杏格莊李炳文。 **經芳** 字香齋。 配王氏，觀裏歲貢生王連峯女。子三：攀枝、毓枝、月枝。女適大疃姜門。 **爵芳** 配宋氏，南照宋廉女。子四：香芝、信芝、鳳芝、永芝。女四，長適郭格莊子董堂，次適

十三世

十四世

女適大丁家子馬學孟，陳出。

精一

舊譜名賢一。

配王氏。子二：殿興、殿馗。

十五世

殿邦

字華國，號毓峯。

配董氏，朱省。子思温。

殿興

配董氏。子二：思學、思明。

十六世

次適觀裏子遲永臣，三適溪渚河子王福。

思温

號慈翁。

配楊氏，萊邑郝格莊。子誠芳；繼子春芳。女二，長適朱省子董爲一，次適萊邑李家莊李其仁。

思學

配姜氏，南照。子德芳。女二，長適嚴家李門，次適嚴家子李作。

十七世

東莊衣樹玉，三適朱省李慶，四適觀裏遲枝子。

誠芳

配孫氏，招邑劉家。繼子秀山。

春芳

配車氏，筐兒車己姊；繼張氏，解家張玉焕胞姑。子二：秀山、桂山。秀山出繼，車出。女適半城溝子董萬善。

德芳

配史氏，大丁家史作梅胞姑；繼遲氏，遲家溝遲玉書胞姑。子二：金芝，史出；銀芝，遲出。女適李家疃子林

十三世	十四世	十五世	十六世	十七世
		殿楦 字梅山。配董氏，朱省。子思聰。	**思明** 配王氏。子二：常芳、玉芳。 **思聰** 字子明。配李氏，嚴家李用遂姑。子三：恒芳、連芳、秋芳。	岡，遲出。 **常芳** 配葛氏，大劍脊山；繼姜氏，半城溝。子玉芝，葛出。 **玉芳** 缺嗣。 **恒芳** 配顧氏，萊邑大劉家顧君姊；繼董氏，董家院董進江姑。子玉山，董出。 **連芳** 配王氏，筐裹王遠鴻妹。嗣子高枝。女適招遠張家孫會。 **秋芳** 配吴氏，吴家泊吴密姑。子二：春枝、高枝。

十三世	
十四世	
十五世	
十六世	
十七世	高枝出繼。女二，長適大丁家史作竿，次適步家步文全。

十八世

瑞芝

配徐氏，大山口；繼趙氏，萊邑劉家趙文熙女。子六：焕文、順文、三得、心得、更、樂琴，趙出。

瑤芝

配盧氏，孫家莊盧福南女。子二：興德、鴻仁。

璉芝

配李氏，李家李其仁女。子復勝。

攀芝

配左氏，萊邑峨連莊左士彦妹；繼董氏，宋省董雲遷妹。子三：尚德、欽德、順德，董出。

十九世

焕文

配趙氏，趙家莊趙愷侄女。

順文（二）

配董氏，半城溝董殿光女。

興德

配鄒氏，觀裏鄒玉香女。

尚德

配周氏，宋格莊；繼史氏，小觀。

欽德

配徐氏，窪子。

二十世

二十一世

二十二世

十八世

女適宋格莊周門，左出。

鋶芝
配姚氏，圈裏姚月平女。子三：正德、謙德、長春。

月芝
配張氏，招邑宋家莊張西山女。子財源。

香芝
配史氏，小花園史孟鳳妹。子明恩。

信芝
配史氏，南照史永清女。子三：明序、心、理。女適東莊衣門。

十九世

順德
配姚氏，圈裏姚克尊女。

明恩
配董氏，南西留董萬順（三）。子二：大欣、對欣。

明序
配張氏，胡家堡張序孫女。子榜。

二十世

二十一世

二十二世

十八世	十九世	二十世	二十一世	二十二世
鳳芝 配董氏，綿家溝董禄女。子四：雙、汝勤、壽先、順遠。 **永芝** 配史氏，閣格莊史修來女。子二：道、順。女二，一適綿家溝董門，一適南照宋門。 **秀山** 配董氏，朱省董立志姑。子三：忠厚、忠義、忠和。女三，長適南照	**心** 配李氏，王太後李文女。 **雙** 配史氏，小花園史玉春孫女。子潤欣。 **汝勤** 配史氏，萬家莊史以修孫女。 **導**[三] 配史氏，南照史從德女。 **忠厚** 配劉氏，萊邑火山泊劉暖女。子月華。			

十八世	十九世	二十世	二十一世	二十二世
衣代，次適驀西嶺李忠庶子，三適大疃姜孟岑子。 **桂山** 配楊氏，姜格莊楊孟道女。子二：明周、明儒。女二，一適解格莊遲門，一適觀裏王門。 **金芝** 配苗氏，吴家泊苗進妹。子二：明新、明章。明新出繼。女三，長適大丁家韓彭翩之子，次適宋格莊馬鴻章，三適柞嵐頭林中來。	**忠義** 配吴氏，吴家泊吴遂女。子金榜。 **忠和** 配趙氏，南西留趙仁全女；繼史氏，小觀。 **明周** 配胡氏，南照胡殿邦女。 **明儒** 配門氏，觀裏門增女。			

十八世	十九世	二十世	二十一世	二十二世
銀枝 配李氏，嚴家。子明冬。女四，長適大丁家史作基子，次適小旺家陳鴻順，三適遲家溝遲本先，四適觀裏王以慶子。	**明冬** 配史氏，大丁家。			
玉枝 繼子明新。	**明新** 配史氏，大丁家。子二：登、天卜。女適簍裏孫龍子。	**登** 配孫氏，花溝。		
玉山 配董氏，綿家溝董梅姊，子明文。	**明文** 配董氏，半城溝董萬興女。子二：景元、鴻賓。			
高枝 配王氏，萬家莊王福女。子二：宣、福。	**宣** 配趙氏，南西留。 **福**			

世	
十八世	**春枝** 配史氏，大丁家史作賢妹；繼曹氏，簍裏曹永欽女。子二：明舉，史出；明金，曹出。
十九世	**明舉** 配董氏，朱省。 **明金**
二十世	
二十一世	
二十二世	

十三世	十四世	十五世	十六世	十七世
【曰旂三子】 **聲揚** 居欒家寨，下同。 配林氏。子三：問一、爵一、予一，爵一出嗣。	**問一** 配遲氏，萬家莊遲喜胞姑。子殿光。	**殿光** 配董氏，半城溝。子思忠。	**思忠** 配譚氏，譚格莊譚義慶祖姑。子五：榮芳、桂芳、菊芳、蘭芳、苓芳，蘭芳出嗣。女適朱省子董聖經。	**榮芳** 配趙氏，張家院。子三：全枝、鴻枝、得枝。 **桂芳** 配史氏，小觀史明春姑；繼王氏，欒家店王田姊。子明善，王出。女四，王出，長適下泊隋景松，次適南昭武庠生胡殿元，三適小水岔王曾祥，四適崖後郭福增。 **菊芳** 配衣氏，南照衣奎妹。子二：崇善、洪善。 **苓芳** 配謝氏，下泊。子三：

十三世

十四世

予一

配張氏；繼潘氏。子殿舉，潘出。

十五世

殿舉

配慕氏，欒格莊慕範姑；繼董氏，董家院；周氏，宋格莊，旌表節孝。嗣孫蘭芳。女三，長適辛莊，次適小望家范德，三適大望家趙門。

十六世

十七世

寶善、聞善、宗善。女適新安王謝白。

蘭芳

配潘氏，後窪子潘聚姊；繼李氏，招遠閻家李用全姊；湯氏，篗裏湯成旻姊。子二：漢南、鴻南，湯出。女三，湯出，長適上漁稼溝譚作丹，次適張家張門，三適柞嵐頭孫門。

世	
十八世	**全枝** 配王氏，陳家窪。子三：鳳崗、鳳德、寳三。女三，長適譚格莊王永，次適南西留田門，三適胡家堡李福。 **明善** 配閻氏，羅家閻貴仙妹。子桐德。 **崇善** 配李氏，閻家李直妹；繼張氏，畢郭河西張書言妹。子四：曰德，李出；玉德、書德、明德，張出。女適南照史門，李出。
十九世	**鳳崗** 配胡氏，胡家堡。 **桐德** 配張氏，萊邑大山後張求女。 **悦德**（四） 配董氏，朱省董瑞福女。子程。 **玉德** 配慕氏，欒格莊慕鳳起女。子壽程。 **書德** 配王氏，新安王孟松女。
二十世	
二十一世	
二十二世	

十八世	十九世	二十世	二十一世	二十二世
鴻善 配董氏，朱省董築三妹。子三：奎德、貴德、見德。女適王格莊王門。 **寶善** 字楚卿，邑庠生。配衣氏，東莊衣書賡妹。嗣子潤德。女適宋格莊周殿聲之子。 **聞善** 配鄒氏，觀裏鄒玉香妹。子二：純德、和德。女二，長適畢郭河西張	**奎德** 配柳氏，駝山柳元祥孫女。子潤子。 **貴德** 配胡氏，南照武生胡殿鰲。 **見德** 配董氏，西上莊董鴻順女。 **潤德** 配蔡氏，楊家窪蔡學思妹。子二：章鴻、章[五]。 **純德** 配劉氏，西莊劉萬順妹。子裕富。 **和德**			

十八世	十九世	二十世	二十一世	二十二世
銘智，次適大疃丁門。 **宗善** 配姚氏，圈裏姚樹勳妹；繼史氏，小觀史香山妹。子二：潤德、聲德。潤德出嗣。女適朱省董銘芝。 **漢南** 配李氏，招遠大區莊庠生李經邦妹。子俊德。女三，長適觀裏鄒玉香之子，次適北照范門，三適萬家莊衣門。 **鴻南** 配徐氏，萊邑君在徐奎堯妹。	**聲德** 配王氏，觀裏。 **俊德** 配鄒氏，觀裏鄒貴女。			

十三世	十四世	十五世	十六世	十七世
【曰箪子四】 **允執** 居牟家，後同。 配滕氏。子三：贊元、繩武、佺武。佺武缺嗣。 **允中** 居牟家。 配郝氏。子立柱，缺嗣。 **允懷** 配季氏。子三：本仁、本義、本禮，俱缺嗣。 **允成** 配衣氏。子四：繼年、繼蘭、繼生、蓮生，蓮生出七房斌嗣。	**贊元** 自牟家遷後牟家疃。 配□氏，失考。嗣子章，八世分支二房嗣入。 **繼年** 配劉氏。子得人。 **繼蘭** 配汪氏。子三元。 **繼生** 俱缺嗣。			

十三世	【曰籦子三】 **大文** 配劉氏，繼王氏。子二：官祿、官貴，王出。官祿出嗣日照。嗣子官留。 **大觀** 配桑氏，繼王氏。子清路，王出。 **大有** 配林氏，繼林氏。子二：官住、官留。官留出嗣，繼出。
十四世	**官貴** **官留** 配郝氏，俱缺嗣。 **清路** 配丁氏。子二：殿式、殿法。 **官住** 配劉氏。子二：殿奇、殿椿。女適林家亭林門。
十五世	**殿式** 赴遼東。 **殿法** 配遲氏，失考。 **殿奇** 配李氏，東門裏。子三：錦、銅、潛。女二，長適城東溝林福，次適老龍灣王門。
十六世	**錦** 配李氏，南林家莊。子二：春日、春陽。女適常家溝李門。 **銅** 配于氏，繼丁氏，城內。子四：春花、春富、春貴、春生，丁出。女四，于出，長適黃夼范
十七世	**春日** **春陽** 配林氏，南林家莊子。 **春花** 配米氏，城南坊。子鳴韶。 **春富** 配高氏，南埠。子二[六]：

十三世

十四世

十五世

殿椿 配李氏，繼李氏，東柳。子二：勤、昌，繼出。女四，長適東門裏李門，次適西林家莊子林門，三適十甲子潘客讓，四適南富家范門，繼出。

十六世

家范金本，次適觀東王金立，三適馬家窑馬香，四適西霞趾張進田。

潛 缺嗣。

勤 配□氏。子春海。女四，長適馬家窑馬鴻起，次適西亭林門，三適店西溝林門，四適白馬夼宋進山。

昌 配李氏，東柳李士英妹。子春園。女適楊家疃董文星。

十七世

國、文。

春貴 配孟氏，馬家窑。子考。

春生 配董氏，城南關。子三：桂枝、桂棋、松。

春海

春園 配潘氏，十甲潘克悦妹。子三：鳳輕、鳳新、鳳嶺。

十八世	十九世	二十世	二十一世	二十二世
鳴韶 配王氏，草夼。子及。 **鳳輕** 配孫氏，東柳孫益興女。子二：艾得、艾。 **鳳新** 配孫氏，劉家河。 **鳳嶺** 配衣氏，前陽窩衣盛妹。				

【校注】

〔一〕順文：原文爲『順位』，上文爲『順文』，此處可能爲『順文』。

〔二〕此處疑有脱文。

〔三〕導：原文爲『導』，上文爲『道』。上下不一致，具體情况待考。

〔四〕悦德：上文爲『曰德』，上下不一致，具體情况待考。

〔五〕此處缺字，具體情况待考。

〔六〕子二：原文爲『子三』，有誤，應爲『子二』。

十三世	十四世	十五世	十六世	十七世
【曰蘭子三】 **剛** 居牟家，後同。 **桐** 配王氏。子二：戌、永福，永福出嗣。	**戌** 赴遼東。			
楷 配王氏。子二：大當、惟一。	**大當** **惟一** 配□氏。子殿芳。	**殿芳** 遷居潘子箭，下同。配曲氏。子三：暲、暹、昇。暹、昇缺嗣。	**暲** 配王氏，草夼。子喜台。女適客落鄒家鄒照堂。	**喜台** 配孫氏，後夼。子功。女適和尚莊符守良。
【曰簾（二）長子】 **增輝** 居牟家，下同。配蔣氏，唐山。子永貴，繼子永福。	**永貴** 配桑氏，潘子箭；繼林氏，院頭西山。子四：殿寀、殿琳、寶琛、殿晏，林出。女二，林出，長適引駕夼蔣門，次適佔疃王門。	**殿寀** 配潘氏。子曦。	**曦** 配潘氏，大流口；繼林氏，城西關林均姑。子二：雲華、雲山，潘出。女二，長適豹山呈門，次適上靈山潘門。	**雲華** **雲山** 配潘氏，十甲。子三：鳳舟、鳳法、鳳彩。女四，長適葉家埠子王門，次適十甲潘門，四適老樹夼邢門。

十三世

十四世

十五世

殿琳

配李氏，菴裏。繼子現。女三，長適石家莊子石玉麟，次適西關澮臺門，三適東荊夼林門。

寶琛

配李氏，大靈山。子三：家謨、現、德謨，現出嗣。

十六世

現

配林氏，院頭西山；繼范氏，黄夼范家范代令女。子二：春耕、維藩，范出。女適回兵崖王新田，范出。

家謨

配姜氏，後徐村。雙承子玉山。女二，長適徐村姜桐華，次適佔疃王希賢子。

德謨

配林氏，蛇窩泊；側

十七世

春耕

字九一。

配劉氏，北關劉海仙女；繼范氏，北十里堡。子三：淑訓、成訓、彝訓，范出。女三，長適金山泊子宮門，次適客落鄒家鄒門，三適河南夼王門，劉出。

維藩

字約人。

玉山

配王氏，葉家埠子王經作女。子鳳來。

十三世	
十四世	
十五世	**殿晏** 配林氏，文石。子三：規謨、正謨、錫謨。
十六世	室王氏。子玉山雙承。女二，長適大咽喉隋門，次適小窩落范春芳。 **規謨** 配衣氏，杜家黄口衣天成女。雙承子春和。 **正謨** 配曲氏，南寨。子二：春東、春和，俱雙承。女適佔疃王鳳梧子。 **錫謨** 配范氏，十五里堠子。雙承子春東。
十七世	**春和** 配李氏，上曲家；繼王氏，河南夼。子五：鳳祥、鳳雲、鳳立、鳳舉、鳳英，王出。女適東留家溝陳門。 **春東** 配李氏，後夼；繼衣氏，衣家莊。子五：鳳簫，李出；鳳笙、福太、鳳喜、鳳崗，衣出。女適南寨曲，衣出。

十三世	
十四世	**永福** 配馮氏，繼姜氏。子殿柱，姜出。
十五世	**殿柱** 配慕氏。子二：吉齡、元齡。
十六世	**吉齡** 配王氏，後徐村。子懿行。 **元齡** 配張氏，東馬耳岙；繼潘氏，大流口。子三：但行、德行、春鳳，潘出。女適上生鐵劉家劉門，潘出。
十七世	**懿行** 配王氏，朱元溝。子二：鳳池、鳳太。女適後夼張門。 **但行** **德行** 配陳氏。子鳳保。女三，長適小流口潘門，次適南寨郝門，三適草菴子徐門。 **春鳳** 配宋氏，南三里店。子鳳月。女二，長適豹山口王門，次適陳家陳門。

十八世

鳳舟
配潘氏，十甲。子斗福。

鳳法
配李氏，上宋家李平山女。

鳳彩
配吴氏，古鎮都吴化女。

淑訓
配賈氏，菴裏。子三：民新、銘新、中奎。女適徐家窪王門。

十九世

民新
字思康。
配姜氏，北門裏。

銘新
配劉氏，上劉家。子三：日千、抱子、雪兒。

中奎
配徐氏，草菴子。

二十世

二十一世

二十二世

十八世	十九世	二十世	二十一世	二十二世
成訓 配張氏，馬耳岙張金鍾女。子四：占奎、平子、九子、忙兒。 **彝訓** 字聰三。師範講習所畢業。 配林氏，母山後林清和曾孫女。子三：志奎、潤利、錫新。 **鳳來** 配王氏，丁家溝。 **鳳簫** 配蔣氏，引駕岕。子二：邦、振旺。 **鳳太** 配史氏。子民生。女二，長適本曈戚門，次	**占奎** 配楊氏，南寨楊指南女。 **志奎** 配李氏，下桑樹岕李楠女。			

十八世	適上宋家宋門。 **鳳保** 配潘氏，大流口；繼劉氏，劉家崖後。子二：晚、孟。 **鳳月** 配范氏，北關。
十九世	
二十世	
二十一世	
二十二世	

【校注】

〔一〕曰簾：原文爲『簾曰』，次序顛倒，應爲『曰簾』。

十三世

增耀 居牟家，下同。
配張氏。子二：榮禄、榮德。

十四世

榮禄
配李氏。嗣子殿甲。

榮德
號迪九，壽官。
配丁氏。子二：殿甲、殿陛，殿甲出繼。女適

十五世

殿甲
號仰仙。
配丁氏，杜家黃口；繼王氏、王氏。子金聲，再繼王出。女二，繼王出女適觀東王門子子治，邑庠生；再繼出適大韓家韓門。

殿陛
鄉飲介賓。
配王氏。子二：尊唐、尊虞。女適西關澹臺門。

十六世

金聲
號振玉，耆儒。
配姜氏，後徐村，同治癸亥進士、福建同安縣知縣姜桐岡胞姑。子二：作民、作賓。女二，長適朱留魯子承，次適艾山湯武生崔殿芳。

尊唐
配王氏。店西溝王溢來姊。子二：廣生、春田。

十七世

作民
配王氏，觀東王序功姑。子三：文煥、文炳、文志。女適觀東王德丕之子。

作賓
號式廷，邑庠生。
配王氏，前徐村王序三姊。子三：文惠、文亭、思恭。女三，長適策里賈家庠生李光煒之子，次適南岩子口庠生王海峯之子，三適五區吴家吴寶元。

廣生
配馮氏，榆林子。子三：鳳均、鳳喜、鳳和。

十三世

十四世

楊家圈林門。

十五世

十六世

尊虞
配李氏，城北關。子四：廣和、廣泰、青山、春來。女適大靈山李門。

十七世

春田
配李氏，大靈山李讚姊。子四：鳳閣、鳳德、鳳翥、鳳書。女三，長適百里店庠生劉鏡海，次適豹山口王門，三適蔣家莊蔣門。

廣和
配宋氏，南三里店庠生米書畫姊。子二：鴻訓、式訓。女適務滋夼林門。

廣泰
配王氏，客落王家。子二：方訓、鳳高。女適龍村廩生王禹堂。

青山
配衣氏，古鎮都。子

世次	
十三世	
十四世	
十五世	
十六世	
十七世	二：鳳瑞、鳳亭，鳳瑞出嗣。女三，長適艾山前鄒家王門，次適草菴子徐中升，三適大靈山李門。 **春來** 配徐氏，宮後徐進姑。繼子鳳瑞。

十八世	十九世	二十世	二十一世	二十二世
文煥 配王氏，南岩子口王瓃女。女適客落鄒家鄒門。 **文炳** 配路氏，黃夼路家。 **文志** 配崔氏，艾山湯。子惠明。 **文惠** 字我章。 配馬氏，黃夼馬家馬春塘孫女。子秀峯。 **文亭** 配董氏，城北街董文德妹。 **思恭** 字異三，中學畢業。 配鄒氏，客落鄒家鴻				

十八世	十九世	十二十世	二十一世	二十二世
彩女；繼李氏，楊家圈武舉李鑑孫女；王氏，北喬家王俊英女。				
鳳和 配王氏，院頭小莊。子登仙。女適陳家陳門。	**登仙** 配米氏，南三里店。			
鳳閣 配衣氏，宅科。子世珍。	**世珍** 配桑氏，潘子箭。子永利。			
鳳德 配桑氏，潘子箭。子玉珍。女三，長適王格莊孫門，次適草夼王門，三適徐家窪王門。	**玉珍** 配潘氏，大流口。子同德。			
鳳翥 配馬氏，靈山夼。				
鳳書 居城裏。 配劉氏，北關劉森				

十八世

彥女；繼陳氏，西紙坊陳繼夏女。

鴻訓

配楊氏，楊格莊；繼衣氏，前陽窩。子四：九齡、雲齡、强子、美子，衣出。女適主格莊孫門，衣出。

式訓

字是古。

配王氏，觀東。子五：紹洲、紹昆、紹崙、紹軒、登齊。女適蒼上崔門。

方訓

配婁氏，黃介婁家。子秀山、芝財。

鳳高

配于氏，南三里店。

十九世

紹洲

配徐氏，草菴子。

二十世

二十一世

二十二世

十八世	十九世	二十世	二十一世	二十二世
子三：紹章、寬子、泰平。女適主格莊孫門。 **鳳亭** 配呂氏，黄夼呂家。子牢子。女適上宋家宋洛子。 **鳳瑞** 配李氏，大靈山。子通永。女適後夼王門。				

十三世

【曰福長子】

峒 居黄崖底，下同。

配徐氏。子二：有慮、有得。

十四世

有慮

配王氏。子二：英、傑，英出嗣。

有得

配李氏。子儺。

十五世

傑

配高氏。子二：振臨、振府。

儺

配李氏，紫現頭。子四：振恭、振春、振寬、

十六世

振臨

配李氏，李家溝。繼子相。

振府

配劉氏，小莊鋪。子四：相、茶、杠、梅，相出嗣。

振恭

振春

振寬

十七世

相

配□氏。子書和。女適葉家埠子子王得山。

茶

配馬氏，西霞趾。子世善。女二，長適榆家夼劉致敬，次適楊家圈李門。

杠 缺嗣。

梅

配于氏，劉家河。子五：書和、書照、書判、書案、書交。女適大柳家柳門。

十三世	
十四世	
十五世	振民。
十六世	**振民** 配宋氏，上宋家。子：校、梗。
十七世	**校** 配馮氏，沙窩子。子二：書本、書印。女適劉家河張門。 **梗** 配李氏，羅家。子書格。

十八世

書本

配譚氏，古宅崖。子四：太、保、技、代四。女適葉家埠子王門。

書印

配衣氏，釜甑；繼劉氏，院頭窑。子二：財、興。

書格

配王氏，葉家埠子。子二：浸法、滿量。

十九世

二十世

二十一世

二十二世

十三世	【曰福仲子】 **岔** 居黄崖底，下同。 配王氏，葉家埠子。子二：有定、有靜。
十四世	**有定** 配呂氏；繼衣氏。子四：宗孔、宗愷、宗曾、宗憫。 **有靜** 舊譜范氏、李氏，無寧氏、馬氏。 配寧氏，繼馬氏、范氏、李氏。繼子英，子便，李出。
十五世	**宗孔** 赴遼東。 **宗愷** 配劉氏。子振代。 **宗曾** 赴遼東。 **宗憫** 赴遼東。 **英** 赴遼東。 **便** 配賈氏。子振喜。
十六世	**振代** 繼子林。 **振喜** 配趙氏，西河子。子四：桂、林、松、椿，林出嗣。女適丹莊武生劉湘雲。
十七世	**林** 配呂氏，邱格莊。子書潤。 **桂** 雙承子書音。 **松** 配劉氏，劉家河。子書音，雙承。女適大靈山武生李茂曾。 **椿** 配衣氏，蘆子泊。子四：書聲、書義、書合、書五。女二，長適帽兒頂劉門，次適南林家莊子李門。

世	
十八世	**書潤** 配徐氏，爐上村。子二：淑江、淑興。 **書音** 配李氏，西門裏。子三：浦小、敏小、代。 **書聲** 配劉氏，史家莊。子中漢。 **書意** 配馬氏，上曲家。 **書合** 配王氏，鞍子夼。 **書五** 配衣氏，蘆子泊。
十九世	
二十世	
二十一世	
二十二世	

十三世	十四世	十五世	十六世	十七世
【曰禄長子】 **嵋** 居岩子口，下同。 繼子長善。	**長善** 配林氏，北關，舊譜王氏。子二：鍼、彩，彩出繼。	**鍼** 改名玉。 配于氏；繼張氏，漢橋張喜丹妹。子振會，于出。女二，長適葛家溝范門，次適城裏王門，張出。	**振會** 配桑氏，潘子箭桑貴妹。子二：珍、開。女三，長適宮後盛殿芳，次適城裏衣，三適公山後王門。	**珍** 配曲氏，潘子箭曲永林妹。子典芳。女適豹山呈門。 **開** 原名琢。 配王氏，客落王家王雲海女。子得致。

十八世	十九世	二十世	二十一世	二十二世
典芳 配劉氏，上劉家劉文仁女。子新糧。				

十三世	【曰禄仲子】 **峊** 配馮氏。子二：吉安、吉德。	【曰禄三子】 **瑞** 配衣氏。子三：長初、長善、長仁，長善出嗣。	【曰禄四子】 **嚁** 配劉氏。子三：長太、長明、長安。
十四世	**吉安** 赴遼東。 配劉氏，缺嗣。 **吉德** 配潘氏，缺嗣。	**長初** 配林氏，繼衣氏。嗣子朋。 **長仁** 配林氏，旌表節孝。嗣子鑱。	**長太** 赴遼東。 配李氏，繼楊氏。子二：將，李出；朋，楊出，朋出繼。
十五世		**朋** 缺嗣。 **鑱** 原名鬖。 配王氏，繼劉氏。子良，劉出。	**將** 赴遼東。
十六世		**良** 赴遼東。	
十七世			

十三世

【曰篚繼子】

嵣 居黃崖底，下同。配王氏，繼衣氏。子秉聰。

十四世

長明 赴遼東。配王氏。

長安 赴遼東。

秉聰 原名吉從。配王氏；繼張氏，栗里。子四：宗藉、仲、俠、价，俠出繼，張出。

十五世

宗藉 配張氏，南蔣家莊。雙承子振山。

仲 配柳氏；繼衣氏。雙承子振山。

价 配衣氏，釜甑。子二：振山、振崗，振山雙承。

十六世

振山 配周氏。子彬。女適前陽窩衣門。

振崗 配趙氏。西河子。子二：欄、楠。女二，長適大流潘門，次適七里橋子郝門。

十七世

彬 配趙氏，西河子趙明德妹。子二：書煥、書耀。女適王格莊孫傑。

欄 配周氏，周家溝周遠卿女。子二：書文、書孟。女適黑土硼姜茂子。

楠 配王氏，唐山頭王見

十三世	
十四世	
十五世	
十六世	
十七世	女。子書信。女四，長適張家莊子張榮，次適辛店張門，三適黑土硼高福成，四適周家溝劉見山。

十八世

書煥

配衣氏，前陽窩衣維京女。女適城裏于廣漢。

書燿

配衣氏，劉家溝衣子明女。子二：敢上、全上。

書文

配郝氏，郝家樓。子財。

書信

配王氏，唐山頭王景芳妹。子福奎。

十九世

二十世

二十一世

二十二世

十三世	十四世	十五世	十六世	十七世
【曰篚繼子】 **嶒** 居黃崖底，下同。配劉氏，繼郝氏、劉氏。子三：秉義，郝出；秉信、秉哲，繼劉出。	**秉義** 配劉氏；繼王氏。子二：偵、佶，王出。 **秉信** 配王氏。子倜。 **秉哲** 配林氏。子倞。	**偵** 配徐氏，岔口灣。子振威。 **佶** 配衣氏；繼劉氏，上劉家。繼子振師。 **倜** 配劉氏。子四：振雲、振漢、振秀、振臣。 **倞** 配王氏。	**振威** 配程氏，下葦城。子二：清、枝。 **振師** 配林氏，黃夼林家。子全當。 **振雲** **振漢** **振秀** **振臣** 俱缺嗣。	**清** 配李氏，前撞。繼子書敏。 **枝** 配王氏，邱格莊。子二：書恭、書敏，書敏出繼。女適丹莊劉門。 **全當**

十三世

【曰箎繼子】

峯 居黄崖底。

配朱氏。子五：吉兆、吉臨、吉占、吉亨、吉甫，吉臨出嗣。

十四世

吉兆 自黄崖底遷榆柳前。

號星圃。

配高氏。子琬，雙承。

吉占

配王氏。雙承子琬。

吉亨 自黄崖底遷劉家河，下同。

配姜氏，黑土硼；繼路氏，黑磊子；錢氏。嗣子俠。

十五世

琬 缺嗣。

俠

號公豪，壽官。

配魯氏，朱留魯日德祖姑。繼子振鵬。

十六世

振鵬

號凌霄，鄉飲耆賓。

配徐氏，岔口灣徐元吉妹。子五：榮棠、榮楷、愛棠、溶林、溶喬。女二，長適上劉家廪貢生劉芳齡，次適王家黄口王云法。

十七世

榮棠

字伯紹，號室坎，又號遷離，郡武生。

配杜氏，杜家莊子杜文欽姊。子焕壬。女適前陽窩衣惻。

榮楷

字仲範，號室兑，太學生。

配董氏，南關董時宜女；繼魯氏，王家黄口

十三世	十四世	十五世	十六世	十七世
				王漢姊。子四：煥庚、煥辛、煥酉、煥戌，魯出。女適張家泥都張進德，魯出；一適周家溝周門，董出。 **愛棠** 原名榮椿，字叔召，號室辰，耆儒。 配周氏，周家溝周元起姊。子二：煥甲、煥乙。女二，長適石盒子趙門，次適前陽窩衣門。 **溶林** 原名榮林，字秀伯，又字蔭齋，號室中，邑庠生，師範畢業。 配潘氏，十甲潘宗保

十三世

十四世

吉甫 自黃崖底遷榆柳前，下同。

配林氏，古村；繼林氏，文口。子春。

十五世

春

配陳氏，大河北，旌表節孝。繼子英田，自六房嗣入。女適葦城程運開。

十六世

英田

配高氏，公山後高有諒妹。子二：奉訓、奉誥。女適十甲潘克己。

十七世

姑。子二：煥戊、煥己。

溶喬

原名榮喬，字秀仲，號室離，太學生。

配石氏，石家莊子石金潤姑。子二：煥丙、煥丁。女二，長適上劉家劉文顯，次適杜家莊子杜殿臣。

奉訓

配韋氏，韋家溝；繼馮氏，孤山馮松女。子三：煥清、煥慎、煥勤，馮出。

奉誥

配楊氏，同里楊文翠女。子三：煥潔、煥恪、煥章。

十八世	十九世	二十世	二十一世	二十二世
煥壬 字百禮。 配徐氏，岔口灣徐中奎姊。子二：培堯、培城。女三，長適城裏陳門，次適老龍灣王門，三適東南店楊門。 **煥庚** 字孟金。 配衣氏，釜甑衣錦英女。子三：培均、培堃、培塏。女適前撞高小畢業李殿祥。 **煥辛** 字仲鑫。 配林氏，二十里堡林夏福女。女適西喬家喬門。	**培堯** 配衣氏，前陽窩衣財女。			

十八世

焕酉
字叔鑫。
配林氏，二十里堡林得福侄女。

焕戊
字季鑫。
配盧氏，孫家莊盧明月妹。

焕甲
字振東。
配譚氏，古宅崖譚章女。

焕乙
字亨東。
配劉氏，上葦城劉得福女。

焕戊
字修堂。
配柳氏，徐家莊庠生柳夢松女。

十九世

二十世

二十一世

二十二世

十八世	十九世	二十世	二十一世	二十二世
煥己 字敬堂，又字治南，號省三，師範畢業。 配李氏，楊礎庠生李燮臣女。子培壅。 **煥丙** 字燿南，號文光，師範畢業。 配劉氏，觀東劉維次女。子二：培垈、培埑。 **煥丁** 字仲南，號永光。 配杜氏，杜家莊子杜文欽女。 **煥清** 居榆柳前，後同。 配劉氏，玉科頂劉進禄女。子龍山。				

十八世

煥慎 字敬菴，師範畢業。配戰氏，戰家溝戰仕妹。子文賓。女適柳口劉丕成子。

煥勤 配譚氏，古宅崖譚炳立妹。子二：愛臣、虎山。

煥潔 配譚氏，古宅崖譚文女。子二：化爛、永奎。

煥義 原名恪。配譚氏，宅夼。

煥章 配高氏，小莊舖。

十九世

文賓 配郝氏，蟹家溝郝恒開女。

愛臣 配譚氏，宅夼譚長貴孫女。

二十世

二十一世

二十二世

十三世	【曰笙子】 **端** 居黄崖底，下同。配孫氏。子二：吉祥、吉和。 【曰簦子】 **嵰** 居黄崖底，下同。配王氏，北關。子二：秉禮、秉智。
十四世	**吉祥** 配王氏；繼欒氏。子佑，繼出。 **吉和** 配馬氏。子佐。 **秉禮** 字聖居，又字鈍夫，號韶夏，庠生。配張氏。子三：修、傒、侹。
十五世	**佑** 繼子振先。 **佐** 配林氏；繼劉氏，上葦城。子二：振豫、振先。振先出繼，繼出。 **修** 配衣氏。子振頤。 **傒** 字行素，號次卿。配宋氏，南埠。子振觀。
十六世	**振先** 配王氏，口子。子相。女適唐山蔣門。 **振豫** 配潘氏，下葦城。子二：榛、桐。 **振頤** 配戰氏，北半泊子；繼林氏，河崖；王氏，王家黄口。繼子菜，自葦城繼入。女適高格莊，王出。 **振觀** 配陳氏，陳家。子二：榮、藥。
十七世	**相** 缺嗣。 **榛** 配黄氏，黄家莊。子書全，缺嗣。 **桐** 缺嗣。 **菜** 鄉飲耆賓。配楊氏，蛇窩泊。子景山。女適楊礎庠生李銘恕之子。 **榮** 配劉氏，窩落。子三：書傳、書經、書成，書

十三世

十四世

秉智
配衣氏，郭落莊；繼劉氏，榆家夼。子二：佃、儆，劉出。

十五世

侹
配高氏，缺嗣。

佃
配宋氏，南埠；繼劉氏，上劉家。子四：振乾、振坤、振鵬、振儉。振鵬出嗣，繼出。

十六世

振乾
配張氏，張家泥都。子杲。

振坤
配欒氏，郝家疃。子二：材、楝。女三，長適古宅崖譚門，次適黑土硼姜門，三適院頭窑劉永明。

振儉
配姜氏，黑土硼。子柱。

十七世

傳出繼。

藥
嗣子書傳。

杲 自黃底遷石家莊子。
配王氏，葉家埠子。子三：還寶、還星、還山。

材
配李氏，撞裏。子三：書珠、書茂、書盛，書盛出嗣。

楝
配姜氏，黑土硼。繼子書盛。

柱
配張氏，栗里。子二：

十三世	十四世	十五世	十六世	十七世
		敓 配林氏，觀泊；繼林氏，河崖。子三：振師，元配出；振恒、振泰，繼出。振師出繼。女二，長適八田李門，次適林家黃夼林門，繼出。	**振恒** 鄉飲耆賓。 配劉氏，院頭窑。子五：遜、選、通、達、遷，遜、通出嗣。 **振泰** 配張氏，南張家莊。繼子遜、通。	還運、書昌。女二，長適黑土硼姜升之子，次葉家埠子王門。 **選** 配婁氏，婁家黃夼；繼王氏，泥都小莊。女適東馬耳夼，婁出。 **達** 配劉氏，上劉家。子書富。女適栗里張祥斌子。 **遷** 缺嗣。 **遜** 太學生。 配林氏，西亭；繼劉氏，上劉家；蔣氏，馬家溝。女適十甲潘中林，蔣出。

世	
十三世	
十四世	
十五世	
十六世	
十七世	**通** 配徐氏，岔口灣；繼高氏，黑土硼；衣氏，釜甑。子四：富、判、女、芬，衣出。女適西盒子趙門。

十八世	十九世	二十世	二十一世	二十二世
景山 配孫氏，磚園；繼劉氏，劉家崖後[一]。子四：還，孫出；淙、渤、沅，劉出。 **書成** 配譚氏，古宅崖譚新女。子四：淵、淳、福、端四。 **書經** 配孫氏，王格莊孫逢書女。 **書傳** 配林氏，文石。子福恩。女適劉家河慕門。 **還寶** 赴遼東。 配張氏，栗里。子喜。	**還** 配潘氏，十甲。 **淙** 配蔣氏，唐山。 **沅** 配李氏，楊礎。			

十八世

還星 配李氏，釜甑河北。子三：考、考進、三進。

還山 配潘氏，十甲。子二：春、秋。

書珠 配徐氏，岔口灣。女適邢家莊王門。

書茂 配潘氏，十甲。

書盛 配高氏，後撞。子漢。

還運 配李氏，河北。子碗。

書昌 配劉氏，上葦城。

十九世

二十世

二十一世

二十二世

十八世	**書富** 配衣氏，釜甑；繼林氏，文石。子二：高，衣出；來，林出。
十九世	
二十世	
二十一世	
二十二世	

【校注】

〔一〕原文爲『配孫氏，繼磚園劉氏，劉家崖後』，文字次序有誤，應爲『配孫氏，磚園；繼劉氏，劉家崖後。』

十三世	十四世	十五世	十六世	十七世
【曰簀子】 **崎** 居黃崖底。 配衣氏，子吉迪。 **嶀** 居黃崖底。 嗣子吉臨。	**吉迪** 自黃崖底遷榆柳前。 雙承子琬。 **吉臨** 配周氏，子齡。	**琬** 缺嗣。 **齡** 遷居榆柳前，下同。 配劉氏，小莊鋪劉進祖姑。子二：英奎、月升。	**英奎** 配譚氏，宅科譚鳳祥姑；繼蔣氏，馬家溝蔣浩姑。子三：論、云、詳，繼蔣出。女適唐山頭王文法。 **月升** 配周氏，小劍脊山。子昌元。女二，長適河北李門，次適榆格莊姜貴。	**論** 配劉氏，下蒲格莊。子煥芝。 **云** 配周氏，子四：煥萃、煥芳、煥茂、煥壽。 **詳** 缺嗣。 **昌元** 配譚氏，宅夼。子三：煥光、煥虎、煥三。

十八世	十九世	二十世	二十一世	二十二世
焕芝 配門氏，門家溝。子四：湖、河、潮、滙。女三，長適磊山後，次適小埠後劉門，三適院上。 **焕萃** 配李氏，宅科李桂侄女。子鴻雲。 **焕茂** 配王氏，西李家莊王進女。 **焕壽** 配馮氏，沙窩馮有女。	**湖** 配劉氏，下蒲格莊劉中倫女。子修。女適大埠後劉門。 **河** 配劉氏，埠頭。 **潮** 配劉氏，埠頭。			

十三世	十四世	十五世	十六世	十七世
【天成子】 **禕新** 居黄崖底，下同。 配林氏，繼林氏。子二：逢吉、隆吉，繼林出。	**逢吉** 配林氏，文石。子三：宗伊、宗尹、宗皋。	**宗伊** 配王氏，觀東。子振鼎。 **宗尹** 配黄氏，黄家莊。子振萃。	**振鼎** 配王氏，東菴里；繼李氏，西稟行。子四：横，王出；雙雲、雲、任瑞，李出。 **振萃** 配姜氏；繼高氏，後撞。子三：泮芹，姜出；泮蘭、晏來，高出。女二，長適小莊鋪劉朝儀，次適東院頭衣門。	**横** 遷生宋家。 配劉氏，子德元。 **雙雲** 赴遼東。 **雲** 赴遼東。 **任瑞** 缺嗣。 **泮芹** 配張氏，南張家莊；繼高氏，後撞。子二：鴻賓，張出；用公，高出。 **泮蘭** 配張氏，柳林莊。繼子書賓。 **晏來** 太學生。 配杜氏，南張家莊。子三：書賓、書芳、書

十三世

十四世

隆吉 配王氏。子三：宗成、宗游、宗杓。

十五世

宗皋 配黃氏，黃家莊。子三：振星、振逢、振隨。

宗成 赴遼東。

宗游 配王氏。子河。

宗杓 赴遼東。

十六世

振星 配林氏，河崖。子瑜。

振逢 配劉氏，大埠後。子三：瑚、璉、球。璉出嗣。

振隨 繼子璉。

十七世

明。書賓出繼。女三，長適蔣家莊杜門，次適唐山頭王門，三適山西夼宮門。

瑜 配林氏，文石。子書德。女適張家莊張門。

瑚 配劉氏，玉皇廟後。子書元。女適上范家溝。

球 配王氏，子書文。

璉 配孫氏，南台上。子書春。

世	
十八世	**德元** 赴遼東。 **鴻賓** 配張氏，南張家莊。子汶。 **用公** 改名鴻公。配潘氏，邱格莊。繼子洛。 **書賓** 配范氏，西關。子二：洛、真，洛出繼。
十九世	**汶** 配高氏，吉格莊。子三：寶元、寶亨、寶利。女適釜甑衣門。 **洛** 配慕氏，張家莊。子壽嚮。 **真** 配衣氏，前陽窩。子三：壽喜、寶善、壽海。
二十世	**寶元** 配孫氏，王格莊。子管場。 **寶亨** 配姜氏，黑土硼姜以林女。子二：管宋、管六。 **寶利** 配楊氏，南寨。子管運。
二十一世	
二十二世	

十八世

書芳

配崔氏，艾山湯崔逢得女。子成章。

書明

配劉氏，小莊舖。子敬止。

書德

配鞠氏，台上；繼劉氏，北窩落；黄氏。子洪，劉出。

書元

配潘氏，小靈山。子溱。

書春

配潘氏，十甲。子潤。女適老龍灣王門。

十九世

成章

配孫氏，王格莊孫鈐女。子二：中義、興。女適唐山頭王門。

敬止

配劉氏，小河北。

洪

配馮氏，上莊頭。子二：寶善、寶斗。

溱

配王氏，邱格莊。子三：寶經、寶義、寶福。

潤

配郝氏，東南店。

二十世

二十一世

二十二世

十三世

【天申子】

峒 居黃崖底，下同。

配王氏，側室楊氏。子二：懋德、懋功，楊出。

【天嘏長子】

肆新 居黃崖底，下同。

庠生。

配林氏，旌表節孝。子二：吉昌、永昌。

十四世

懋德

配馮氏，子惠。

懋功 缺嗣。

吉昌

配衣氏，衣家泊子；繼馬氏，黃夼馬家。子進祥，馬出。

十五世

惠 赴遼東。

進祥

配陳氏，栗里；繼楊氏，楊家圈。子五：松海、雲海、風海、江海、振海。女三，長適西凰跳林門，次適佔疃王門，三適西凰跳林門，俱楊出。

十六世

松海

配衣氏，吉格莊。子三：冬、琁、琔。女適前陽窩衣門。

十七世

冬 缺嗣。

琁

配柳氏，大柳家。繼子書仁。

琔

配丁氏，錢家溝。子三：書君、書正、書仁。書仁出繼。女三，長適院頭窑劉門，次適後撞李鳳閣，三適上葦城劉英賓。

十三世

十四世

十五世

十六世

雲海
配劉氏，上葦城。子四：班、珖、琨、玢。女適北夼林桂。

風海 赴遼東。

江海 赴遼東。

振海
配衣氏，蘆子泊。子琅。女適古鎮都吴京玉。

十七世

班
配邴氏，潘家嶺。子二：寶太、運太。寶太出繼城裏八世六房全盛。運太雙承。

珖
繼子書价、書僕。書价雙承。

琨 缺嗣。

玢
配林氏，文石。子三：書僕、書樂、書志。書僕、書樂出嗣。

琅
配衣氏，劉家溝。繼子書樂。

十三世	十四世	十五世	十六世	十七世
	永昌 配王氏，佔疃；繼林氏，院頭西山。子二：運祥、呈祥。	**運祥** 配王氏，東菴裏。繼子述林。 **呈祥** 配蔣氏，唐山；側室張氏，萊邑遲家溝。子三：文林、述林，蔣出；玉林，張出；述林出繼。女適文石林丙輝。	**述林** 配衣氏，盧子泊。子撈。 **文林** 配李氏，楊礎。子珍。	**撈** 缺嗣。 **珍** 缺嗣。

世系	內容
十八世	**書仁** 配劉氏，榆家夼。子焕廷。 **書君** 配潘氏，十甲。 **書价** 配張氏，張家泥都。子二：常在、民在。 **書僕** 配周氏，榆柳前。 **書志** 配張氏，張家莊。
十九世	
二十世	
二十一世	
二十二世	

十三世	【天嘏仲子】 **起新** 赴遼東。 配譚氏，繼鄒氏。 【天嘏三子】 **作新** 配劉氏，大帽兒頂。子汝昌。
十四世	**汝昌** 配李氏，黃家莊。子二：彭苓、述苓。
十五世	**彭苓** 自黃崖底遷楊礎，下同。 配王氏，東夼。子二：振岳、振履。 **述苓** 遷居楊礎。 配李氏，楊礎。子三：振元、振亨、振貞。女適西河子趙門。
十六世	**振岳** 配王氏，范家溝。子三：珠、瑶、永。女三，長適文石林門，次適桃村孫門，三適史家莊徐美子。 **振履** 自黃崖遷老龍灣。 配周氏。子二：代、云升。 **振元** 配程氏，史家莊程光女。子松。
十七世	**珠** 配劉氏，榆家夼。子世興。女適文石林作興。 **瑶** **永** 赴遼東。 **代** 配王氏，同里。子三：化、福、三。 **云升** 出外。 **松** 配王氏，西半泊子王壽女。子逢所。

十三世

【天嘏四子】

又新 配林氏，子意昌。

【天嘏五子】

繼新 赴遼東。

【曰符子】

峵 居黄崖底，下同。配王氏，南菴庠生王轍女。子秉仁。女適前陽窩衣沐。

十四世

意昌 缺嗣。

秉仁 號該夏。配林氏，文石。子三：儁、儀、偉。

十五世

儁 配王氏，徐家窪；繼譚氏，古宅崖。子二：安正、守正。女四，長

十六世

振亨 赴遼東。

振貞 配王氏，南半泊子王運到女；繼衣氏，後陽窩；劉氏，小莊舖劉喜女，子任。女適唐山頭王。

安正 配石氏，石家莊。子二：祕、禪。女適桑樹夼宫。

十七世

任 配王氏，王家黄口王良侄女。

祕 配孫氏，王格莊。子二：書雲、書賢。女二，長適張家莊張雲子，次

十三世	十四世	十五世	十六世	十七世
		適劍脊山孫門，次適釜甑衣丹桂，三適南李家莊李門，四適栗里張門子國斌。	**守正** 配衣氏，前陽窩。子三：祝、祈、祓。女適艾山湯崔門。	適劉家溝衣玉成子。 **禪** 配馬氏，城西關。子二：書堂、書齋。 **祝** 配孫氏，劍脊山。子書香。女二，長適吉格莊王門，次適前陽窩衣門。 **祈** 配劉氏，埠後。子二：書珍、書運。女二，長適邱格莊，次適上劉家劉門。 **祓** 配邢氏，五里堠子。子二：書玉、書太。女二，長適南三里店宋

十三世	
十四世	
十五世	**儀** 配林氏，劉黃舖；繼王氏，王家黃口。子玉正，繼出。
十六世	**玉正** 鄉飲耆賓。配王氏，城子溝。子四：禎、禧、祚、禮。女適北夼。
十七世	堯，次適后夼。 **禎** 配林氏，文石。子書田。女適北夼林門。 **禧** 遷居葦城，後同。配曲氏，沙窩子曲得姑。子二：書奎、書譚。女二，長適北夼林門，次適磚園孫門。 **祚** 配周氏，周家溝周玉香妹。 **禮** 配柳氏，西荆夼。子書雲。女二，長適西河南林門，次適東野蔡門。

世	
十三世	
十四世	
十五世	**偉** 號廷掄，鄉飲耆賓。 配徐氏，爐上；繼衣氏，劉家溝。子運正。女三，長適劉家溝衣門，次適孤山馮門，三適母山後，俱衣出。
十六世	**運正** 號廣善，鄉飲耆賓。 配周氏，周家溝；繼王氏，龍村；劉氏，榆家夼。子二：庚三、禮，劉出。女二，長適金山泊子王門，王出；次適王家黄口王元浩。
十七世	**庚三** 字愛五，太學生。 配連氏，連家莊連朝杰女。子二：書寶、書鼎。女適東山根王門。 **禮** 字成三，太學生。 配劉氏，榆家夼。子二：書可、書朋。女適林家莊子林門。

十八世	十九世	二十世	二十一世	二十二世
書雲 配林氏，文石。子二：源、涓。女適王格莊孫樂卿子。 **書賢** 配高氏，撞裏。子二：涇、代漢。女適劉家溝衣門。 **書堂** 配張氏，張家泥都。子三：智、湘、温，湘出繼。女適劉家崖後劉門。	**源** 配衣氏，劉家溝。子二：芝榮、芝端。 **涓** 配馬氏，十里莊。子榮官。 **涇** 配趙氏，西河子趙明德孫女。子青元。 **代漢** 配張氏，北張家莊張漢孫女。 **智** 配孫氏，泥溝。子三：羅、得、直犬。 **温** 配劉氏，劉家崖後。子通。			

十八世	十九世	二十世	二十一世	二十二世
書齋 配林氏，北夼。繼子湘。女適南寨。	**湘** 配李氏，西早行李成女。子二：平貴、果。			
書香 配高氏，吉格莊；繼林氏，北夼。子拉討。				
書泰 配潘氏，十甲潘克松女。子春如。				
書田 配潘氏，小靈山。女適栗里張門。				
書譚 配王氏，北夼。子二：忠、德。女適黑磊子隨文學。	**忠** 配馬氏，馬家窑。子書立。			
書唐 配王氏，北夼王福貴				

十八世

女；繼周氏，周家溝周玉東女；林氏，北夼。子潤祥，周出。

書寶 居黃崖底。

配王氏，豹山口；繼劉氏，小河北；王氏，門樓子。子二：沼、沂，元配出。女適黃家莊黃門，劉出。

書鼎

配劉氏，上劉家庠生劉文紹妹。子二：燕、鳳增。

書可

配王氏，客落王家。子三：洲、濤、洵。女適南台上孫門。

十九世

沼

配劉氏，大埠後。子壽海。

沂

配衣氏，劉家溝衣茂女。子二：冬至、官至。

洲

高小畢業。

配鄒氏，觀裏。

濤

配王氏，王家黃口王

二十世

二十一世

二十二世

十八世	**書彭** 配劉氏，上劉家歲貢劉芳齡女。子瀋。
十九世	喬東女。 **洵** 配王氏，豹山口。子青蘭。
二十世	
二十一世	
二十二世	

十三世

【曰節長子】

峴 居黃崖底，下同。號襄菴，恩賜九品。配林氏，黃夼林家；繼林氏，南林家莊子；尹氏，萊邑大莊；高氏，黃夼高家。子秉瀜，尹出。

十四世

秉瀜 配趙氏，辛莊。子四：傃、企、倫、何。女適柞嵐頭。

十五世

傃 配張氏，東南莊。繼子美正。

企 配李氏，北關；繼胡氏，劉家溝。雙承子文正。女適大流口潘門，繼出。

十六世

美正 配潘氏，十甲。子三：華南、秀山、鴻雲。

文正 鄉飲耆賓。配郝氏，七里橋子。子三：社、禰、礿。

十七世

華南 配郝氏，七里橋子。女適王家黃口。

秀山 配潘氏，十甲。女適上葦城劉英化。

鴻雲 配呂氏，泥溝子。子香。

社 字華三，太學生。配林氏，文石。子二：書忠、書臣。女二，長適河北劉門，次適二十里堡林門。

禰 配婁氏，初格莊。子二：書簡、書尊。女四，

十三世	
十四世	
十五世	**倫** 配張氏，東南莊。子文正，雙承。女二，長適王家黄口魯秉周，次適林家莊子林門。 **何** 配姜氏，黑土硼；繼潘氏，邱格莊。子二：美正、敏正。美正出嗣。女三，長適初格莊王門，次適唐山蔣門，三適劉家河。
十六世	**敏正** 配衣氏。劉家溝。子禘。女二，長適十五里堠子周門，次適西荆夼柳少展。
十七世	長適西柳于門，次適邢家莊張門，三適葦城劉門，四適劉家河孫門。 **礿** 配蔣氏，唐山；繼林氏，唐山。 **禘** 配衣氏，劉家溝。子書泮。

十八世	**書忠** 配張氏，張家莊張芸女。子二：應、泮。 **書臣** 配魯氏，王家黃口；繼林氏，唐山。子二：周，魯出；景武，林出。 **書簡** 配林氏，唐山。子二：漢、浩。女適河北張門。 **書尊** 配潘氏，十甲。子河。 **書泮** 配孫氏，劉家河。
十九世	**應** 配蔣氏，西蔣家莊。 **泮** 配黃氏，黃家莊。 **漢** 配林氏，二十里堡。
二十世	
二十一世	
二十二世	

十三世	十四世	十五世	十六世	十七世
【曰節仲子】 **峸** 居黃崖底。 號溪山。 配林氏，西凰跳。子秉清。女四，長適大欒家欒門，次適西凰跳林門，三適南張家莊張門，四適東柳李門。	**秉清** 自黃崖底遷榆柳前，下同。 配林氏，豹山口庠生林本貞女；繼林氏，西凰跳；蔣氏，唐山；張氏，南張家莊；周氏，吉格莊。子三：份，蔣出。仙、僊，張出。女適西二里店，周出。	**份** 配蔣氏，唐山。子宗文。 **仙** 配韓氏，北關。子二：公文、德文。女二，長適北關姜門，次適尹家莊子劉門。 **僊** 缺嗣。	**宗文** 配鄭氏，唐山。子昇。女四，長適北關姜門，次適榆柳前周門，三適流口潘門，四適呂家黃口呂門。 **公文** 配林氏，西二里店。 **德文** 配郝氏，城裏。子檖。	**昇** 配柳氏，馬家溝。 **檖**
【曰第子〔二〕】 **邑**〔三〕居黃崖底，下同。 字品山，號砥南，義行載邑乘，詳藝文志。 配林氏，南水頭；繼	**秉潔** 字性如，號濯江。 配吳氏，巨夼。子任。女二，長適海陽	**任** 太學生。 配林氏，西亭。子坤。女適西樓底宮門。	**坤文** 號廣生，六品銜。 配黃氏，黃家莊。子三：桃、棵、福三。	**桃** 字春山。 配林氏，文石林柱女；繼郝氏，郝家樓；

十三世

林氏，南林家莊子；于氏，楚留。子五：秉潔、元配出；秉淵、秉漢、秉瀅、秉藻，于出。女二，長適東荊夼林門國光祖母，元配出；次適前陽窩衣門子汭，于出。

十四世

桑行泊李門，次適桑樹泊喬門。

秉淵

字心如，號新漁，從九品。鄉飲介賓。

配蔣氏，唐山蔣疃女。子庚子。女三，長適楊礎李門，次適東柳李門，三適衣家莊衣門。

十五世

庚子

號金水。

配劉氏，泉水店。繼子奎文。

十六世

奎文

號星伯，太學生，五品銜。

配王氏，王家黃口王靄吉女。子二：崇，宗。女適唐家泊北京大學畢業蕭永順。

十七世

張氏，辛家夼張雲起女。子三：書生、書庭、書章。女適河北李德福，俱張出。

裸

福三

配林氏，黃夼林家。子二：舉成、雲舉。女適廟前善門。

崇

字祿百，號德尊，高等小學畢業，獎附生。

配馬氏，西早行。子二：書典、書訓。

宗

配衣氏，前陽窩衣振岡女。

十三世

十四世

秉漢 字江女。號茳漁。鄉飲耆賓。
配徐氏，巨屋。子二：伯、佽。女三，長適西凰跳林門，次適衣家莊衣門，三適黑磊子隨門。

秉瀅 字潤生，號濬齋。
配林氏，林家莊子。旌表節孝。繼子俸。

十五世

伯 配劉氏，棗林莊，繼子華文。

佽 配林氏，文石。子二：華文、佩文。華文出繼。

俸 字蓮頃，號廉卿，附貢生。丙午科考取謄録。
配毛氏，毛家毛殿三姊；繼符氏，北門裏。子四：奎文、會文，毛出。裕文、殿文，符出。奎文出嗣。女三，長適城北街北京大學畢業董

十六世

華文 配林氏，林家黃夼。子五：福臣、虎臣、鼎臣、桂臣、五。女適西河南林門。

佩文 配林氏，文石。子三：孟春、孟夏、月。

會文[三] 號友仁，由供事宣統元年補授廣西桂平縣知縣，調署那馬廳通判。
配孫氏，任留庠生孫詠韶姊；副王氏，俱封宜人。子祜，王出。

裕文 號夢周，由供事保用巡檢。

十七世

虎臣 赴遼東。

桂臣 配林氏，黃夼林家。

祜 字受之，山東大學預科畢業，任山東省商會聯合會執行委員、山東實業廳事務員。
配宮氏，百里店宮維民姊。子二：書詁、書謄。

禕 字子美，北平中國大學畢業。

十三世

十四世

秉藻

鄉飲耆賓。

配林氏，南林家莊子。子二：俸、健。俸出嗣。女二，長適蒼上崔代雲，次適文石武生林鼎三。

十五世

伯泉，次適花園丁福基，三適海陽長沙舖舉人尚德元子，毛出。

健

九品銜。

配衣氏，衣家莊。子三：敬文、鴻文、福文。女適刁崖前楊紹賓。

十六世

配馮氏，上莊頭馮振聲女；繼林氏，東荆介林修坤女。子禕，林出。

殿文

字清卿，號鎮東。八中畢業。

配林氏，文石武生林鼎三女；繼丁氏，花園丁文妹。

敬文

配林氏，文石林自耀妹。子宇。女三，長適石門口高門，次適七里莊慕晉，三適文石林門。

鴻文

配劉氏，尹家莊子。子同心。女適王家黃口魯門。

十七世

配謝氏，巨屋謝毓芹。

世次	
十三世	
十四世	
十五世	
十六世	福文 配鍾氏，萊邑鍾家院。
十七世	

世	
十八世	**書典** 配李氏，靈山李徐庭女。
十九世	
二十世	
二十一世	
二十二世	

【校注】

〔一〕子：原文爲『字』，有誤，應爲『子』。

〔二〕嵒：本名嵒，字品山，號砥南，老八支五房九世二房，黃崖底人。牟曰第獨子，秉性純厚，不與人争。少與兩堂弟同居，後析産，應兩支均分，品山曰：『吾取其半，而兩堂弟合取其半，吾不忍也。』遂將家産三人平分，親友無不稱贊。待親友，有求必應。臨殁，召諸子孫於床前，將外欠賬本一并焚之，曰：『汝輩生計，當自立，不能無錢覓故紙。』

〔三〕會文：原桂平縣知縣。號友仁，老八支五房九世二房，黃崖底人。生年不詳，一九一一年卒。清宣統元年（一九〇九），由供事補授桂平知縣，後調署那馬廳通判。宣統三年（一九一一）末，辛亥革命爆發，會文因效忠清帝，被革命黨人處死。夫人王氏，攜幼子桂生，由廣西那馬沿路乞討回歸棲霞。歷盡艱辛，將兒牟祐供讀到山東大學預科畢業，深受族人稱頌。

十三世	【曰箈長子】 **嶢** 居黃崖底，下同。 號唐北，鄉飲耆賓。 配林氏。子二：秉淳、秉浦。女五，長適西關林門，次適萊邑崖東夼喬門，三適萊邑良好泊太學生于延煌子進士成麒孫華齡、芳齡，俱庠生，四適林家崖後林門，五適東河南林門。
十四世	**秉淳** 改名秉德，字民之。 配林氏，西二里店；繼林氏，觀泊。子佳。女適郝家疃劉門。俱繼出。 **秉浦** 配張氏，萊邑張家溝。子四：化、仔、仕、伸。女適萊邑儒林夼劉
十五世	**佳** 字菊生。 配喬氏，崖東夼。旌表節孝。子二：承文、從文。女適楊礎庠生李鳳誥。 **化** 鄉飲耆賓。 配林氏，文石；繼林氏，黃夼林家。子二：
十六世	**承文** 太學生。 配劉氏，北莊子；繼毛氏，毛家武生毛殿三女。繼子疃。 **從文** 配王氏，王家黃口。子四：疃、曨、晴、昌。疃出繼。 **修文** 配劉氏，榆家夼。子二：晃、暉。女二，長適劉家河孫門，次適南
十七世	**疃** 配林氏，唐山林若江妹；繼宮氏，金山泊子宮官運女。子二：書恒、書星。女適大榆莊李相臣。 **曨** 配張氏，上張家莊。子書元。 **晴** 配鄭氏，唐山鄭開女。 **昌** 配李氏，釜甑。子書華。 **晃** 配周氏，小柳家。 **暉** 配林氏，文石。子二：

十三世	十四世	十五世	十六世	十七世
	門孫淳基。	修文、同文，繼出。同文出繼。女三，長適張家泥都張門，次適榆家夼劉門，三適北水頭孫門，繼出。 **仔** 配林氏，唐山。子三：憲文、郁文、學文。郁文出繼。	半泊王門。 **憲文** 配周氏，榆柳前。子二：晉、音。女三，長適榆家夼劉門，次適唐山鄭本善，三適東院頭林門。 **學文** 配林氏，文石。女七：長適文石林門，次適張家莊張門，三適張家泥都張門，四適榆家夼劉門，五適唐山鄭門，六適釜甑衣門，七適唐山	會、起。 **晉** 配鄭氏，唐山鄭焕清妹。 **音** 配林氏，文石林曰九妹。子三：書芝、書亭、鴻亭。

十三世	十四世	十五世	十六世	十七世
		仕 配林氏，黄夼林家。繼子郁文。女適唐山林門。	頭王門。	**昕** 配劉氏，郝家疃。
		伸 號引之，太學生。配林氏，南水頭；繼于氏，楚留。繼子同文。	**郁文** 配李氏，丁家寨。子五：昕、昑、曖、曔、同代。女二，長適前陽窩衣門，次適榆家夼劉門。	**曖** 配李氏。
			同文 配徐氏，南三里店。子二：曦、暟。女七，長適西關周門，次適張家莊張門，三適榆家夼劉門，四適唐山頭王門，五適城裏姜門，六適花園丁門，七適林家黄夼林門。	**曦** 配林氏，文石。子二：華義、經義。
				暟 配李氏，後撞。

十八世	十九世	二十世	二十一世	二十二世
書恒 職業學校畢業。 配林氏，唐山林若江侄女。子福慶。 **書星** 配蔣氏，西蔣家莊蔣得賓女。 **書元** 配潘氏，十甲。				

十三世

【曰仙次子】

嶂 居黃崖底，下同。號振霄，太學生。配喬氏，崖東夼。旌表節孝。子秉淑。女適趙家埠子趙門。

【岱瞻長子】

宸 居牟家莊。配張氏。子三：尚志、尚仁、尚義。尚義出繼。

十四世

秉淑 號均一，太學生。配于氏，福山古縣；副劉氏。子僑，劉出。女八：長適林家黃夼林門，次適王家黃口王門，三適十里舖范門，四適榆家夼劉門，五適文石林門，六適城北關張門，七適林家埃後林門，八適邱格莊呂門。

尚志 自牟家莊遷葦城。配隋氏。子二：開基、振基。

十五世

僑 配劉氏；小莊舖。子四：光文、在文、博文、師文。女二，長適台前王門，次適林家黃夼林門。

開基 配張氏。

振基 配劉氏，院頭窑。子三：元、亨、利。女三，

十六世

元 配劉氏，上葦城劉元義姑。子三：錫同、義

十七世

錫同 配周氏，小柳家。繼子當。女適大埠後劉。

十三世

十四世

十五世

俱適辛家夼，長、次張姓，三柳姓。

十六世

同、恩同。恩同出繼。女三，長適西荆夼柳分，次適十甲潘門子克山，三適上劉家劉門子庠生文亭。

亨

配隋氏，黑磊子；繼劉氏，辛家夼柳文明姑。子三：管同、聚同、桂同。女適下馬家河劉作田，俱繼出。

十七世

義同

配張氏，辛家夼張松雲姑。繼子廣。女四，長適李家莊李增，次適朱留魯門，三適榆子林門，四適十甲潘門。

管同

配李氏，羅家李泮妹；繼林氏，務滋夼林温姑。子二：當，李出，出繼；增，林出。女適唐山，林出。

聚同

配劉氏，上葦城劉得才姑。子振。女適務滋夼林温。

十三世

十四世

十五世

十六世

利

配林氏，下范家溝林廣姑。子二：協同、君同。女四，長適大埠後男劉茂青，次適硼後張家莊慕門，三適東院頭衣門男佩榮，四適初家疃男劉成君。

十七世

桂同

配衣氏，衣家泊子。子三：學、喜、臣。女適南寨蕭德。

協同

配柳氏，西荆尒柳長海妹；繼李氏，辛家尒李長清姑。子四：廣，柳出；江、英、清，李出。廣出嗣。女二，長適劉家河男孫安仁，次適硼前張家莊男杜壽立，李出。

君同

邑庠生。

配劉氏，上劉家庠生劉文廷姑；繼林氏，西河南林友姑。子海，林

十三世	
十四世	尚仁 缺嗣。
十五世	
十六世	
十七世	出。女二，長適前柳家周門，次適張家莊王門，林出。

十八世	十九世	二十世	二十一世	二十二世
當 居葦城，下同。 配張氏，柳林莊張可述姑。子德公。女五，長適唐山頭王門，次適後菴裏李門，三適東夼王門，四適尹家莊子劉玉煥，五適張家莊慕門。 **廣** 配杜氏，後撞裏；繼劉氏，大帽兒頂劉子楷妹。子二：德合、德才，劉出。女二，長適劍脊山郭光照，次適丹莊劉門子鴻。 **增** 配周氏，泥溝。子二：德福、德壽。	**德公** 配周氏，小劍脊山周鴻雁妹；副王氏。子泮山，王出。女適小劍脊山周鴻雁子，周出。 **德合** 配潘氏，邱格莊。子三：理、岳、瑞。女適榆林子馮門。 **德才** 配呂氏，邱格莊。子三：全、信、堂。 **德壽** 配杜氏，張家莊。子羅漢。	**理** 配郭氏，大劍脊山郭永合妹。		

十八世	十九世	二十世	二十一世	二十二世
振 配盧氏，路家盧芳蘭妹；繼劉氏，下馬家河劉作田女。子四：德堂、德義、德禮、德信，劉出。女三，長適前撞李建文，盧出；次適唐山頭王仁聲子，三適大柳家柳香山，劉出。 **學** 配王氏，東山根王鴻太女。子三：德金、德仁、德山。女二，長適文石林門，次適羅家李門。 **喜** 配柳氏，辛家夼柳進	**德堂** 配潘氏，大流口。子二：祥、雲。 **德義** 配楊氏，刁崖前楊季才女。 **德禮** 高小畢業生。 配柳氏，辛家夼柳代女。 **德金** 配林氏，文石林貴秋女。子泮代。 **德山** 配馬氏，葉家埠子。 **德起** 配劉氏，上葦城劉得			

十八世

祥妹。子德起，雙承。
女適南寨。

江

配林氏，下范家溝林奎友妹。子三：德興、德桂、德永。女二，長適周家溝周鴻德，次適杜家黄口丁寶田。

英

配劉氏，大榆家夼劉益三妹。子德化。女適徐家莊鞠門。

清

配柳氏。徐家莊柳鏡卿妹。子二：德金、德恩。

海

配李氏，下范家溝李雲妹。雙承子德起。

十九世

寶女。子三：永、焕、化。

德興

配丁氏，杜家黄口。

德桂

配丁氏，杜家黄口。

二十世

二十一世

二十二世

十三世	十四世	十五世	十六世	十七世
【岱瞻子二】 **密** 居牟家莊，後同。 配孫氏。子二：學詩、學禮。	**學詩** 配孫氏。子三：德、惠、玉。	**德** **惠** **玉** 俱缺嗣。		
	學禮 遷牟家疃，下同。 配李氏，繼周氏。子二：蘭、芑，李出。	**蘭** **芑** 俱缺嗣。 改名生。		
德成				
【崧瞻子二】 **定** 配孫氏。子思誠。	**思誠**			
宣 配衣氏。子思恭。	**思恭**			
【華瞻子二】 **官** 配郭氏。子實。	**實**			

十三世	十四世	十五世	十六世	十七世
安 嗣子尚義。	**尚義** 配劉氏。子二：永基、立基。	**永基** 遷趙家溝。配辛氏。子連城。	**連城** 配□氏。子彥桐。	**彥桐** 配劉氏，漢橋。子還。缺嗣。
		立基		
【崑瞻長子】 **澧** 自牟家莊遷十五里堠子。配衣氏。子思勤。	**思勤** 配衣氏。子二：松、柏。	**松** 配范氏。嗣子儒禮，雙承。	**儒禮** 配林氏，觀泊。子二：書、卿。	**書** 配陳氏，埠梅頭陳壽敬妹；繼林氏，務滋夼林忠姑。子三：庚祥、鳳令、庚申，林出。女適彭家莊蔣門，陳出。
		柏 配王氏。子儒禮，雙承。		**卿** 配譚氏，古宅崖。子二：中福、中貴。女三，長適萊邑火山後李門，次適十里莊丁門，三適福山朱家山朱門。

十八世	**庚祥** 居十五里堠子，下同。 配郝氏，城裏郝維翰妹。子榮。女適韋家溝韋明。 **鳳令** 配衣氏，釜甑。子勤。 **中福** 赴遼東。 配譚氏，古宅崖。
十九世	**榮** 配米氏，馬家莊米順興女。子美庭。 **勤** 配張氏，魯家溝。
二十世	
二十一世	
二十二世	

十三世

【崑瞻仲子】

浩 自牟家莊遷釜甑，下同。號成九，武生。配林氏。子思忠。

十四世

思忠 號朝良。配張氏，繼李氏、門氏，玉科頂。子四：桂、楠、櫟、渠，門出。女三，長適畢郭張門，次適觀泊林門，三適務滋夼林門，張出。

十五世

桂 配馬氏，柞嵐頭。子儒古，雙承。

楠 號崇山。配張氏，辛家夼。子儒先，雙承。

櫟 配趙氏，雙承子儒古。

渠 雙承子儒先。

十六世

儒古 配衣氏，同里衣玉衡女。子二：珍、京，京出繼。女三，長適王家黄口王門，次適同里連成芝，三適蘆子泊衣門。

儒先 配于氏；繼王氏，古宅崖王進鳳姑。繼子京。

十七世

珍 配李氏，范家莊李衆妹。子劉夏。

京 配李氏，後撞李慎妹。子三：紹遠、紹卿、紹連。

十八世	十九世	二十世	二十一世	二十二世
劉夏 居登州府。 **紹遠** 居釜甑。 配衣氏，前陽窩衣得珍女。 **紹連** 配王氏，吉格莊王官連侄孫女；繼衣氏，西柳。				

十三世	十四世	十五世	十六世	十七世
【崑瞻三子】 **瀚** 居牟家莊，下同。號聖泉。 配陳氏，畢郭。子二：思儉、思仁。	**思儉** 字德武，武生。 配林氏，觀泊；繼唐氏，觀泊。子五：芸、芳、茼、芝、葵，茼出繼，繼出。	**芸** 字馨園，武生，鄉飲介賓。 配李氏，釜甑河北；繼王氏，徐村。子二：儒林，李出；儒行，王出。女適白馬家張門，王出。	**儒林** 配郝氏，郝家樓；繼于氏，松山。子三：光甲，郝出；奎甲、連甲，于出。女四，長適大柳家孫門子鴻賓，次適桃村庠生孫慎言，三適唐山林門，郝出；四適郝家樓郝門，于出。 **儒行** 字恭問，太學生。	**光甲** 配孫氏，桃村。子二：旦登、運登。女三，長適王格莊孫巖，次適呂家黃夼呂門，三適城北街董門。 **奎甲** 配林氏，河崖林子興妹。子二：鳳田、鳳廷。女適回炳崖宋門。 **連甲** 配連氏，連家莊連朝楹女。子三：鳳翔、鳳遲、鳳起。女適南砦劉門。 **鴻儀** 配周氏，城北關。

十三世	十四世	十五世	十六世	十七世
			配劉氏，北關劉金應姑。子七：鴻儀、開南、鴻基、鴻賓、鴻昌、鴻奎、鴻章。女三，長適松山于門，次適黄口王門，三適萊邑房家疃吕門。	子世坤。女適金山泊子王門。 **開南** 配林氏，陽谷；繼蔣氏，唐山。子三：得修、中山、鳳林，中山出繼。女三，長適東荆夼林門，次適西盒子馬芳，三適初家疃劉門。 **鴻基** 配崔氏，蒼上；繼王氏，初格莊。子二：鳳交、鳳樓，王出。女二，長適小靈山潘門，次適馬疃張門，王出。 **鴻賓** 配李氏，西霞趾；繼林氏，唐山。子三：官

十三世

十四世

十五世

芳

字香亭，從九品。

十六世

儒修

配史氏，辛莊。子芑。

十七世

成、金成、鳳彩。女四，長適大靈山李門，次適牛蹄夼李門，三適北街李門，四適槐樹底衣華早，俱繼出。

鴻昌 缺嗣。

鴻奎

配黃氏，黃家莊。繼子中山。女四，長適上劉家劉門，次適二十里堡林門，三適上劉家劉門，四適馬耳旺張門。

鴻章

配王氏，城南關。子二：鳳堯、鳳成。女適南關劉門。

芑

配蔣氏，唐山庠生蔣

十三世	
十四世	
十五世	配林氏，文石；繼林氏，西柳；副譚氏。子五：儒修、儒珍、儒彥，繼出；儒雅、儒江，譚出。女四，長適務滋夼林效，次適連家莊連朝梅，繼出；三適東荆夼林門，四適唐山林星三，譚出。
十六世	女適金山泊子王門。 **儒珍** 字席之，附貢生，嫻醫術。 配連氏，連家莊連雯女；繼張氏，東南莊張儀妹；張氏，萊邑大山後。子二：驤，繼出；莊，再繼出。女四，長適松山于門，次適西棗行王作林，繼出；三適城裏于門，四適母山後林門，再繼出。
十七世	蕙女。繼子鳳闕。 **驤** 字子千，庠生，鴻臚寺序班。 配李氏，城北關；繼于氏，山後泊于悅孫女。子鳳瑞，雙承，于出。女二，長適松山崔門，李出；次適西甲潘門。 **莊** 字中端。 配林氏，文石林炳輝女。子二：鳳闕、鳳舉，鳳闕出繼。女三，長適大寨史振芳，次適下馬家河劉明恩，三適田里李鴻星。

十三世

十四世

十五世

十六世

儒彥 配李氏，城北街。子二：俊、留。

儒雅 自牟家莊遷黃家莊。字子言，從九品。配衣氏，前陽窩衣恭祖姑。子二：德俊、德新，德新出繼。女適靈山李丕芳。

十七世

俊 太學生。配林氏，文石；繼張氏，東南莊張堯齡妹。雙承子鳳瑞。

留 赴遼東。

德俊 字子英，太學生。配衣氏，前陽窩衣德均姊。子五：欽東、永慶、永昌、永泰、永翰。女二，長適王家黃口王鑫，次適城南坊曹書德。

十三世	
十四世	
十五世	**芝** 缺嗣。 **葵** 號傾揚，從九品。配馬氏，柞嵐頭。子四：儒田、儒廷、儒敏、金川。女適泉水店庠生王鳴盛。
十六世	**儒江** 字文濱，鄉飲耆賓。配黃氏，同里黃金聚姑。繼子德新。女適上莊桑鳳山。 **儒田** 配王氏，石口子。繼子忠任。女四，長適南莊于門，次適觀裏王門，三適王家黃口王門，四適黃夼呂家呂門。
十七世	**德新** 配李氏，西霞趾李周南姊。子五：永得、永福、永和、永順、永壽。女二，長適南岩子口王叔玉，次適衣家泊衣得修。 **忠任** 赴遼東。配姜氏，任留姜世姑。子鳳紹。女適十五里堠子王門。

十三世	
十四世	
十五世	
十六世	**儒廷** 配李氏，城北街。子二：更任、忠任，忠任出繼。女二，長適毛家毛門，次適寺口柳門。 **儒敏** 配王氏，南岩子口庠生王璣姑。子五：安仁、寶仁、彩仁、義仁、可仁。
十七世	**更任** 配林氏，西棗行。繼子鳳玉。女二，長適東荆夼徐，次適衣家泊子衣。 **安仁** 繼子鳳聚。 **寶仁** 配劉氏，劉家崖後。子鳳春。女適北關衣朝德。 **彩仁** 配劉氏，上劉家；繼

十三世

十四世

十五世

十六世

金川
配王氏，徐村。子二：同仁、同義。女適公山後郝門。

十七世

姜氏，黑土硼。子鳳橋，姜出。女適上莊頭馮門，姜出。

義仁
配宋氏，城北關宋貴女。子二：鳳周、鳳玉，鳳玉出繼。

可仁
配李氏，後撞。子三：鳳聚、景玉、鳳伯，鳳聚出繼。女適沙窩子。

同仁
配孫氏，劉家河。子鳳貴。女二，長適城北關李門，次適南坊米門。

十三世	
十四世	**思仁** 號建三。配林氏，觀泊。嗣子茼。女適榆家夼劉門。
十五世	**茼** 字屏南。配史氏，小觀。子二：儒科、儒純。女三，長適畢郭陳門男悦周，歲貢生孫家相任海陽縣知事，次適葉家埠子王門，三適慕家店郝門。
十六世	**儒科** 邑庠生。配杜氏，蔣家莊。子宮藻。女三，長適招遠崔家孫門，次適小欒家欒門，三適萊邑赤山宮士煦。 **儒純** 配林氏，東荆夼；繼欒氏，大欒家；王氏，石口子。子二：禎、寶楹。女五，長適唐山子林全，欒出；次適下張家張周子；三適南岩子口王珍；四適史家莊歲
十七世	**同義** 配孫氏，劉家河。 **宮藻** 太學生。配呂氏，寧海石疃。子四：鳳閣、鳳崗、鳳堦、鳳儀。女二，長適燕子夼米寶衡，次適上劉家劉門。 **禎** 配林氏，東荆夼。子仁生。女二，長適萊邑藏家莊，次適帽兒頂劉門。 **寶楹** 武生。配于氏，松山。子二：

十三世	
十四世	
十五世	
十六世	貢生史壽椿子；五適交毛寨潘門。
十七世	鳳海、鳳陽。女三，長適北莊子劉門，次適唐山林門，三適帽兒頂劉門。

十八世

旦登 居牟家莊，後同。

配王氏，觀東；繼李氏，城北關庠生李賡韶女。雙承子學高。

運登

配李氏，黃家莊。子學高，雙承。女適澤頭李門。

鳳田

配郝氏，公山後。子四：學思、學文、學耕、學琴。

鳳廷

配范氏，北十里堡。子二：學顏、學翰。

十九世

學思

配潘氏，十甲。

學文

配李氏，大靈山。子宮寶。

學耕

配米氏，南門裏。

二十世

二十一世

二十二世

十八世	十九世	二十世	二十一世	二十二世
鳳翔 配連氏，連家莊連文翰女；繼李氏，北門裏李翔蘭女。子學曾，連出；省三，李出。女適北街董門，李出。	**學曾** 配黄氏，黄家莊。			
鳳墀（二） 配魯氏，朱留；繼隋氏，石角夼。子學本，繼出。				
鳳起 配黄氏，黄家莊。子學中。女適東南莊張門。	**學中** 配張氏，上張家莊。			
世坤 配隋氏，後夼；繼李氏，城北街。子二：學禮、學進。女適上劉家劉門。	**學禮** 配張氏，上張家莊。			

世	
十八世	**德修** 雙承子學義。 **鳳林** 配衣氏，釜甑。子學義，雙承。女三，長適上劉家劉門，次適西慕家莊子慕門，三適初家疃劉門。 **鳳交** 配范氏，范家黃夼。子二：學先、代漢。 **鳳樓** 配王氏，初格莊。 **官成** 配馬氏，城北街。子學榮，雙承。 **金城** 配衣氏，城北關衣朝德
十九世	**學義** 配馬氏，上曲家。 **學榮** 配衣氏，棗林莊。子江。
二十世	
二十一世	
二十二世	

十八世	十九世	二十世	二十一世	二十二世
妹。女適帽兒頂劉門。 **鳳彩** 配林氏，唐山。雙承子學榮。 **中山** 配馬氏，西盒子馬芳妹。子三：學仁、學敏、學志。女五，長適大劍脊山孫門，次適羅家李門，三適吉格莊王門，四適觀裏王門，五適上曲家。 **鳳堯** 配黄氏，黄家莊；繼黄氏，同上。子二：學典，元配出；志高，繼出。女適郭落莊衣門，元配出。	**學仁** 配孟氏，上曲家孟照興女。子留。			

十八世	十九世	二十世	二十一世	二十二世
鳳成 配林氏，唐山。子所。 **鳳闕** 配潘氏，十甲。 **鳳瑞** 配孫氏，朱留。子二：壽亭、竹亭。 **鳳舉** 配林氏，文石。 **欽東** 字羨周，高小畢業。配楊氏，刁崖前楊笏卿女。子秀山。 **永慶** 配張氏，北張家莊張漢女；繼馬氏，城北街馬守仁妹。子二：桂枝、青枝，繼出。				

十八世	十九世	二十世	二十一世	二十二世
永昌 配劉氏，金山殿子劉鳳鰲女。子三：香山、亭芝、丕芝。 **永泰** 配馬氏，黄夼河南馬萬合妹。 **永翰** 配孫氏，劉家河孫書敏女。 **永德** 字俊卿。 配王氏，河南夼王克昌女。子三：仁山、義山、鴻志。 **永福** 配唐氏，觀泊唐吉青女。				

十八世	十九世	二十世	二十一世	二十二世
永合 配王氏，南岩子口王祥女。 **永順** 配李氏，下范家溝。 **永壽** **鳳紹** 配衣氏，前陽窩。子：吉星、福星、學良。女三，長適荆夼林，次適唐家泊李，三適上莊頭馮。 **鳳玉** 配衣氏，小莊。 **鳳春** 配劉氏，關東。子二：筍、芳。	**福星** 配丙氏，謝家溝。 **學良** 配張氏，上張家莊。			

十八世	十九世	二十世	二十一世	二十二世
鳳橋 配張氏，栗里。子二：運代、運鴻。 **鳳貴** 配郝氏，公山後。 **鳳閣** 配衣氏，城北關；繼林氏，蛇窩泊世襲雲騎尉林壽永女；繼劉氏，初家疃；王氏，蘆子泊；趙氏，西盒子。 **鳳崗** 配馮氏，上莊頭武生馮紹南女。子關章。 **鳳儀** 配王氏，葉家埠子。子二：學賢、學吉。女二，長適務滋夼林門，	**學賢** 配林氏，吝子硼。 **學吉** 配張氏，丁家寨。			

十八世	次適荊夼林門。 **鳳海** 配李氏，西霞趾。子五：玉臣、學賓、盡美、還美、五美。
十九世	
二十世	
二十一世	
二十二世	

十三世	【崑瞻四子】 **澄** 居牟家莊，下同。 號蓮一。 配林氏。子二：思温、思厚。
十四世	**思温** 配林氏，河崖；繼李氏、王氏，龍村。子二：萱、薰，王出。女二，長適母山後林門，次適榆家夼劉門，王出。
十五世	**萱** 配林氏，東荆夼。子三：儒德、儒宗、儒素，儒素出繼。女二，長適大楚留于鳳希，次適林家黄夼林門。
十六世	**儒德** 散學生。 配林氏，東荆夼。子二：鴻遷、鴻雁。 **儒宗** 配宋氏，城北關。子二：榮安、榮康。女三，長適西盒子趙門，次適唐山蔣門，三適王格莊孫門。
十七世	**鴻遷** 配林氏，東荆夼。子四：東城、西城、鳳府、鳳六。女四，長適八田李門，次適吉格莊王門，三適十甲潘門，四適岔口灣徐門。 **鴻雁** 配蔣氏，唐山。子二：鳳第、衆。女適小靈山潘門。 **榮安** 配鄒氏，埠梅頭。 **榮康** 配張氏，崮上。

十三世

十四世

思厚
號聖基。
配連氏，連家莊連晸女。子三：芹、藹、芩。

十五世

薰
配林氏，西二里店。
繼子儒素。女適公山後郝門。

芹
配林氏，林家崖後。子儒言。女三，長適東荆夼林門，次適北岩子口王門，三適佔疃王門。

藹
鄉飲介賓。
配林氏，文石林朋化祖姑。子儒經。女二，長適河崖，次適解家溝楊門。

十六世

儒素
太學生。
配林氏，榆子；繼蔡氏，撞裏。子二：景三、昆。女適北口子王門。

儒言
配崔氏，松山。子賓。女適連家莊庠生連文翰。

儒經
太學生。
配喬氏，喬家；繼劉氏，上劉家。子四：心、全，喬出；還、瑞，劉出。女適解家溝楊門，劉出。

十七世

景三
配林氏，林家莊。子臣昆。

昆
配衣氏，前陽窩衣振岡女。子同聚。

賓
配李氏，八田。子三：成玉、成雲、成三。女三，長適窩洛劉門，次適中馬家河孫門，三適林家莊子林門。

心
配王氏，龍村；繼林氏，唐山。子三：關注、書堂、書三，關注出繼。女適南關王門，俱王出。

十三世	十四世	十五世	十六世	十七世
		苓 配蔣氏，唐山。子四：儒立、儒鴻、儒佩、儒聰。女適公山後郝門。	**儒立** 配徐氏，蘆上。子二：珍、蒙。女二，長適橋子，次適前陽窩衣門。	**全** 配王氏，榆格莊。繼子關注。 **還** 配蔣氏，唐山；繼王氏，榆林頭。子三：鳳喜、蟠桃、鳳鳴。 **瑞** 配衣氏，衣家莊；繼李氏，七里橋。子二：鳳泰、耕。女適東荆夼林門，俱衣出。 **珍** 配于氏，劉家河。女二，長適東馬耳旺張門，次適西盒子趙門。 **蒙**

十三世

十四世

十五世

十六世

儒鴻 配林氏，西三里店林心妹。子三：求、瑯、寬。

十七世

求 配宋氏，北關。繼子鳳仁。女三，長適孤山馮門，次適蘆上徐門，三適前陽窩衣門。

瑯 配潘氏，十甲。子四：鳳仁、鳳禮、鳳智、鳳財。

寬 配于氏，北窩洛；繼李氏，七里橋子。子鳳美。女五，長適楊礎李門，次適撞裏蔡門，三適邱格莊王門，四適黃家莊黃門，五適後陽窩衣門。

十三世	十四世	十五世	十六世	十七世
			儒佩 恩榮壽官。 配蔣氏，唐山蔣恩妹。子三：椿、田、榮。女適楊礎李門。 **儒聰** 自牟家莊遷楊礎。 配李氏，楊礎；繼衣氏，埠頭。子二：璜，李出；琪，衣出。	**椿** **田** 配林氏，彭家莊。子四：鳳蘭、鳳和、鳳德、鳳梧。女三，長適釜甑衣門，次適唐山蔣生子，三適黄家莊黄門。 **榮** 配林氏，彭家莊。子二：文全香[二]。女適栗里張門。 **璜** 配王氏，唐山頭王以鵬女。子四：保、鴻、玉、秋。女二，長適埠梅頭王門，次適文石林門。 **琪**

十八世	十九世	二十世	二十一世	二十二世
東城 配丁氏，十里莊。 **西城** 配張氏，栗里。子福海。女適十甲潘門。 **鳳府** 配孫氏，王格莊。子福傳。 **鳳六** 配林氏，東荊夼；繼劉氏。 **鳳第** 配王氏，葉家埠子。子學新。 **成玉** 配王氏，北關。子學有。 **成雲** 配劉氏，大埠後。女	**學有** 配劉氏，大埠後。子枝。			

世	
十八世	三，長適上劉家劉門，次、三南台上孫門。 **成三** 配衣氏，前陽窩。子二：學英、同訓。 **書堂** 配曲氏，南寨。子二：順金、文金。女適前陽窩衣門。 **關注** 配蔣氏，唐山。子進金。 **鳳喜** 配劉氏，上劉家。子羅。 **鳳泰** 配連氏，釜甑連成芝女。子三：紀、順、三。
十九世	**進金** 配王氏，王家黄口。
二十世	
二十一世	
二十二世	

十八世	十九世	二十世	二十一世	二十二世
鳳仁 配潘氏，十甲。 **鳳里** 配譚氏，古宅崖。 **鳳智** 配孫氏，劉家河。子居省。 **鳳美** 配王氏，唐山頭；繼蔣氏，馬家溝。 **鳳蘭** 配張氏，後蔣家莊。子峻。 **保** 配劉氏，劉家莊劉志孫女。				

十三世	十四世	十五世	十六世	十七世
【曰策子二】 **式官** 居北岩子口，後同。 配張氏。子珖。 **式寅** 配林氏，子二：琴、瑟。 【曰箕子】 **式宰** 配范氏。子二：珗、玢。	**珖** 配徐氏。缺嗣。 **琴** 配郝氏。缺嗣。 **瑟** 配王氏。子萬清。 **珗** 缺嗣。 **玢** 配丁氏，子三：萬興、萬順、萬元。	**萬清** 配范氏，十里舖。子合太，出家爲僧。女適濱都宫高門。 **萬興** **萬順** 配崔氏，艾山湯庠生崔麓泉妹；繼馬氏，黄夼河南馬進旺妹。子二：宗和、宗太。女四，	**宗和** 配范氏，十里舖范進山妹；繼王氏，公山後王春甲妹。子華山，王出。女三，王出，長	**華山** 配范氏，十里舖范長松女。子房。

十三世

【曰篇子】

式家 居北岩子口，下同。

配衣氏。繼子玶。

十四世

玶

配婁氏，婁家黄夼。子三：萬枝、萬合、萬敬。女三，長適初格莊，次適趙格莊范門，三適榆格莊店隋門。

十五世

長適張家溝張門，次適榆格莊店隋景和，三適徐家窪解太子，四適林家莊子林書本。

萬元 缺嗣。

萬枝

配□氏。女適婁家黄夼婁進學。

萬合

配王氏，觀東王德成祖姑。子宗田。女三，

十六世

適徐家窪徐中禮，次適客落潘家潘客希子，三適潘子箭曲濱子。

宗太

配馬氏，馬家疃馬桂年姊。子二：子芮、子燕。女適公山後王貴田。

宗田

配姜氏，廟東夼子。子三：樸、平、太平。

十七世

子芮

配崔氏，紫現頭。子三：廷安、廷所、廷[三]。

子燕

配王氏，復莊。子大龍。

十三世	【曰馥子二】 **式寧** 配呼氏。子二：琇、璟。 **式宣** 赴遼東。 【曰笭子】 **式安** 配王氏。繼子琳。
十四世	**琇** 配王氏，子萬全。 **璟** 配潘氏。缺嗣。 **琳** 配崔氏，松山；繼孫氏，任留。子萬倉，孫出。
十五世	長適紫現頭崔門，次適葛家溝范京玉，三適客落鄒家鄒上有。 **萬敬** 配楊氏，任留楊奎姊。子宗貴。女二，長適赤巷口崔福利，次適趙格莊姜瑞。 **萬倉** 配□氏。子宗喜。
十六世	**宗貴** 配陳氏，陳家。 **宗喜** 配王氏，艾口王儉妹。繼子子蓬。
十七世	**子蓬** 配盛氏，宮後盛德箴妹。子羡。

十三世

【曰竽長子】

式寬 居北岩子口，下同。配李氏。子三：琳、瑯、玕。琳出繼。女二，長適二里店劉門，次適孫家劉中堂。

十四世

瑯 配劉氏，解家。女三，長適孫家子孫昭立，次適盛家溝孫盛正級，三適楊樹泊子史潘昌。

玕 配馬氏，史家寨。子萬士。女適榆格莊店子隋景進。

十五世

萬士 配于氏，窩落于進水妹。子四：宗玉、宗芳、宗馨、宗唐。女適城北關唐德訓。

十六世

宗玉 配衣氏，瓦屋衣登雲妹。子二：子蓬、子蓁。子蓬出繼。女適城裏侯雲升。

宗芳 字鎮東。

宗馨 赴遼東。

宗唐 配孫氏，孫家孫昌有妹。

十七世

子蓁 配盛氏，宮後盛殿芳妹。子順。

十三世	【曰竽次子】 **式宜** 居北岩子口，下同。 配崔氏，哨上崔國元妹；繼衣氏，衣家莊；王氏，初格莊。子四：珅，崔出；玶，衣出；珄、瑶，王出。玶出繼。女三，長適吳家孫吳世典，次適盛家溝孫盛開令，三適交毛寨子徐和，崔出。
十四世	**珅** 繼孫宗啓。 **珄** 配蘇氏，蘇家店蘇殿奎祖姑。子萬春。女適大韓家韓殿明。
十五世	**萬春** 配盛氏，盛家溝盛振文姑。子四：宗議、宗啓、宗員、宗信，宗啓、宗員、宗信俱出繼。
十六世	**宗啓** 字化東。 配趙氏，趙家趙丙南妹。子三：子蓮、子英、子蘭。 **宗議** 配孫氏，鄒家孫貞女。子二：子芹、子芬。女適百家宅夼高門。
十七世	**子蓮** 配馬氏，上馬家庠生馬殿奎女。 **子英** 字才三，職業學校畢業。 配王氏，客落鄒家王振利女。子祥齋。 **子蘭** 配林氏，西二里店林顯女。子二：羣齋、齡齋。 **子芹** 字泮生。 配路氏，松山路文豪侄女。

十三世

【曰竽三子】

式寀 居北岩子口，下同。配林氏。子二：璜、瑆。

十四世

瑶 字賜福，鄉飲耆賓。繼孫宗員。

璜 配郝氏，豐粟。子二：萬福、萬成，萬成出繼。

瑆 配李氏，豐粟。繼子萬成。

十五世

萬福 配孫氏，泥溝子。繼子宗信。

萬成

十六世

宗員 字職卿。配王氏，豹山口王國文女。子四：子荃、子蓂、子茂、子美。

宗信 字誠齋。配崔氏，哨上崔曰寶女。子立子。

十七世

子芬 配王氏，客落王家。

子荃 字香生，職業學校畢業。配王氏，草夼王保慶女。

子蓂 配林氏，城東溝林華亭侄女。

十三世

【松齡子】

式守 居莪山，下同。

鄉飲耆賓。

配梁氏，繼高氏。子玳。女二，長適小寨柳門，次適豹山口王門。

十四世

玳

配楊氏，臧家莊。子二：萬金、萬順。女二，長適臧家莊子吕池荷，次適漢橋于劉門。

十五世

萬金

配王氏，泉水店王鵬展妹。子三：鏵、勤、鈞。女二，長適蒙家宋則先，次適臧家莊婁慶先。

萬順

配欒氏，草格莊欒杲福妹。子二：鋼、鎮。女二，長適小寨范門，次適臧家莊丁文大。

十六世

鏵

配王氏，蒙家。子二：鳳梧、鳳岐。

勤

鈞

配張氏，台上張俊女；繼劉氏，台上。子鳳相，繼出。

鋼

配姜氏，南陡崖子。子同美。

鎮

十七世

鳳梧

配萬氏，泉水店姜振興女。

鳳岐

配衣氏，泉水店衣彩先女。

鳳相

配王氏。

十三世

【鶴齡子】

式容
配柳氏。子二：珺、瑄。女適姜格莊楊門。

十四世

珺
配劉氏。子五：萬盛、萬良、萬封、萬德、萬温。

瑄
配劉氏，北莊；繼徐

十五世

萬盛

萬良
配張氏。

萬封

萬德
配韓氏，甕留窑。子二：芳、法。女二，長適香夼齊門，次適門樓王門。

萬温
配劉氏，蔚夼。女五，長適甕留張家張門，次適埠後劉門，三適北莊陳門，四適門樓子王門，五適北莊侯門。

萬仁
配王氏，土武。子四：

十六世

芳

法
配婁氏，松嵐子婁慶和女。子三：鳳儀、鳳桐、鳳鳴。

傑
配張氏，蒙家張功

十七世

鳳先
配范氏，棗林子范金

十三世

十四世

氏。子萬仁，徐出。女二，長適豹山口王門，次適蒙家宮重和。

十五世

傑、儐、佃、佺。女適解家口張鴻賓。

十六世

女。子鳳先。女二，長適黃土壤劉門，次適台上張門。

儐

配呂氏，香夼呂鳳太女。子鳳閣。女適草格莊翁郝子薪。

佃

配丁氏，窑溝。子鳳龍。

佺

配王氏，北莊；繼趙氏，北引家，旌表節孝。子鳳順，繼出。

十七世

堯女。子二：雙、柱。

鳳順

配劉氏，北莊。

【校注】

〔一〕鳳墀：前文爲『鳳遲』，前後不一致，具體情況待考。

〔二〕文全香：此處無法斷句，具體情況待考。

〔三〕此處缺字，具體情況待考。

五房現在里居户數與入譜者人數

九世長房：牟家七十户，欒家寨四十户，欒家店三户，黄縣城一户，枯龍後一户。共一百一十五户，人數七百二十人。

九世二房：黄崖底八十一户，北岩子口一户，劉家河十一户，榆柳前十三户，楊礎三户，葦城三户。共一百一十二户，人數七百。

九世三房：牟家莊子五十户，岩子口十四户，莪山八户，葦城十二户，釜甑一户，十五里堠子一户，登州府一户，楊礎三户，黄家莊六户。共九十六户，人數五百五十。

共三百二十三户，人數一千九百七十。